非盟与东盟人权规范的比较研究

A Comparative Study of Human Rights Norms between the AU and the ASEAN

聂文娟◎著

世界知识出版社

图书在版编目（CIP）数据

非盟与东盟人权规范的比较研究 / 聂文娟著.
—北京：世界知识出版社，2014.4
ISBN 978-7-5012-4626-7

Ⅰ.①非… Ⅱ.①聂… Ⅲ.①非洲联盟—人权—研究
②东南亚国家联盟—人权—研究 Ⅳ.①D815.7

中国版本图书馆CIP数据核字（2014）第044378号

责任编辑	袁路明
责任出版	赵 玥
责任校对	张 琨
封面设计	田 林
书　　名	非盟与东盟人权规范的比较研究 Feimeng Yu Dongmeng Renquan Guifan de Bijiao Yanjiu
作　　者	聂文娟
出版发行	世界知识出版社
地址邮编	北京市东城区干面胡同51号（100010）
网　　址	www.wap1934.com
电　　话	010-65265923（发行）　010-85119023（邮购）
印　　刷	北京京晟纪元印刷有限公司
经　　销	新华书店
开本印张	720×1020毫米　1/16　17¼印张
字　　数	238千字
版次印次	2014年4月第一版　2014年4月第一次印刷
标准书号	ISBN 978-7-5012-4626-7
定　　价	38.00元

本书获外交学院中央高校基本
科研业务费专项资金资助

目　录
Contents

绪　论

第一节　研究问题的提出

本书的研究问题是：行为体为何会形成不同的规范认同？基本假设是：历史怨恨情感影响了行为体的规范认同。

该理论选题源于理论范畴内的反思和经验层面上的困惑：

什么因素促发行为体形成了不同的规范认同呢？① 规范作为一种社会事实，具有普遍性。人种学的资料显示，规范在所有的人类社会中都普遍存在。② 而且规范并不是近期才产生的社会现象，没有证据表明规范是起源于一些社会并在最近的历史时期内通过社会接触蔓延到其他社会。相反，在所有人类群体中，规范都被精细地阐述以及确信无疑地存在着，包括那些狩猎采集者群体和文化孤立的群体。③ 因此对社会学家来说，"再没有一个概念比规范更能解释

① 这一问题属于规范社会学问题（如规范是如何产生的？规范履行什么样的社会功能？），与规范的伦理性问题（如规范内容是否正当、合理？）存在着一定的区别。

② Roberts S. *Order and Dispute* (New York: St. Martin's Press, 1979); Donald E. Brown, *Human Universals* (New York: McGraw-Hill, 1991); Elliott Sober and David Sloan Wilson, *Unto Others: The Evolution and Psychology of Unselfish Behavior* (Cambridge: Harvard University Press, 1998).

③ Chandra Sekhar Sripada and Stephen Stich, "A Framework for the Psychology of Norms," http://www.rci.rutgers.edu/~stich/Publications/Papers/Framework_for_the_Psychology_of_Norms_7-23-05.pdf, p.2.

人类的行为了”。[①] 规范的普遍性证明了一个重要的社会事实：即人类普遍存在着先天的心理机制以获取和执行规范，因为只有这些机制的存在才能有助于解释规范在所有人类群体中的普遍存在。[②] 同时值得注意的是，与规范普遍性特征同存的是规范内容的多元性，但这种多元性的特征模式是规范在群体内部呈现出高度的同质性，而在群体之间则同质性和异质性并存。[③] 规范在群体间的多样但又不随意分配模式再次论证了规范背后心理机制的存在和运行。那么哪种心理机制又是如何促进了行为体对不同的规范的认同呢？

在经验层面上，非洲联盟和东南亚国家联盟同为发展中国家的地区组织，但二者在人权规范的认同上却呈现出重大的差异：非盟奉行“不漠视”原则，东盟奉行“不干涉”原则。近几十年来，在人权保护领域，非盟（包括“非洲统一组织”，简称非统）组织化和制度化逐步完善。非统于 1981 年制定《非洲人权与民族权宪章》，这是非洲人权促进和人权保护的奠基性文件。据宪章第 30 条，为确保人权和民族权在非洲受到保护，特在非洲统一组织内部设立了非洲人权和民族权委员会。1998 年 6 月 9 日，非统组织再次通过了《关于建立非洲人权和民族权法院的〈非洲人权和民族权宪章〉议定书》，该法院于 2006 年成立运行，以协助完成委员会的工作。由此，非盟内部形成了人权宪章、人权委员会和人权法院组成的人权法律保护机制。非盟人权法院具有超国家的司法管辖权，非盟大会具有国际干预权，尤其是在成员国国内出现严重情势（即战争罪、种族罪和反人道罪）或在成员国间出现侵略情势时实施强制干预，其中包括武装干预，同时也有权在成员国出现不符合宪法的政府更迭时实施制裁，以恢复正常的国家秩序和政府治理。总

① Chandra Sekhar Sripada and Stephen Stich, “A Framework for the Psychology of Norms,” http://www.rci.rutgers.edu/~stich/Publications/Papers/Framework_for_the_Psychology_of_Norms_7-23-05.pdf, p.1.

② Ibid., p.4.

③ Ibid., p.4.

之，非盟的人权事项既有“促进”之意，又有“保护”之命，其人权规范的认同具有“不漠视原则”特征。

对东盟而言，1993年《新加坡声明》首次阐述了人权问题的基本立场，2007年《东盟宪章》将人权问题正式列入了东盟的组织议程，2009年东盟在其框架内创建了第一个人权机制即东盟政府间人权委员会，2012年东盟第一份专门性人权文书即《东盟人权宣言》出台。纵观东盟人权规范发展的立场，不仅起步较晚，而且制度化程度相对较低。东盟的人权宣言仅仅是政治性声明，并不具有公约的法律效力；东盟的人权委员会具有政府间性质，组织自身的独立性大打折扣；东盟目前也并没有创建人权法院的规划。总体而言，东盟的人权事项集中于“促进”之意，而非“保护”之命，其人权规范的认同具有明显的“不干涉原则”特征。

非盟和东盟何以形成这种不同的人权规范认同呢？

第二节　研究文献的综述

行为体何以形成不同的规范认同，这一困惑在现有的国际关系文献研究中并不能找到充足合理的解释。

自从20世纪90年代以来，伴随着建构主义的兴起，国际关系中的规范研究取得了长足的进展。以温特为代表的社会建构主义通过“意愿的认知理论（cognitive theory of desire）”[①] 挑战了理性主义模式的“意愿行动理论”，[②] 从而用社会因素来解释国家的行为模式，而其中规范起了基础性的作用。规范是“一系列广泛的指示性陈述——规则，标准，原则等——既有程序性的，也有实质性的，

① ［美］亚历山大·温特：《国际政治的社会理论》（秦亚青译），上海人民出版社，2000年版，第143—162页。

② 即意愿加信念等于行动（Desire +Belief =Action）。

它以义务的形式指导了特定选择情景下的行为方式，即应该如何行事”。[①] 规范的作用不仅是作为管制性规则限制行为体的行为选择以及（或者）作为行为体追求自身偏好的重要参数，更重要的是规范的建构性作用。规范有助于阐释行为体自身是如何被建构的；行为体的认同以及偏好的来源；规范也促发和合法化了一些行为。[②] 但是规范是如何产生的呢？国家行为体为何会认同特定的规范呢？规范又是如何起作用的？等等这类问题也随之涌现。显然以温特为代表的第一代建构主义学者尽管完成了“规范是否重要？”这一核心研究议程，但是对这一核心研究议程的衍生性问题并未涉及。

第二代建构主义学者立足于第一代建构主义学者的研究议程，进而对“规范如何起作用？”这一研究问题展开了讨论。在其看来，通过规范的传播和社会化机制，社会规范在个体身上得以彰显，社会力量得以整合，代表性作品如玛莎·费丽莫（Martha Finnemore）的国际组织“教化理论”，[③] 凯克和辛金克等的非政府组织“跨国倡议网络”理论，[④] 阿米塔·阿查亚（Amitav Acharya）的“规范本土化”理论，[⑤] 杰弗里·切克尔（Jeffrey T. Checkel）的社会化机制研究[⑥] 等。概括起来，这些规范传播理论在一定程度上指出了三类规范社会化机制的相关变量：第一，规范传播者的声望和性质；第二，规范传播的策略；第三，规范自身的性质以及与被接受者规范结构的契合度。

---

① Andrew Hurrell, “Norms and Ethics in International Relations,” in Walter Carlsnaes, ed., *Handbook of International Relations* (London: SAGE Publications, 2002), p.143.

② Andrew Hurrell, “Norms and Ethics in International Relations,” p.142.

③ ［美］玛莎·费丽莫：《国际社会中的国家利益》（袁正清译），杭州·浙江人民出版社，2001年版。

④ Margaret E. Keck and Kathryn Sikkink, *Activists beyond Borders: Advocacy Networks in International Politics* (Ithaca and London: Cornell University Press, 1998), pp.1-38.

⑤ Amitav Acharya, “How Ideas Spread: Whose Norms Matter? Norm Localization and Institutional Change in Asian Regionalism,” *International Organization,* Vol.58, No.2, 2004, pp.239-275.

⑥ Jeffrey T.Checkel eds., *International Institutions and Socialization in Europe* (New York: Cambridge University Press, 2007).

对社会化变量的研究分析无疑对规范认同或规范生成问题提供了一定的参考，但是规范认同的问题与规范的传播问题二者仍然不是简单的相等关系，尤其是对规范认同的研究而言，上述规范传播的分析存在着几大缺陷：首先，分析路径都是从外在的社会因素来解释行为体的规范认同和形成，是一种“由上到下”“由外到内”的分析，对行为体规范认同的具体心理机制做了“黑匣子”式处理，这在一定程度上导致了对行为体自身能动性和施动性的忽略，而显然相对于外在社会因素，行为体自身内在的建构才是规范认同的核心环节。[①] 其次，这种分析路径也含蓄地假定了规范的本质主义属性，即规范认同和认知的客体是什么并不依赖于认同认知本身。行为体的认知和认同只是“再现”了外在的规范现象，而不是“建构”了规范现象。规范就像物理力场中的“粒子”，在传播者和接受者之间进行力的碰撞，而自身始终保持着独有的实质属性，显然这一立场违背了规范是社会建构产物的基本认识。再次，从规范传播的角度来研究规范的认同还会导致一种误解：即行为体所认同的规范都来自于外来的规范。可是基于规范在所有社会所具有的普遍性以及历史的长期性，很难去排除行为体自身生成某种规范的可能性。那么影响行为体自身认同并生成特定规范的变量又是什么呢？

在经验层面上，规范传播的路径来解释非盟和东盟人权规范认同的差异原则上也存在重大的不足：对非盟和东盟而言，所面临的规范传播者和规范内容本身基本是相同的；而且非盟和东盟都有过遭受殖民侵略的历史，都奉行整体主义的文化，规范结构的契合度也是相似的；就规范传播策略而言，外部传播策略既难以在非盟和东盟内部多个成员国之间保持一致性，也难以保持跨越冷战的长期

① 在对规范传播的研究中，阿查亚提出了“本土化”过程和规范传播之间的因果机制，这在一定程度上强调了行为体的能动性，但是在阿查亚的研究设计中，这种能动性仅仅局限于对外来规范的重构能力，而并有谈及行为体生成本土规范的能力，因此这种能动性和施动性仍是有所限制的。参阅 Amitav Acharya, “How Ideas Spread: Whose Norms Matter? Norm Localization and Institutional Change in Asian Regionalism,” pp.239-275。

一致性。因此传播策略在横向维度上的多样性难以解释地区层面上规范认同的一致性，而在纵向维度的多样性也难以解释地区规范的历史延续性。同时借鉴社会心理学家凯利（H. H. Kelley）的归因模型（区别性、一贯性、一致性），我们也容易对非盟和东盟的人权规范认同得出内部变量归因，而不是外部变量归因。[①] 因此在解释非盟和东盟人权规范认同的差异问题上，其内部自身的变量可能更具有解释力。[②]

综上，关于规范认同问题的理论质询和经验困惑，现有的建构主义研究还不能给以充分合理的解释，我们需要对此做出更具体和更深入的科学研究，这一研究工作的展开也将进一步扩大建构主义的研究场域和促进建构主义理论体系的完善。

第三节　研究方法的介绍

在研究问题确立之后，面临着的一个重要问题就是应该如何对该问题展开研究，即研究方法的问题，尤其是对该问题的假设不仅仅针对具体的、个别性的经验事实，而是具有一定的总括和通则特征时，研究方法的选择就显得愈发至关重要。正如有的学者所言，“没有明晰的方法论意识，就等于企图用筷子拈掇油炸黄豆，或者以步行登月球”。[③]

研究方法的选择问题不可避免地会涉及哲学层次的思考，即对本体论和认识论问题的探索。但对社会学以及国际关系学中不同的本体论和认识论流派做一分门别类的介绍，如实证主义、后实证主

① 具体设计模型参见文中第四章第三节更详细的介绍。
② 对此的进一步分析，参加下文第三章第三节。
③ 钱冠连：“方法决定结果——两个研究方法评述”，载于《中国外语》，2010年第1期，第79页。

义、阐释主义以及人文主义等，[①] 在一定程度上非但无助于本书研究问题的解答，而且也在一定程度上夸大甚至误解了各种流派在科学研究的分歧和对立，毕竟大多数科学研究在各种研究方法的选择上并非严格遵守“二元对立”和“非此即彼”的原则，而是体现了一定程度的认识论和方法论的融合。而且正如贝内特（Andrew Bennett）所言，社会科学工作者之间也逐渐形成了一种共识，即不同的方法论有不同的比较优势，而对各种方法的协同使用更有利于科学研究的进行。[②] 因此本书在研究方法上所遵循的基本原则就是“以问题为导向”，即研究问题位于第一位，研究方法位于第二位，研究方法的选择服务于研究的目的和研究问题的解决，当然这在一定程度上也不可避免地体现了本书的“实践本体论”和“实用主义”的方法论趋向，[③] 但它毕竟在很大程度上悬搁了哲学层面的分歧和争议，避免陷于形而上学范畴内一些抽象概念无休止的思辨游戏，而且更有利于具体研究工作的展开。

首先，研究问题确立后，如何针对该问题提出解释性的研究假设呢？正如本书的研究问题是行为体为何会形成不同的规范认同，可是下一步该如何对该问题提出一个解释性假设呢？国内国际关系学者李少军称，通过提出假设探求国际互动的规律，这是国际关系学科中实证性研究的基本途径。而研究者提出假设，大体上是经由两种途径：一种是基于经验观察，经由归纳法（Induction）得出假设，另一种是基于已有理论，经由演绎法（Deduction）得出假设。[④]

---

① Donatella Della Porta and Michael Keating, “How Many Approaches in the Social Sciences? An Epistemological Introduction” in Donatella Della Porta and Michael Keating, eds., *Approaches and Methodologies in the Social Sciences* (Cambridge: Cambridge University Press, 2008), pp.21-25.

② Andrew Bennett, “Case Study Methods: Design, Use, and Comparative Advantages,” in Detlef F. Sprinz and Yael Wolinsky -Nahmias, eds., *Models, Numbers, and Cases: Methods for Studying International Relations* (Ann Arbor: The University of Michigan Press, 2004), p.19.

③ 关于国际关系社会实践理论流派的进一步介绍，参阅朱立群、聂文娟：“国际关系理论研究的‘实践转向’”，载于《世界经济与政治》，2010年第8期，第98—115页。

④ 李少军：《国际关系学研究方法》，北京·中国社会科学出版社，2008年版，第39页。

但与上述两种研究途径不同的是，本书在提出假设的过程中采取了第三种研究路径：溯因推理（Abduction）。溯因与演绎、归纳属于逻辑推理的三种方式，其基本的推理模式区别如下：

给出前件（precondition）：α；后件（post condition）：β；规则：R1

演绎推理：使用规则和它的前件来得出结论（$\alpha \wedge R1 \Rightarrow \beta$）。

归纳推理：是在多个 β 和 α 的例子之后认识到 R1。

溯因推理：使用后件和规则来假定可以解释后件的前件（$\beta \wedge R1 \Rightarrow \alpha$）。

其中，“溯因推理是一个形成解释性假设的过程”。[①] 或者借用哲学家和逻辑学家皮尔斯的进一步阐释，“如果我们认为，当事实与预期不符时，我们需要对此给予解释的话，那么这个解释就必须是一个能够在特定环境下预测所观察事实（或必然的，抑或非常可能的结果）的命题。一个自身具有可能性，并且使（观察到的）事实具有可能性的假设就需要被采纳。这个由事实驱动的采纳假设的过程，就是我所说的溯因推理”。[②] 显然，溯因推理是一个在被解释项已知的条件下，寻求解释项的过程。换言之，是一个寻求自变量的过程，这与本书的研究类型基本吻合。

重要的是，溯因推理也进一步揭示了寻求解释性假设的过程，而这给本书基本假设的提出提供了认知途径。在现有问题或事实与解释性假设之间的关系上，皮尔斯曾指出，“在溯因推理中，事实是通过类似之处（Resemblance）来暗示一种假设的。这种类似之处就是事实与假设推论之间的相似”。[③] 用公式来表示，就是

① Charles Hartshorne and Paul Weiss, eds., *Collected Papers of Charles Sanders Peirce, Volume V (Pragmatism and Pragmaticism)and VI (Scientific Metaphysics)* (Cambridge: The Belknap Press of Harvard University Press, 1960), p.106.

② Arthur W. Burks, eds., *Collected Papers of Charles Sanders Peirce, VII (Science and Philosophy)* (Cambridge: Harvard University Press, 1958), pp. 121-122.

③ Ibid., p. 137.

Any M is，for instance，P′ P″ P‴，etc.;

S is P′ P″ P‴，etc.;

所以 S is probably M。

也就是说行为体认同维护人权或主权的规范（M），行为体在历史中形成了对侵犯人权或主权事项的历史怨恨情感（P），M 和 P 的类似性使我们可以推测，历史怨恨情感可能与规范认同之间存在着某种相通性和共变性，尽管这种关系具有或然性，但毕竟它已经开启知识探索的第一步。正如皮尔斯所言，“溯因推理是预备性的，它迈出了科学推理的第一步”。[①] 至此，本书的基本研究假设也已确立。

其次，研究假设作为猜测性的答案提出之后，研究者就需要收集合适的资料，通过适当途径来加以验证。[②] 皮尔斯提出了对溯因推理的假设评估和选择的三条标准，其中一条就是假设必须是可以被实验所检验的。由于很多假设都无法通过直接的观察来检验，这就需要通过演绎推理从假设中得出一些推论（包括一些预测性的推论），并在归纳推理的基础上验证结论，然后对原有假设做出修正，并继续不断地验证，修正等。[③] 也正是在此意义上，皮尔斯认为“科学推理从整体上看是一个复合体 …… 溯因推理是预备性的，它是科学推理的第一步，而归纳则是结论性的一步 …… 溯因推理是从事实开始的，旨在寻求能够解释事实的假设。而归纳推理是从假设开始的，意在寻找支持假设的事实”。[④] 基于此，本书首先通过演绎推理论证历史怨恨情感和规范认同之间的关系，其次将通过归纳推理尤其是案例比较方法详细验证演绎推理环节提出的研究

---

① Arthur W. Burks, eds., *Collected Papers of Charles Sanders Peirce, VII (Science and Philosophy)* (Cambridge: Harvard University Press, 1958), p. 136.

② 李少军:《国际关系学研究方法》，北京・中国社会科学出版社，2008年版，第40页。

③ Arthur W. Burks, eds., *Collected Papers of Charles Sanders Peirce, VII (Science and Philosophy)* (Cambridge: Harvard University Press, 1958), p. 138.

④ Ibid., pp. 136-137.

假设。

在演绎推理环节，基本的逻辑模式是充分必要条件假言推理，这是根据充分必要条件假言命题的逻辑性质进行的推理。充分必要条件假言推理有两条规则：规则 1：肯定前件，就要肯定后件；肯定后件，就要肯定前件。规则 2：否定前件，就要否定后件；否定后件，就要否定前件。[①] 显然，在该模式中，前件作为后件的充分必要条件，二者存在着紧密的相通性和共变性。因此，对本书的研究而言，论证历史怨恨情感对规范认同形成的充要条件的影响，自然推理出历史怨恨情感对规范认同的影响。而规范认同形成的充分必要条件是规范认知。正如文中分析的，规范认同建立在规范认知的基础之上，规范认同本身就是一种规范认知活动，什么样的规范认知活动决定什么样的规范认同，因此规范认知构成了规范认同的充分必要条件。基于此，论证历史怨恨情感对规范认知的影响，也就论证了历史怨恨情感对规范认同的影响，从另一个角度讲，这一论证过程不仅是揭示了历史怨恨情感和规范认同变量之间存在着相关性，更重要的是，它同时揭示了这种相关性的作用机制，简单而言，它不仅说明了历史怨恨情感影响行为体的规范认同，而且说明了历史怨恨情感如何影响行为体的规范认同，因此无疑大大增强了本书研究假设的说服力。

就归纳推理而言，一般的理解是归纳推理具有两大重要特征：第一，它是建立在大量的经验事实基础之上，如对大量天鹅的考察，得出天鹅是白色的结论；第二，归纳推理的结论一般是从具体或个别性的命题或原理上升到普遍的命题或原理。这种理解固然没错，但是就科学研究而言，归纳推理的重要性远不止此。英国心理学家、哲学家和经济学家穆勒（John Stuart Mill）曾经指出“归纳逻辑的主要任务就是要弄清自然界中所普遍存在的因果律，要确定

① 华东师范大学哲学系逻辑学教研室编：《形式逻辑》，上海 · 华东师范大学出版社，2009年版，第131—132页。

每一原因的结果以及每一结果的原因”。[①] 而探究因果联系要建立在对事例进行考察的基础上，但纯粹的事例堆积不能确保结论的可靠，研究者不能仅满足于被动地观察外界所提供的事例，应该想到通过实验来变换条件，并对事例作进一步的研究。[②] 为此，穆勒提出了著名的“穆勒五法”，[③] 作为实验分析的指导准则，其目的就是为了从错综复杂的实验数据资料中获得关于现象间因果联系的认识。“穆勒五法”的提出对科学研究产生了重大而深远的影响，国际关系学科的案例比较研究就体现了“穆勒五法”的基本准则，对此，我们把二者结合起来分析它在本书假设验证环节所发挥的作用。

在实证性研究中，验证假设的方法很多，其中案例法、定量法和形式模型等是主要方法。[④] 从涉及案例的数量来讲，案例法一般包括单一案例研究和小数量的多案例研究，研究者可以根据不同的研究问题和研究设计，选择不同的案例数量。[⑤] 当对两个或两个以上案例进行研究，就不可避免地会涉及案例比较研究。[⑥] 对验证假设而言，案例比较研究的最大特征在于它在一定程度上实现了变量操控，创造了类似自然科学的“实验室条件”，正如英国学者乔纳森·霍普金（Jonathan Hopkin）所言，“比较方法为政治学提供了

---

① John Stuart Mill, *System of Logic: Ratiocinative and Inductive* (London: Ballantyne Press, 1886), p.213.

② 张大松、孙国江：“论穆勒五法的方法论特征与价值”，载于《华中师范大学学报（人文社会科学版）》，2001年11月第40卷第6期，第19页。

③ 穆勒五法包括求同法（Method of Agreement）、求异法（Method of Difference）、异同法（Joint Method of Agreement and Difference）、剩余法(Method of Residues)和共变法(Method of Concomitant Variations)，见John Stuart Mill, *System of Logic: Ratiocinative and Inductive* (London: Ballantyne Press, 1886), pp.253-264。

④ 李少军：《国际关系学研究方法》，北京·中国社会科学出版社，2008年版，第40页。

⑤ 关于案例研究概念的进一步界定和分类，见John Gerring, “What Is a Case Study and What Is Good for?” *The American Political Science Review*, Vol. 98, 2004, pp.341-354.

⑥ 实际上，即使进行单一案例研究，研究者也通常会与其他案例进行含蓄的比较，见Frank P. Harvey and Michael Brecher, eds., *Evaluating Methodology in International Studies* (Ann Arbor: The University of Michigan Press, 2002), p.133，转引自李少军：《国际关系学研究方法》，北京·中国社会科学出版社，2008年版，第106页。

检测理论命题的最明显的路径”。[①]

案例比较研究如何实现变量操控呢？最重要的法则之一就是“穆勒五法”中的求同和求异法则。根据“求同”法则，“如果被考察现象的两个或多个事件中只有一相同情况，那么此相同情况就是该现象的原因（或结果）”。[②] 公式如下：

ABCD⟶X

ABDE⟶X

ACDE⟶X

ABCE⟶X

因为A作为*唯*一共同的因素，所以A是X的原因。[③] 1970年政治学者普泽沃斯基（Przeworski）和托伊恩（Teune）提出的“最大相异研究（the most-different design）”即源于穆勒的求同法，也就是说个案间除了在相关因果变量上的相似以外，其余变量之间存在着差异性，而且这种差异性越强就越发证明这种因果关系的准则性。[④] 当然就变量控制而言，在确定A和X的相关性时，同时也排除了B、C、D、E和X的相关性，也就是说消除了B、C、D、E这些非相关因素。如穆勒所言，通过求同法，可以消除那些不致影响某现象的情况，或者说它不出现而该现象仍出现，说明与该现象

① 乔纳森·霍普金:《比较方法》，见[英]大卫·马什、格里·斯托克编:《政治科学的理论与方法》(景跃进等译)，北京·中国人民大学出版社，2006年版，第258页。

② John Stuart Mill, *System of Logic: Ratiocinative and Inductive* (London: Ballantyne Press, 1886), p.255.

③ 该逻辑推理的成立包含着一个前提条件，即自变量是独立自变量，而不是协同变量，或者理解为自变量A包含了导致X的所有自变量。见Andrew Bennett, “Case Study Methods: Design, Use, and Comparative Advantages,” in Detlef F. Sprinz and Yael Wolinsky -Nahmias, eds., *Models, Numbers, and Cases: Methods for Studying International Relations* (Ann Arbor: The University of Michigan Press, 2004), pp.30-32。

④ Donatella Della Porta, Comparative Analysis: Case-oriented versus Variable-oriented Research, in Donatella Della Porta and Michael Keating, *Approaches and Methodologies in the Social Sciences*(Cambridge: Cambridge University Press, 2008), pp.214-217.

没有因果联系。[①]

除了求同法则，“穆勒五法”的求异法则同样给自然科学以及社会科学的变量控制提供了启示。“求异”法则是通过寻求差异或缺乏的因素来确定现象的原因或因果关系。[②] 公式如下：

ABCD⟶X

BCD⟶非X

因为A未出现导致X也未出现，所以A是X的原因。[③] 普泽沃斯基和托伊恩提出的“最大相似研究（the most-similar design）”即源于这一求异法则，在该研究设计中，因果关系集中在个案间的相异变量上，而个案间的许多相似或相同变量在解释因变量的差异上并不具有相关性。[④] 换而言之，因果关系中大多数变量被进行了实验操控，因此这种研究设计大大缩减了潜在可能的解释性变量的数量。[⑤] 如在政治学和社会学范畴内，跨国比较研究经常选择的国别案例，属于同一地区，具有相同的历史传统，文化传统或经济水平。在研究的过程中，这些相同的变量就被作为“常量”来处理，从而来考察相异变量和因果关系。[⑥]

总而言之，案例比较研究有利于研究者变量操控，而变量操控或者说对非相关变量的排除是确定因果关系的重要途径，正如培根

---

① John Stuart Mill, *System of Logic: Ratiocinative and Inductive*(London: Ballantyne Press, 1886), pp.255-256.

② Ibid., p.256.

③ 该逻辑推理的成立包含着一个前提条件，即自变量是独立自变量，而不是协同变量，或者理解为自变量A包含了导致X的所有自变量。见Andrew Bennett, “Case Study Methods: Design, Use, and Comparative Advantages,” in Detlef F. Sprinz and Yael Wolinsky -Nahmias, eds., *Models, Numbers, and Cases: Methods for Studying International Relations* (Ann Arbor: The University of Michigan Press, 2004), pp.30-32。

④ Donatella Della Porta, Comparative Analysis: Case-oriented versus Variable-oriented Research, in Donatella Della Porta and Michael Keating, *Approaches and Methodologies in the Social Sciences* (Cambridge :Cambridge University Press, 2008), pp.214-217.

⑤ Arend Lijphart, “Comparative Politics and the Comparative Method,” *The American Political Science Review*, Vol.65, Issue 3, 1971, p.687.

⑥ Mattei Dogan and Dominique Pelassy, *How to Compare Nations :Strategies in Comparative Politics* (Chatham: Chatham House Publishers, Inc.,1990), p.133.

所言，“……要把那在某个事例中所与性质出现而它不出现的性质，或者那在某个事例中所与性质不出现而它出现的性质，或者那在某个事例中所与性质减少而它增加的性质，或者那在某个事例中所与性质增加而它减少的性质，一概加以排拒或排除。真的，当这项排拒或排除工作恰当地做过之后，在一切轻浮意见都化烟散净之余，到底就将剩下一个坚实的、真确的、界定得当的正面法式”。[①]

本书的案例验证采纳了求异法则的“最大相似”案例研究，这是因为该研究问题的选定部分来源于对现有非盟和东盟案例的反思，而非盟和东盟的案例与“最大相似”更为接近，当然这并不排除其他“最大相同”案例对本书研究假设的论证。对非盟和东盟的案例研究在文中将具体展开，在此将从方法论上详细讨论非盟和东盟的案例比较如何有利于进行变量操控。

如上所述，非盟的人权规范认同体现着“主权的人权属性”特征，姑且表述为X；而东盟的人权规范认同体现着“人权的主权属性”特征，姑且表述为非X。根据“相似案例”设计对变量操控的规则，基于结果现象的差异，东盟和非盟共有的变量（姑且表述为BCD）与X的相关性可以被排除。值得强调的是，在实际的研究操作中，穷尽东盟和非盟所有共有的变量即无必要也无可能。因此在寻找这些共有变量的过程中，该共有变量与规范认同的相关性假设仍是一条重要的准绳。根据求异法则的“最大相似”案例设计，在对这些共有变量进行了排除或操控以后，那么东盟和非盟的差异变量即是导致X的自变量。但是实际研究中也会出现以下问题：第一，非盟和东盟的案例比较后存在多个差异变量，到底哪个变量才是真正的自变量呢？第二，仅仅是这种案例比较就得出A与X之间的因果关系不具有充分的论证力，如何确证这种“似是而非”的因果关系呢？也正是在此意义上，马霍尼认为，穆勒法则指导的

① ［英］培根:《新工具》（许宝骙译），北京·商务印书馆，1984年版，第145页。

案例研究只是以一种非常总括和初始的方式确认了潜在的相关变量，穆勒法则的这一明显不足需通过案例内的过程追踪来弥补。[①] 当然，根据本书的整个架构，除了结合具体的案例来详细论证本书所提出的历史怨恨和规范认同的因果关系机制外，演绎推理环节以及具体的历史过程追踪也是对该因果机制的论证。这些研究设计都将弥补仅仅依赖求异法则的不足，但不可否认的是，求异法则仍然有助于本书在很大程度上对研究变量进行了操控。

第四节 研究结构的安排

本书的研究目的为对行为体的历史怨恨情感和规范认同之间的相关性做一具体论证。本书的论证路径是历史怨恨情感影响了行为体的规范认知进程，从而影响了行为体的规范认同。

就论文的整体设计与安排而言，绪论环节将对研究问题和研究方法等做一概括式介绍，继绪论之后，第一章将围绕着本书的前提假定和概念测量而展开，旨在于说明有别于主流理论所做出的国家行为体具有“经济理性”“价值理性”的研究假定，本书提出了国家行为体“情感理性”的研究假定，即国家行为体的情感因素和价值规范认同之间具有内在的一致性。具体而言，当国家行为体对某事项（包含人和事）持有消极情感，则倾向于对该事项产生负面的认同体验。

第二章属于理论演绎环节，着重于说明历史怨恨影响行为体规范认同的具体作用机制或曰历史怨恨情感和规范认同因果关系的中

① J. Mahoney and D. Rueschemeyer, eds., *Comparative Historical Analysis in the Social Sciences* (Cambridge: Cambridge University Press, 2003)，转引自 Andrew Bennett, “Case Study Methods: Design, Use, and Comparative Advantages,” in Detlef F. Sprinz and Yael Wolinsky -Nahmias, eds., *Models, Numbers, and Cases: Methods for Studying International Relations* (Ann Arbor: The University of Michigan Press, 2004), p. 32。

介变量。该章阐述了怨恨情感影响了国家行为体规范认知的进程（信息收集、信息加工、概率判断和行为决策），从而最终影响了行为体的规范认同。

第三、四、五章属于经验验证环节，着重于通过非盟和东盟的案例比较来论证历史怨恨情感对各自人权规范认同的影响。第三章对非盟和东盟的人权规范认同作一交代性说明，即非盟的人权规范认同具有"不漠视原则"的特征，而东盟的人权规范认同具有"不干涉原则"的特征，同时对二者进行初步的求异比较以实现变量控制。第四章则论述了二者不同的历史怨恨情感，非洲在几百年的奴隶贸易和被殖民的历史体验中，逐渐形成了对"人权侵害事项"的怨恨情感，而东南亚国家在长期的与大国互动中，逐渐形成了对"主权侵害事项"的怨恨情感。第五章论述了历史怨恨情感是如何促发二者形成了不同的人权规范认同，即历史怨恨情感是如何影响了非统/非盟和东盟的注意偏向、信息加工、概率判断和行为决策。

最后是本书的研究结论部分，对案例与理论的相符性进行了总结，同时也指出了本书的创新与不足之处。

第1章

前提假定和概念界定

假设（Hypothesis）是指科学研究中对客观事物的假定性说明。[①]假设的提出需要有一定的科学依据，它是在一定的前提假定基础之上展开的，同时也离不开核心概念元素的支撑。本书的核心假设是历史怨恨情感影响了规范认同，这是对二者之间变量关系的一种预测性陈述，因此本章的主要目的在于阐述该假设建立的前提假定和基本概念，不过在此项工作展开之前首先需对国际关系中现有情感研究的文献做一简要梳理，这在一定程度上构成了本书研究的起点。

第一节　情感研究的进程[②]

国际关系学者一直以来并未对情感问题给予充分的关注，但毋庸置疑的是情感在国际政治事件中起着不可或缺的作用。2001年基

---

① 《现代汉语词典》，北京·商务印书馆，2000年版，第609页。

② 本章的主要内容已发表，见聂文娟："国际关系中的情感研究"，载于《国际论坛》，2011年第1期，第45—51页。

地组织对美国发动的恐怖袭击对美国人的安全认知和国家认同产生了强烈的情感冲击。而没有这种情感唤醒以及政府的捍卫正义、打击邪恶的情感呼吁，阿富汗战争、伊拉克战争、美国国内公民基本权利的暂停甚至酷刑的合法化等这些政治事件都是难以想象的。[①]再如，在原南斯拉夫或非洲发生的内战一定程度上可以根据理性的争夺加以解释，但这是一种非常不完善的解释，而且毫无创造性。要对大规模屠杀做出圆满的解释，我们必须把恐惧、愤怒、蔑视、仇恨以及厌恶等诸如此类的情感考虑进去。因此如果我们不透过情感的棱镜窥透人类行为的种种形式，其中很多就无法得到理解。[②]

一、情感研究的必要性

情感问题对国际关系的研究是必不可少的。

首先，就政治研究而言，人性是一个亘古不变的主题，而情感本身就是人性的一部分。[③] 人类是地球上最具情感的动物。情感使人的生命以及行为具有了意义。人类的认知、行为以及社会组织的任何一个方面几乎都受到情感的驱动。在西方思想发展的脉路中，从亚里士多德、柏拉图、霍布斯、笛卡尔到启蒙思想者，尤其是休谟、史密斯等人无不强调了情感对人性追问和政治探求的重要性。[④] 在亚里士多德看来，情感是人类存在的许多有趣的侧面，“情感是所有这样的感觉：它们改变着人们，影响着人们的判断，并且还伴随着愉快和痛苦的感觉。这类情感有愤怒、怜悯、恐惧等，以

---

① Roland Bleiker and Emma Hutchison, “Fear No More: Emotions and World Politics,” *Review of International Studies*, Vol. 34, 2008, p.115.

② [美]乔恩·埃尔斯特:《心灵的炼金术：理性与情感》(郭忠华等译)，北京·中国人民大学出版社，2009年版，第457页。

③ Jonathan Mercer, “Human Nature and the First Image: Emotion in International Politics,” *Journal of International Relations and Development*, Vol. 9, 2006, p.288.

④ George E. Marcus, “Emotions in Politics,” *Annual Review of Political Science*, Vol.3, 2000, p.221.

及与它们对应的情感”。[①]

情感不仅是人性的一部分，而且就个体而言，一个人的情感结构决定了一个人的存在范畴。舍勒曾言道，在人是思之在者或意愿之在者之前，他就已是爱之在者。[②] 谁把握了一个人爱的秩序，谁就理解了这个人。他所把握的东西对于这个作为道德主体的人的意义，就好像结晶公式对于晶体的意义。他对这个人的透视达到了透视一个人所能达到的程度。[③] 因为人的爱之丰盈、层级、差异和力量限定了他的可能的精神和他与宇宙的可能的交织度的丰盈、作用方式和力量。在一切现存的可爱性之中——其本质性先验地限定了人的理解力所能及的实际物——只有一部分在本质上为人所触及。不是人能认识的事物及其特性决定并限制着人的价值存在世界，毋宁说恰恰是人的价值本质世界限定并决定着他所能认识的存在，将它像一座孤岛一样托出存在之海洋。人的情感结构，即爱的秩序或价值取舍法则决定着他的世界观和他对世界的认识与思考的结构和内涵，同时决定着他对事物的献身意志或主宰意志。[④] 正是情感结构对人存在状态的这种构成性和限定性规定使其自身成为理解人存在方式和存在范畴的核心要素。这种哲学层面上情感和存在之间的关系在形而下的层面做进一步阐释的话，即情感影响人思维的议程设定，影响人看待世界的方式，同时在理性决策中也具有首要性。[⑤]

其次，情感是人类社会组织文化结构得以建立、维持和转换的前提。诺尔曼·丹森曾指出，“情感处于社会生活所有层次即微观的、宏观的、个人的、组织的、政治的、经济的、文化的以及宗教

① 亚里士多德:《修辞学》，转引自英炜:《人生情感哲学》，北京·中华工商联合出版社，2007年版，第11页。

② 《舍勒选集》，上海三联书店，1999年版，第751页。

③ 《舍勒选集》，上海三联书店，1999年版，第740页。

④ 《舍勒选集》，上海三联书店，1999年版，第751—752页。

⑤ David D. Franks, “Emotions”, in Larry T. Reynolds, Nancy J. Herman-Kinner, *Handbook of Symbolic Interactionsim*（Lanham: Rourman & Littlefield Publisher, Inc, 2003）, p.790.

等中心”。[①] 人类的独特特征之一就是在形成社会纽带和建构复杂社会结构时对情感的依赖。人类通过表达和解释大量的情绪状态，铸造社会关系，建立和保持对社会结构与文化的承诺，或者摧毁社会文化缔造的文明。可以说社会的每一个维度都是由情感所凝聚，但也有可能因情感而四分五裂。[②] 亚里士多德曾指出，古希腊的城邦靠情感和友谊建立和维持。柏拉图也认为友谊是共同体成立的基础，因为它缔造了信任的气氛，从而使对话和正义得以可能。[③] 正如乔纳森・H. 特纳所概括的，“倘若人类没有情感能力，人类文化和社会结构将不复存在”。[④] 因此情感是把个体与社会连接在一起的最重要的纽带和黏合剂。情感作为社会意义和各种符号价值的载体与承担者，既构成了人们行动的原材料，又构成了人们进行交流的符号象征和行动工具。情感之所以能够对社会文化结构产生系统性的影响，也是因为在宏观层面上，情感具有大规模的、系统性的影响。由于情感感染现象，一桩情感事件发生可能增加了另一桩事件的可能性；情感事件可能以某种系统的方式发生；情感通过其社会规范的维系功能对行为具有系统的影响。[⑤] 印度文学家普列姆昌德在《憎恨在生活和文学中的地位》中曾用非常形象的语言概括了情感要素对社会秩序和社会文明的维持和推动作用，“谴责、愤怒和憎恨，这一切都是坏脾气或坏性格。但是，如果您把这些坏性格全部从人类生活中排除，那么全世界将会成为地狱。谴责的威力起着控制道德败坏的人的作用，愤怒保护着主义和真理，憎恨压制着欺骗和虚伪。如果没有对谴责的惧怕、对愤怒的恐惧，那么生活就会混乱，社会就会完蛋”。[⑥] 因此对人类情感的研究，不仅在微观

① ［美］诺尔曼・丹森:《情感论》(魏中军等译)，沈阳・辽宁人民出版社，1988年版，第1页。

② ［美］乔纳森H.特纳:《人类情感 社会学的理论》(孙俊才等译)，北京・东方出版社，2009年版，第1页。

③ Richard Ned Lebow, “Reason, Emotion and Cooperation,” *International Politics*, Vol.42, 2005, p.299.

④ ［美］乔纳森H.特纳:《人类情感 社会学的理论》(孙俊才等译)，第192页。

⑤ ［美］乔恩・埃尔斯特:《心灵的炼金术：理性与情感》(郭忠华等译)，第460页。

⑥ 英炜:《人生情感哲学》，第9页。

上有利于人们加深对社会交往和社会互动关系的理解，而且在宏观上也有利于人们更好地把握社会结构的意义表征体系和社会变迁的趋势。

再次，情感的研究有望构成中国学派生成和发展的一个有力擢升点。一直以来，中西方思维方式和学术价值观都存在着巨大差异，西方是类别化思维，东方是关系式思维；西方的最终学术指向为知识型哲学，体现了科学理性，而东方指向了境界型哲学，体现了实践理性。[①] 知识型哲学关注于如何认识客观世界，即探讨一种知识理论的形成。境界型哲学关注于实践生活中人的生存之道，即探讨人的心灵的存在状态，以中国的儒、道、佛教哲学为代表。中国的境界形态哲学虽不是实体论的，不承认任何实体包括最高的绝对实体，也不承认心灵是实体（如灵魂之类），但它以“存在”为其前提。它不是面对和解决客观的存在问题，而是解决人的存在问题。[②] 人的存在问题，离不开情感，“因为情感，且只有情感，才是人的最首要最基本的存在方式”。[③] 对此，情感问题作为最基本的存在问题被纳入了中国境界型哲学的视野之中，儒家侧重于个体的生命关怀（包括道德情感），道家侧重于个体的生命情调（包括审美情感），而这都体现了人的原始的自然的本真之情；佛教的“大悲愿”“大悲情”，是一种“普度众生”的宗教情感。就人的生命存在而言，佛教哲学是以一种不折不扣的苦乐观——人生是一大悲苦，因而要解脱之、超越之，从此进入“极乐世界”、涅槃境界。这是一种极度悲怆而又极具吸引力的情感世界。[④]

值得强调的是，在西方传统之中，对情感问题的探讨都是在伦

---

① 中国哲学包括众多哲学形态，其中，墨家和名家并不属于境界型哲学，而属于知识型哲学，而儒家、道家、佛教属于境界型哲学，并构成了中国哲学的主流。参阅蒙培元:《情感与理性》，中国人民大学出版社，2009年版。

② 蒙培元:《情感与理性》，绪言第2页。

③ 蒙培元:《情感与理性》，绪言第3页。

④ 蒙培元:《情感与理性》，绪言第3页。

理学或美学的范畴内进行（如康德、舍勒、休谟、叔本华、尼采等），即被当作是哲学的一个分支进行研究，而儒家哲学却把情感问题当作了哲学的一个核心问题来对待。儒家哲学不仅从一开始就偏重于情感，而且以情感为核心而将知、意、欲和性理统一起来，形成与道德情感相关的所谓宇宙论、本体论哲学。[①] 因此儒家哲学无疑将对情感问题提出更为深刻和全面的见解，而这不仅大大扩展对国际关系现象的现有解释，也将开启中国学派生成和发展的契机。但同时在认识方法上，儒家哲学并不是通过严密的逻辑推理来传递精确可靠稳定的知识，而是偏重于直觉、领悟，带有一定的神秘主义色彩，从而增大了自身的传播和运用以及与国际关系学科结合的难度。

二、主流理论情感研究的隐含

尽管西方思想传统中不断涉及情感研究，但由于西方思想文化传统中是情感与理性的二元对立，情感一般而言属于非理性范畴，如柏拉图不仅很少谈到情感，而且似乎对其不屑一顾，甚至充满厌恶，他认为情感犹如一匹时刻要挣脱理性之缰的野马，只有冷酷的理性战胜了激情和欲望，人才能实现道德的完善和精神的健康。[②] 因此情感研究一直徘徊在主流研究之外。在国际关系领域，国家行为体经济理性的假定也把对情感的研究大大边缘化了。正如克劳福德所言，国际政治理论和安全理论都依赖于对情感的前提假定，但情感从来未得到清晰地阐述，甚至被错误地假定。[③]

就现实主义而言，即使其理论强调不安全感（恐惧）和民族主

① 蒙培元:《情感与理性》，绪言第11页。

② William Lyons, "The Philosophy of Cognition and Emotion," in Tim Dalgleish, *Handbook of Cognition and Emotion*, (New York:John Wiley & Sons Ltd, 1999), p.22.

③ Neta C. Crawford, "The Passion of World Politics," *International Security*, Vol.24, No.4, 2000, p.116.

义（爱和恨）等情感性概念，但却未对情感做一系统性研究。[①] 在修昔底德对伯罗奔尼撒战争爆发原因的阐述中，恐惧占据着核心地位，“导致战争不可避免的原因是雅典人权力的不断增长在斯巴达人中间引起的恐惧”。而在霍布斯对政治的描述中，恐惧也是至关重要的。自然状态就是一种所有人反对所有人的恐惧状态，恐惧使人脱离自然状态，建立了利维坦，“引导人走向和平的是对死亡的恐惧”。[②] 到了 20 世纪，摩根索也强调了个人不断增长的不安全感是现代民族主义形成的根源。[③] 但情感因素在理论的构建中仍然被排除了出去。如古典现实主义理论大厦是建立在对人性的假定的基础之上，在摩根索看来，政治受到根植于人性的客观法则的支配，政治法则的根源是人性，而自从中国、印度和希腊的古典哲学致力于发现这些法则以来，人性没有发生变化，然而情感作为人性的一部分以及情感和理性作为一个硬币的两面这一重要事实却被忽略掉了。针对现实主义理论这种表象和抽象的不足，摩根索不得不坦承，并非所有的外交政策都总是遵循着如此理性的、客观的和非感情的路线的。特别是，在外交政策是在民主控制的条件下得到执行的地方，引导公众的感情去支持外交政策的需要不得不损害外交政策本身的理性。而且并非由决策者的个人狂想或个人精神变态所引起的偏离理性的现象，本身也可能是存在于自成一律的非理性系统中的因素。建立一个有关非理性政治的逆向理论（counter-theory）的可能性是值得探讨的。[④] 尽管情感是否完全属于非理性的范畴仍有待商榷，但摩根索对情感在政治生活中重要性的强调仍然是具有重大和积极的意义。

自由制度主义通过国际制度的功能理论探讨了无政府状态下国

---

① Neta C. Crawford, “The Passion of World Politics,” *International Security*, Vol.24, No.4, 2000, p.116.

② Ibid., p.120.

③ [美]汉斯・摩根索：《国家间政治 权力斗争与和平》（第七版）（徐昕等译），北京大学出版社，2006年版，第139—147页。

④ 同上，第28—31页。

际合作的可能性，尤其是分析了声誉作为一种激励因素的重要性。在基欧汉看来，“一旦政府考虑到先例或者认为它们的声誉处于危险之中，即使在没有具体报复的情况下，各国政府可能仍然有动机去遵守机制中的规则和原则”。[①] 声誉因素之所以重要，在于行为体对声誉的成本和收益的计算，“良好的声誉使得政府易于加入可从中受益的国际机制；而那些声誉不佳者则要付出难以达成协议的代价”。[②] 这种通过经济理性的理论视角来分析声誉因素存在着一定的局限性，如对一个大国而言，不论声誉好坏与否，在是否加入国际机制以及如何实现收益最大化的战略选择上都享有很大的自主性和能动性，那么大国追求良好声誉的的动因何在？如中国在 1997 年亚洲金融危机后宣布人民币不贬值这一明显不符合经济理性的行为原因何在？中国建立负责任大国形象的努力和经济收益最大化的考量显然发生了冲突。因此仅仅用经济理性来分析声誉是不充分的，对声誉因素的分析离不开其所唤起的行为体的情感体验上。情感是隐藏在对他人的社会承诺背后的力量，良好声誉所引起的“自尊感”和不良声誉所激发的“羞耻感”恰恰是个体以及国家行为体追求良好声誉的内在动力。

更重要的是，自由制度主义通过国际制度来解释国际合作中，实质上错把原因当成了效能。换言之，是国际制度促进了国际合作还是国际合作促进了国际制度？自由制度主义强调了国际制度通过提供信息，降低交易成本，塑造预期促发了行为体做出有关合作的强制性协议，但却忽略了另外一个重要的社会事实：撇开强权强加和维持的国际机制不谈，成功的国际机制都建立在未来成员国（would — be members）对由国际机制来调控和协调行为的早前决定和先前意愿的基础之上。缺少这种先前的承诺，国际机制难以

① ［美］罗伯特·基欧汉：《霸权之后 世界政治经济中的合作与纷争》（苏长和等译），上海人民出版社，2006年版，第104页。

② 同上，第105页。

发挥其功能，国际制度的运行提前假定了具有共同利益或共同价值观的共同体的存在，唯此，国际制度才能监管规则和程序的履行。换言之，国家间合作的承诺是国际制度形成的原因而不是国际制度的效能。据此，在国际制度和国际合作的因果链上，真正的问题在于先前合作的意愿为何以及如何形成的呢？[①] 对此，一部分学者强调了行为体意识到他们需要彼此合作来实现自身的目标，另外一部分学者更深层次上强调了行为体之间的情感和情感关系是合作意愿形成的最原始动力。行为体并非如理性主义者所假定的那样自私以及完全在外部刺激因素下进行冷认知的行为反应。如霍布斯认为同胞情和所激起的对他者的同情感是人类的天然性情，亚当·史密斯（Adam Smith）认为，情感的位移促成了道德观念的形成，我们感知他者痛苦和快乐的能力以及我们希望他者分享我们感受的愿望证明了我们并非是完全计较自身利益得失的自私行为体。[②] 而合作最终是我们内部社会性的一种表达，通过合作，我们不仅实现了具体的目标收益，更重要的是合作使我们形成和维持了特定的情感关系和社会群体，从而有助于形成“我们是谁”的认同。因此合作不仅是对外部刺激因素的一种反映，也是人类内部道德情感发展的表达。[③] 不可否认，自由制度主义在论及合作的达成时，不断涉及情感因素如声誉、移情等，但用经济理性主义的视角来分析情感性概念这一视角的错位就决定了自身的合作理论存在着一定程度的缺陷。

不同于理性主义借鉴经济学的路径对国家的合作或冲突行为做出解释，以温特为代表的社会建构主义通过“意愿的认知理论（cognitive theory of desire）”[④] 挑战了理性主义模式的“意愿行动理

① Richard Ned Lebow, “Reason, Emotion and Cooperation,” *International Politics*, Vol.42, 2005, p.285.

② Richard Ned Lebow, “Reason, Emotion and Cooperation,” p.298.

③ Richard Ned Lebow, “Reason, Emotion and Cooperation,” pp.283-313.

④ ［美］亚历山大·温特：《国际政治的社会理论》（秦亚青译），第 143—162 页。

论”，从而用社会因素来解释国家的行为：首先，它指出权力的意义和利益的内容在很大程度上是由观念决定的，这意味着社会体系是由共有观念和集体知识建构而成的。其次，作为共有观念和集体知识的文化结构建构了行为体的角色身份，身份决定了与之相关的利益和行为，从而构成了国家行为的“文化选择”。[①] 换言之，社会建构主义进一步扩展了利益和行为的因果链，利益导致了行为，而身份认同建构了利益，因为“身份认同赋予我们以社会目标，滋长了个体间的差异性，从而导致了不同利益的产生，而不仅仅是千篇一律的基本生存利益追求”。[②] 那么，不同的身份、规范、文化认同又是如何产生的呢？温特称，身份、规范和观念都是在施动者的社会互动中形成的，但在理论的创建中，他把这一互动进程问题“搁置”起来[③]。这导致了建构主义学者自身也不得不承认，其理论的核心概念同理性主义的核心概念实际上一样，都被看成了是外生给定的，[④] 从而使得身份认同的形成也成为社会建构主义理论的盲点。[⑤]

利益依赖于身份，而身份依赖于情感关系。近期的情感社会学证实了情感在身份和群体构建中的积极作用。[⑥] 身份是一个关系性概念，个体或群体都是在与他者的关系网络中确定自身的身份认同。而情感有助于我们理解自身存在的意义，并把自己置身于与他者以及与周围世界适当的关系网络中。正如萨拉·艾哈迈德（Sara Ahmed）所言，情感是联系个体与特定他者关系的纽带，它给这种关系“着色”，从而建构了身份认同和归属感。[⑦] 不同的情感体验

① ［美］亚历山大·温特：《国际政治的社会理论》（秦亚青译），第三章、第四章，第119—244页。

② Richard Ned Lebow, “Reason, Emotion and Cooperation,” *International Politics*, Vol.42, 2005, p.301.

③ ［美］亚历山大·温特：《国际政治的社会理论》（秦亚青译），第230—231页。

④ 保罗·科维特、杰弗里·勒格罗：《规范、认同以及它们的限度：理论回顾》，载彼得·卡赞斯坦主编：《国家安全的文化：世界政治的规范与认同》（宋伟等译），北京大学出版社，2009年版，第444页。

⑤ 温特曾指出：“利益怎样产生的问题严格地说是理性主义理论的盲点。”载亚历山大·温特：《国际政治的社会理论》（秦亚青译），第145页。

⑥ Sara Ahmed, *The Cultural Politics of Emotion* (Edinburgh: Edinburgh University Press, 2003).

⑦ Roland Bleiker, Emma Hutchison, “Fear No More: Emotions and World Politics,” p.123.

可能带来不同的认同，愉悦的感觉会带来积极的联系，从而促进了正面的认同如朋友的认同，痛苦的感觉会带来消极的联系，从而促进了负面的认同如竞争对手甚至敌人的认同。正因为身份认同和归属感取决于我们如何与社会世界联系，而情感对这种联系起了导向性作用，因此身份认同的情感本质也是不言而喻的。[①] 从心理学路径解释群体行为的社会认同理论（Social Identity Theory）也探讨了情感在身份认同的作用。[②] 在 Tajfel 看来，社会身份认同就是“个体在他们的群体成员身份观念中获得部分自我认知，并且从价值和情感上认同自身所属的群体”。[③] 正因为个体对群体的情感注入，即对内群体的“爱”导致了群体成员对内群体和他群体的不同比较和评价，形成对他群体的偏见和刻板印象，从而建立和保持内群体的身份认同。[④] 正是基于情感和认同的这种天然联系，许多建构主义学者意识到情感事件和情感记忆构成了身份社会建构的重要维度，逐渐越来越重视国际关系中的情感现象。[⑤]

综上所述，尽管三大主流理论并未对情感现象做一系统化和理论化的研究，但不可否认，国际关系学者们在很大程度上也难以对其熟视无睹，也正是在此意义上，Crawford 称国际政治中，情感无处不在，情感不言自明，却又未成体系。[⑥] 情感和政治的紧密联系以及情感的社会化维度使得情感研究对国际关系理论研究以及政治

---

① Roland Bleiker, Emma Hutchison, “Fear No More: Emotions and World Politics,” p.124.

② 对SIT的介绍，参阅Rupert Brown, “Social Identity Theory: Past Achievements, Current Problems and Future Challenge,” *European Journal of Social Psychology*, Vol.30, 2000, pp.745-778；Steven Greene, “Understanding Party Identification: A Social Identity Approach,” *Political Psychology,* Vol.20, No. 2, 1999, p.393。

③ Jonathan Mercer, “Rationality and Psychology in International Politics,” *International Organization*, Vol.59, 2005, p.96.

④ Rupert Brown, “Social Identity Theory: Past Achievements, Current Problems and Future Challenge,” *European Journal of Social Psychology*, Vol.30, 2000, pp.745-778.

⑤ Andrew A. G. Ross, “Coming in from the Cold: Constructivism and Emotions,”*European Journal of International Relations,* Vol.12(2), 2006, p.197.

⑥ Neta C. Crawford, “The Passion of World Politics,” *International Security*, Vol.24, No.4, 2000, p.116.

实践都具有重大和深远的意义。首先，情感研究有助于打破国际关系理论研究中一直存在的“理性和非理性”的二元对立；其次，正如部分现实主义者通过恐惧这一情感因素而不是一些结构特征来解释战争的爆发，建构主义学者通过身份转变来解释体系的演化，情感研究有助于扩展对体系进程的认识，最后，情感研究也将促进信任、和平以及安全等一系列外交实践活动的展开。

三、情感研究的最新动态

自 20 世纪 70 年代以来，心理学范畴的情绪研究取得了长足的进展。2006 年 K.T. 斯托曼《情绪心理学——从日常生活到理论》一书出版，该书囊括了 150 余种情绪理论，分别从现象学、行为学、生理学、认知、发展、社会、临床以及心理学之外的领域对有关情绪的理论进行了介绍。[①] 在实证研究领域，根据卡西奥泊和加德纳（Cacioppo，Gardner）对最近的实证研究进行整理后，发现目前对情绪的研究包括：引出情绪的程序、情绪的测量、确定情绪的神经通路、实验室与真实情境中所产生的情绪的比较、情绪的语言分析、情绪的自我报告法、情绪判断的跨文化一致性、情绪的大脑不对称性、情绪反应的面部信号、情绪与认知的联系以及情绪的功能等。[②]

尽管心理学的情绪概念和社会学中的情感概念存在着显微的差别：情绪较多的用于动物和人的生物需要是否得到满足而产生的体验，是具有较大情境性和冲动性的心理反应；而情感更多的与人的社会性需要相关，具有稳固性和理智性的心理反应。[③] 生物性指涉

---

① K.T.Strongman:《情绪心理学——从日常生活到理论》(王力译)，北京 · 中国轻工业出版社，2006年版，第5页。

② 同上，第6页。

③ 乔建中:《情感研究：理论与方法》，南京师范大学出版社，2003年版，第9—10页。

包括饮食、睡眠、有机体的生存等，而社会性的需要指涉爱与归属，认同以及尊严等。但是二者并非不可通约，情绪在一定程度上能够演变成具有社会性的情感，而情感大多时候也具有情绪的重要特征，而且就脑的活动而言，情感和情绪实质上是同一物质过程的心理形式，是同一件事情的两个侧面或两个着眼点。因此心理学中威廉·詹姆斯（William James）情绪早期理论、情绪动机理论、情绪行为理论、情绪认知理论以及情绪生理学尤其是脑神经科学的发展对国际关系的情感理论发展起了重大的促进作用。

国际关系学界情感研究的领军人物是乔纳森·默瑟（Jonathan Mercer）以及尼塔·克劳福德（Neta Crawford），默瑟早在 1996 年国际关系研究协会的会议上就提交过一篇会议论文《论国际政治中的情感现象》，首次明确提出了国际关系中的情感问题，[①] 2000 年 Crawford 在《国际安全》杂志上发表了一篇题为《国际政治的激情：情感和情感关系的假定》的论文，不仅再次提出了国际政治中的情感问题，而且在借鉴进化心理学、生理心理学、认知心理学以及社会心理学的情感理论的基础上，对国际政治的情感现象研究给出了一些初步的假定。[②] 随后，越来越多的学者开始强调国际关系研究对情感现象的忽视，并在这方面做出了初步的研究尝试。曾经对国际政治中的知觉与错误知觉做出过深入研究的学者罗伯特·杰维斯在 2004 年的一次访谈中也承认对情感现象的忽视是一个“重大的失误”。[③] 美国知名学者理查德·尼德·雷波（Richard Ned Lebow）2005 年在《国际政治杂志》上发表了一篇《理性、情感与合作》的论文，不仅指出了情感和情感关系是合作建立和维持的首要因

① Jonathan Mercer, “Approaching Emotion in International Politics,” paper presented at the International Studies Association Conference, San Diego, California, 25 April1996, p.1.

② Neta C. Crawford, “The Passion of World Politics,” *International Security*, Vol.24, No.4, 2000, pp.116-136.

③ Thierry Balzacq and Robert Jervis, “Logics of Mind and International System: A Journey with Robert Jervis,” *Review of International Studies*,Vol.30, 2004, pp.564-565.

素，更是深刻地指出了所谓的自主、理性的行为体其实是“启蒙运动虚构的概念”，而情感毫不疑问地占据着国际政治的核心地位。① 英国学者克里斯托弗·希尔（Christopher Hill）和安德鲁·林克雷特（Andrew Linklater）也强调了决策过程中“情感和直觉”的核心作用，② 除此之外，许多学者深入探讨了具体的情感因素，如创伤性事件、③ 情感记忆、④ 屈辱感⑤ 在形成政治认同中的作用以及情感在人道主义干涉和冲突解决机制中的作用。⑥

国际关系的情感研究仍处于起步阶段，目前取得的研究成果主要包括对情感和理性关系的认识。对此，默瑟做出了深入和详细的分析，他系统梳理了情感与理性关系的文献，并按照研究路径的不同，把这些文献分为四类：作为一种副现象的情感、作为非理性来源之一的情感、作为行动者战略工具的情感以及作为理性的一个必要因素的情感。⑦ 第一种路径认为情感多是因变量，而非自变量。这种路径在一定程度上忽视了情感对国际政治中许多社会现象的因果解释，如个体对群体的身份认同。第二种路径认为情感具有因果性质，但更多地是一种导致偏离理性的错误认知的来源。如乔

① Richard Ned Lebow, “Reason, Emotion and Cooperation,” *International Politics*, Vol.42, 2005, pp.283-313.

② Roland Bleiker, Emma Hutchison, “Fear No More: Emotions and World Politics,” *Review of International Studies*, Vol. 34, 2008, p.116; Christopher Hill, *The Changing Politics of Foreign Policy* (Houndmills: Palgrave, 2003), p.116; Andrew Linklater, “Emotions and World Politics,” *Aberystwyth Journal of World Affairs*, Vol.2, 2004, pp.71-77.

③ Andrew A. G. Ross, “Coming in from the Cold: Constructivism and Emotions,” p.198; Edkins, Jenny, *Trauma and the Memory of Politics*(New York: Cambridge University Press, 2003).

④ Zehfuss, Maja, “Forget September 11,” *Third World Quarterly*, Vol.24, pp.513-528.

⑤ W.A. Callahan, “Humiliation, Salvation and Chinese Nationalism,” *Alternatives: Global, Local, Political*, Vol.29, pp.199-218.

⑥ Pupavac, Vanessa, “Pathologizing Populations and Colonizing Minds: International Psychosocial Programs in Kosovo,” *Alternatives: Global, Local, Political*, Vol.27 (4), 2002, pp.489-511; Pupavac, Vanessa , “War on the Couch: The Emotionology of the New International Security Paradigm,” *European Journal of Social Theory*, Vol. 7(2), 2004, pp.149-170.

⑦ Jonathan Mercer, “Human Nature and the First Image: Emotion in International Politics,” *Journal of International Relations and Development*, Vol.9, 2006, pp.288-303；[美]乔纳森·默瑟：《人性与第一意象：国际政治中的情绪》(尹继武译)，《世界经济与政治》，2006年第12期，第1—13页。

恩·埃尔斯特就认为，情感对人类来说是至关重要的，因为它激励了我们的行动，但当情感能够激励人的行为时也必然扭曲了我们理性推理的能力，“情感提供了生活的意义和目标，但同时阻止了我们向这一目标稳步前进”。[①] 默瑟对这种观点进行了反驳，情感干扰了理性，但没有情感，我们既无动机，也无方向，又无创造性，理性的实现更无从谈起。第三种路径认为情感不仅仅是导致一些问题的原因，更是对一些集体合作困境的对策。情感可能促使行为体放弃对短期物质利益的追求，而着眼于长远的战略利益，如托马斯·谢林（Thomas Schelling）所称的“非理性的理性”，[②] 而经济学家赫什雷弗（Hirshleifer）和弗兰克（Frank）试图把情感因素融入理性选择模式的框架中，从而解决“有意识追求自我利益与适得其反”的困境。[③] 第四种路径将情感看作是理性的本质要素。情感不仅仅是外部刺激的产物，它更建构了利益并引发了行为。情感与理性的紧密关系在神经科学领域也已得到了证明，根据脑神经科学家安东尼奥·达马西奥（Antonio Damasio）20 世纪 90 年代的研究发现，在决策过程中，大脑前叶已遭损害的病人，仍具有记忆、语言和其他认知技能，但是失去了“感受”能力或情感反应。他们能够“认知却无法感受”，他们失去了高效选择的能力，从而使得他们的一系列行为显得非理性。因此达马西奥称，情感和情绪的某些特性对理性来说，是必不可少的。[④] 因此在默瑟看来，情感与理性的关系正如认知与理性的关系：情感可能扭曲理性，但也可能促进理性；

① Jonathan Mercer, “Human Nature and the First Image: Emotion in International Politics,” p.292.

② Jonathan Mercer, “Human Nature and the First Image: Emotion in International Politics,” p.293; Thomas Schelling, *The Strategy of Conflict, Reprint Edition* (Cambridge, MA: Harvard University Press, 1980).

③ Jonathan Mercer, “Human Nature and the First Image: Emotion in International Politics,” p.293; Robert Frank, *Passions within Reason: the Strategic Role of the Emotions*(New York: Norton, 1988), p. x .

④ Jonathan Mercer, “Human Nature and the First Image: Emotion in International Politics,” p.294; Antonio Damasio, *Descartes' error: Emotion, Reason, and the Human Brain*(New York: Putnam, 1994), p. viii, p.45.

情感可能削弱理性，但理性离不开情感。沿着默瑟的研究路径，很多学者对情感与理性的关系展开了更为具体深入的分析，如中国学者尹继武在肯定默瑟研究的基础上，进一步探讨了情绪（情感）作为一种因变量的生成机制问题，从而丰富了默瑟的情感研究。[①]

总的而言，目前对国际关系研究情感的学者来说，情感与理智、非理性与理性等这些二元对立的问题已不再是研究的重点，因为这些问题从某种程度上来说，更像是一个“伪命题”，二者之间不仅存在着紧密的联系，而且所谓的差异其实并不反映本质上的对立，而是一个概念范畴外延扩展的问题，当情感的范畴扩展到包含特定的动机、目标和偏好时，理性便成为情感的子集；而当理性的范畴扩展到包含认知和感受外在甚至自我的能力时，情感便又成为理性的子集。

随着学者们对情感与理性的关系逐渐达成共识，国际关系的情感研究出现了新的研究趋势。这主要包括以下几个方面：首先，情感和认知的关系，这不仅是情感理论也是国际政治心理学进一步研究的方向。[②] 既然决策过程中，既离不开理性的认知因素，又离不开情感因素，而且认知和情感之间存在近乎恒定的交互作用，那么二者的具体互动模式便成为新的研究课题。

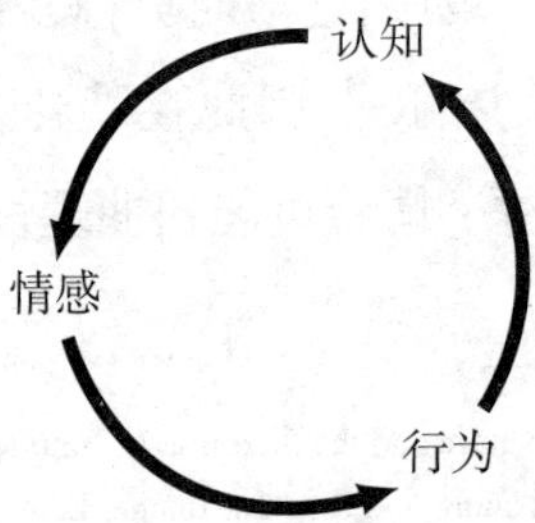

图1–1 ABC理论

① 参阅尹继武:《社会认知与联盟信任形成》，上海人民出版社，2009年版。

② Rose McDermott, *Political Psychology in International Relations*(Michigan: the University of Michigan Press, 2004), pp.17-20.

正如心理学中态度ABC理论所展示的（见图1–1），[①] 情感、认知以及行为体的行为反应处于一个不断的循环过程中，问题是对任何一项具体的研究而言，当视阈聚集到一个特定的循环中，这一进程是如何展开的呢？如情感如何影响了信息的收集、加工、储存和判断呢？或者说信息认知如何影响了情感的界定、意义的赋予以及情感的体验呢？其次，情感和身份认同之间的关系。默瑟认为，"身份认同就是一种情感"，[②] 上文也谈到身份认同是在情感关系的基础上形成的，具有情感的本质特征，但情感对身份形成、维持和变更的具体作用机制还需要得到进一步理论的阐释和实证的检验，才能增强其自身的说服力。再次，情感和规范之间的关系。情感对于规范的形成和维持又具有什么样的影响呢？无疑，情感有助于解释人们为什么遵守规范，因为对规范的破坏会引起行为体的内疚、羞耻等情感体验，也会导致其他行为体的蔑视、愤怒甚至怨恨等情感反应。但情感又如何促进新规范的认同和形成呢？更重要的是不同的情感是否又将上述问题复杂化呢？这些问题都对情感研究形成了新的挑战，也构成了情感研究的新课题。基于此，本书对怨恨情感和规范认同关系的研究在一定意义上将丰富情感研究的视野。

第二节　情感理性的前提假定

社会现象纷繁复杂，对任何领域的研究都只能在可感知的范围内进行有限的研究，因此理论的创建不可能包罗万象，必须有个逻辑的起点，依此进行推论和论证。而这一逻辑的起点即理论的前提

① A.H. Eagly, S. Chaiken, *The Psychology of Attitudes*(San Diego, CA: Harcourt Brace Janovich, 1993), pp.479-490.

② Jonathan Mercer, "Human Nature and the First Image: Emotion in International Politics," p.297.

假定。本书的理论假设是国家的历史怨恨情感影响了一国的规范认同，这一假设的前提假定即国家是具有情感理性的行为体，换言之，情感按照自己的逻辑方式影响着国家行为体的行为选择，怨恨情感亦然。

一直以来，国际关系学界新现实主义和新自由主义为代表的理性主义都对国家行为体做出了“经济理性”的理论假定，假定国家能够对自身利益做出效用最大化的决策。对此，以温特为代表的社会建构主义学派首先质疑了经济理性中利益的来源问题，从而驳斥了经济理性这种非人性化的方式，建构主义赋予了国家行为体更多的人文意识，强调了国家的社会性，国家行为体能够对“我是谁”“我应该做什么”这类规范认同问题做出思考和认知，从而使得国家行为体在一定程度上具有了“价值理性”的能力意涵。本书提出了国家行为体的“情感理性”则是强调国家行为体的情感因素和价值规范认同之间具有内在的一致性。[①] 具体而言，这一情感理性的假定包括以下三个子命题：

命题一：国家行为体对某事项（包含人和事）持有积极情感，则倾向于对该事项产生正面的认同体验。

命题二：国家行为体对某事项（包含人和事）持有中立情感，则倾向于对该事项产生中性的认同体验。

命题三：国家行为体对某事项（包含人和事）持有消极情感，则倾向于对该事项产生负面的认同体验。

从上述命题出发，同时基于怨恨情感是一种重要的消极情感，可以推出国家行为体对某事项（包含人和事）持有怨恨情感，则倾

① 国内学者尹继武曾经提出了与本文“情感理性”相似的概念“情绪理性”，但是两个概念的具体所指却存在着重大差异：在尹文中，理性更多意义上指的是工具理性（Rationality），情绪理性指的是情绪是理性的一个必要条件和本质要素，情绪有助于行为体做出效用最大化和决策最佳选择；在本文中，理性更多意义上指的是一种能力（Reason），情感理性指的是情感特有的能力，情感促使行为体遵循情感的逻辑行事。参阅尹继武：《社会认知与联盟信任形成》，上海人民出版社，2009年版，第90页。

向于对该事项产生负面的认同体验。怨恨情感影响了国家行为体的规范认同，这也构成了本篇文章的核心假设。怨恨情感之所以能够促发一种负面的认同体验，则是基于怨恨情感和规范认知之间的作用关系，具体包括在整个认知进程中怨恨情感影响了国家行为体信息的收集、加工和判断以及行为决策各个环节（详见下文分析）。

第三节　怨恨情感的界定和衡量

在提出假设、建构理论的过程中，总是要用某些概念来代表所要研究的现象，并用这些概念构成的体系来解释与概括所观察到的结果，因此概念是理论与假设的基本元素，是进行研究的基础，基于此本节重点讨论本书研究概念的界定和测量。一般而言，概念在操作上可以分为两类：一类是具有操作性定义的概念，如军事实力、经济实力、人口规模等，另一类是尚无操作性定义的概念，如本书的核心概念历史怨恨，对其无法加以量化和赋值类的测量。前者一般采用定量测量（Quantitative Measures），描述的是属性的数量特征、数量关系和数量变化；后者一般采用定性测量（Nominal Measures），描述的是属性之间的差异，其实质就是从性质上对研究对象进行分类。当然，二者并无优劣之分，因为“测量本身就并不是目的，它的科学价值只有从工具论的角度才能够欣赏，在工具论的视角下我们会问，测量要达成的是什么目的、它在科学情境中扮演的是什么角色、在调查探究中它执行的是什么功能”。[①]

① Abraham Kaplan, *The Conduct of Inquiry: Methodology for Behavioral Science* (New York: Harper & Row, 1964), p.171.

一、怨恨概念的界定

怨恨情感到底是什么呢？其具有哪些属性呢？一直以来，学者们对其本质的认识并未达成共识。在笛卡尔看来，怨恨就是对目标的消极认识以及远离目标的冲动；在斯宾诺莎看来，怨恨是一种外部条件和动因导致的悲痛感；而亚里士多德把仇恨看作是一种性情（emotional disposition），而不是一种即发情感（occurrent emotion），不随时间的流逝而减弱，而且怨恨的倾向在于消除怨恨目标；是一种冷静和理智的拒斥或嫌恶，带有理性认知的色彩；[①] 休谟认为，爱和恨的概念根本无法界定，因为二者都是主观即时的内省，是无法还原的。对怨恨概念界定的分歧在于不同的学者从不同的角度强调了怨恨形成的不同方面，如亚里士多德强调了怨恨的认知色彩，认为怨恨是对目标的消极评价，而部分学者强调了怨恨是对目标的消极感受，尤其是生理上的不适感。

实质上，怨恨如同其他情感体验一样，它不仅是一种生理现象，也包含了认知因素以及文化意义，是三者相互作用下的产物（见图 1–2）。

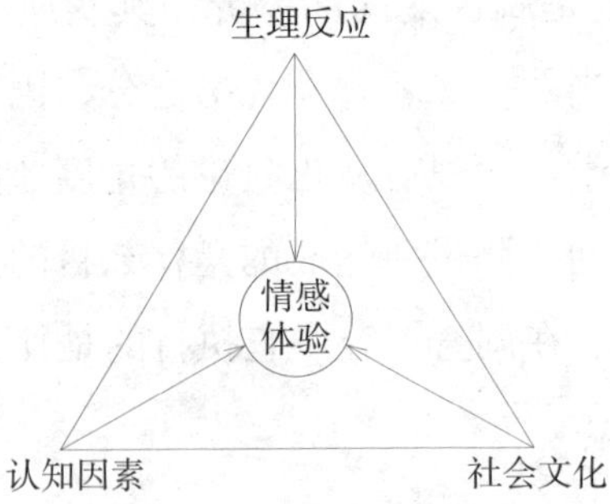

图1–2　情感体验的形成

① ［美］乔恩·埃尔斯特：《心灵的炼金术：理性与情感》（郭忠华等译），第69页。

从生物学的视角来看，情感包括身体系统的变化——自主神经系统（ANS）、骨骼系统、内分泌系统、神经递质和刺激神经激活的激素——这些系统启动并部署有机体具体的行为方式；从认知的视角来看，情感是对自我以及环境中客体的有意识的感受；从文化的视角来看，情感是人们对某种特定的生理唤醒状态的命名与词汇标签。[①] 正如克劳福德所言，情感首先是一种主观体验，但同时蕴含着生理的、主体间的以及文化的因素。感受是内省的，但这种感受所被赋予的意义、伴随这种感受而来的行为以及他者对这种感受的社会承认都是在认知进程和文化背景中被建构和交流的。[②] 作为一种重要的情感体验，怨恨同样是在上述三大因素作用下产生的，而这三个方面对理解怨恨的情感本质都是不可或缺的。

（一）生理要素

从生理学的角度看，怨恨的生理反应和愤怒的生理反应相似。[③] 怨恨是一种复合性情感，它不是原始的和初发的，它首先是一种愤怒情绪（夹杂着厌恶情绪），最后演变为一种怨恨情感。[④]

对个体而言，怨恨的生理唤醒与外界刺激密切相关，它是外界他者对自我需要的严重破坏，并引起心理的严重不适。换言之，怨恨必须具有外部动因或条件，而且怨恨本身又是对该动因或条件的体验，而一些重大的创伤性事件能够带来更强的情绪体验。如怨恨的基本情感成分是愤怒，愤怒的基本特征是它不仅具有对外部动因或条件的体验，而且具有倾向性，即具有对引发愤怒的情景采取某

① ［美］乔纳森·H.特纳：《人类情感 社会学的理论》（孙俊才等译），第2页。

② Neta C. Crawford, “The Passion of World Politics,” p.125.

③ M.D. Willard Gaylin, *Hatred: the Psychological Descent into Violence*(New York: Public Affairs, 2003), p.34.

④ Plutchik曾经绘制了“情感之轮”的图形，其中包含七种基本的情感成分：欢乐、顺从、恐惧、惊奇、悲伤、厌恶、愤怒、期望，而怨恨是厌恶和愤怒的混合。参阅Rose McDermott, *Political Psychology in International Relations* (Ann Arbor :the University of Michigan Press, 2004), pp.161-162。

种行动的倾向，通过行动以消除愤怒的体验，或者至少减弱它的强度。那么，是什么东西唤起了愤怒的情绪呢？就个体而言，凡是对个体的身心、职业、地位、福利和健康等构成威胁的东西，都有可能唤起愤怒的倾向。如果用维度予以表示，则其一端为身体攻击，另一端为自尊的削弱。就集体而言，同样从生存到尊严的冒犯都可能唤起愤怒的情绪。

厌恶（disgust）也是怨恨的重要情感成分之一，它是人类初期在疾病、资源缺乏等适应性压力下，通过自然选择而形成的进化心理机制。厌恶使人类远离寄生物、细菌、病毒等外部威胁，从而增强了自身的生存率。厌恶的重要特征是它不仅包括生理厌恶也包括道德厌恶，如海特（Haidt）把人类的厌恶心理分为核心厌恶（core disgust）与道德厌恶（moral disgust）。核心厌恶又称生理厌恶（physical disgust），指个体由于变质食品、排泄物、昆虫、细菌等引起的一种反感体验。道德厌恶指人们在人际互动中，个体对不道德语言、行为和违反社会规范的人的一种反感体验。[①] 对民族群体而言，同样存在着厌恶情绪，如共有的对战争、奴役、屠杀等现象的厌恶，同时每个民族基于不同的历史经历和文化习惯，存在着不同的厌恶体验。

（二）认知因素

怨恨情感离不开认知因素的参与，二者之间的关系主要体现在两个方面：一方面，怨恨情感的生理反应和心理反应都离不开认知因素的参与；另一方面，正是大量的理性认知因素使怨恨情感和愤怒、厌恶情绪区分看来。

首先，包括怨恨在内的大多数情感反应都具有其直接的认知前

① Paul Rozin, Jonathan Haidt and Clark McCauley, "Individual Differences in Disgust Sensitivity: Comparisons and Evaluations of Paper-and-Pencil versus Behaviioral Measures," *Journal of Reaearch in Personality*, Vol.33, 1999, pp.330-351.

情。首先，我们形成了一种信念：世界是如此这般；再次，我们根据这一信念对外部刺激和动因进行识别，并做出生理反应；其次认知使得我们身体系统能够理解这种生理唤起，从而产生了情绪表达以及情绪体验。以怨恨的厌恶情绪为例，人类在面对蟑螂、排泄物这些具体的厌恶物时，首要反应是皱眉、皱鼻等行为，换言之，在大脑启动行为反应的思考之前，生理反应已经进行了，看上去这些神经系统的反应完全避开了大脑的思维部分形成了情绪的体验，从而造成了情绪的形成无需认知因素参与的印象。但不容忽视的是，人类对厌恶物的先前认知，如臭味、不雅等特征构成了人类反应的背景知识，这种背景知识是人类反应的基础，同样的情境对于具有不同背景知识的主体来说，可能产生不同的情绪体验。如同样是蟑螂和排泄物，一个成年人感觉到厌恶和恶心，而一个幼儿却感觉到了好奇和兴奋。在个体情绪研究中，以拉扎鲁斯（Lazarus）为代表的情绪评价理论（Appraisal Theory）核心观点就是："无论情绪是对知觉到的、回忆的还是想象的事件的反应，还是自动或控制过程所产生的，评价理论都认为：情绪加工始于认知评价，是认知评价激发了生理的、表情的、行为的或其他任何的变化。这些变化共同构成了最后的情绪状态。"[①]

其次，认知因素不仅在怨恨情感的情绪体验中起着重要作用，而且进一步把它和愤怒、厌恶情绪区分开来。双方在时间的强度和目标的选取以及宣泄的方式上都存在着重大的差异。根据《心理学词典》对怨恨的定义，怨恨是一种深刻的、持久的和强烈的情绪，表达对亲人、某个团体或某物的憎恨、愤怒和敌意。[②] 换言之，怨恨情感比愤怒、厌恶情绪具有更持久的特征，[③] 正如亚里士多德所

① ［美］M. W. 艾森克、M. T. 基恩：《认知心理学》（高定国等译），上海·华东师范大学出版社，2005年版，第663页。

② ［美］阿瑟·S.雷伯：《心理学词典》，上海译文出版社，1996年版，第361页。

③ M.D. Willard Gaylin, *Hatred: the Psychological Descent into Violence* (New York: Public Affairs, 2003), p.35.

言，时间可以医治愤怒，但是不能医治憎恨。[①] 之所以如此，正是因为，怨恨情感带有很强的理性认知色彩，“愤怒总是牵涉到个别的人，如卡里亚斯和苏格拉底等，而憎恨则是针对某种人，比如人人都憎恨窃贼和告密者”。[②] 怨恨目标的选取体现了个体的推理和分类能力，也恰恰是这种理性能力使个体更无法遗忘和宽恕目标对象。在宣泄的方式上，怨恨者相信自己的言谈举止差不多不带任何感情或情绪色彩，完全是一种冷静和理智的反应模式，如人类历史上最大的仇恨——种族大屠杀——是以一种系统的、有条不紊的方式进行的，而相对于经常出现的愤怒、厌恶等，完全是以冲动的、即时的反应模式来进行的。也正是在此意义上，亚里士多德认为，怨恨或仇恨是一种性情，而不是一种即发情感。[③]

（三）文化因素

怨恨情感发生的另一重要因素是文化因素，社会文化因素在怨恨形成中的效应不仅包括文化通过词汇命名和定义了怨恨，而且更重要的是文化、社会结构和情境因素有助于解释个体怨恨情感的发生以及使个体层面上的怨恨因素作为一种普遍现象而在特定群体中被“固定”了下来。

约翰·托比（John Tooby）和勒达·科斯米迪（Leda Cosmides）曾经提出了社会科学的标准模型（The Standard Science Model）：人的行为是习惯形成的，并不是先天的；大脑的生物结构赋予人类学习文化的能力，正是这种能力而不是其他因素，决定了人类的行为；人类基因的变化不能够充分地揭示人类行为、社会、文化的多样性，也不能解释社会的大多数变化。[④] 这种社会科学的标准模型

---

① 苗力田主编:《亚里士多德全集》第九卷，北京·中国人民大学出版社，1994年版，第422页。

② 同上，第422页。

③ ［美］乔恩·埃尔斯特:《心灵的炼金术：理性与情感》（郭忠华等译），第69页。

④ ［美］乔纳森·H.特纳:《人类情感 社会学的理论》（孙俊才等译），北京·东方出版社，2009年版，第11页。

在一定程度上为情感社会学提供了依据，人类的情感现象不仅仅是个体心理、生理因素的产物，它同时也是社会文化建构的产物。情感，包括怨恨都是在文化、社会结构和特定情境中生成、发展、传播和保持的。由此可以推导，要理解怨恨，就必须理解导致怨恨的社会现象和社会事实，这些现象和事实能够在个体身上引发怨恨情感。

在远古时期，人类怨恨、愤怒的指向都很明确，生存的威胁源是生理方面的真实存在：熊、敌人、叛乱者等等。但在当今高度文明化的社会，威胁源不再是具体的敌人，而是代理人，更为经常的是，让我们感到困扰的往往是那些观念、规则甚至一份文件：一份驱逐通知、一个解雇便条，一条离婚的法令等。即使没有生理上的不适，精神上的轻视、屈辱、羞耻、挫折同样让人痛苦。而让我们精神上痛苦、厌恶以及憎恨的东西其实就是社会刺激背后所代表的意义体系。而不同的社会建构了不同的文化和意义体系结构，这限制了个体所进行的赋予意义和意义采择（meaning-making）的行为，从而会导致不同文化体系的个体所憎恨的东西往往是不同的。比如在日本，武士在战场上“剖腹自杀”彰显了对天皇、祖国的忠诚，而“保全性命”被视为“胆小怕死”“苟且偷生”，为整个民族所不齿和憎恨，但在美国的文化体系中，却恰恰相反，“自杀行为”被视为精神上的紊乱，“保全性命”则体现了对生命的尊重。[①] 再如，道德厌恶更是体现着明显特定的社会文化特征，因此社会文化结构是怨恨情感生成的框架和背景，也是其存在和发展的根系所在。要理解怨恨情感的发生，必须把不同的社会、文化因素考虑进去。

如上所述，社会文化因素有助于解释个体层面上针对特定目标的怨恨情感的发生，但更重要的是，社会通过习俗仪式、规则规范、价值观念、情感表达方式等促使个体层面上的怨恨情感在社会

① M.D. Willard Gaylin, *Hatred: the Psychological Descent into Violence* (New York: Public Affairs, 2003), pp.196-197.

群体中扩散并固定下来，逐渐成为一种集体情感模式。首先，社会群体往往放大了个体层面上怨恨情感的反应强度。勒庞曾指出，“冲动、易变和急躁是群体的一大特性。……厌恶情绪或是反对意见发生在孤立的个人身上，所产生的力量是微乎其微的，但是当这个人处于群体之中的时候，却立刻变得狂暴而巨大”。[①] 西美尔也认为，在“集合在一起的群众中，会产生某种集体的神经质—某种感情的被煽动、相互刺激，因此可能产生各种个人的某种一时的高于他们的感情的平均强度”。其次，社会文化因素经常把情感的反应模式建构为社会的规则规范而固定下来。如社会活动中经常举行各种各样的仪式和纪念活动不仅再现和渲染了个体的情感趋向，而且同时也是在树立着社会的规则规范，不断地向社会成员进行着灌输和同化。再次，仪式活动也把情感趋向与群体认同紧密联系在一起。让·梅松纳夫把歌曲、礼节、仪式称作“用形象表现的制度”，这些“形象表现的制度”强化了社会群体中的情感认同。涂尔干、柯林斯也非常重视仪式对维系人们的社会团结、联络感情的作用。涂尔干觉得，当人们聚集在一起参加仪式时，宗教情感表现得最为明显，宗教仪式具有使人振奋的作用，实现个体的情感观念与集体情感之间的良性互动。兰德尔·柯林斯在涂尔干的基础上，创立了互动仪式理论，称共享的情绪最初是短暂的，但是通过互动仪式可以将其转化为长期的“情感能量（Emotional Energy）”。高度的“情感能量”促进了社会群体认同，而群体认同反过来又强化了这些情感反应。[②] 正因为社会文化因素的参与，个体层面的怨恨情感逐渐地和社会的规则规范以及群体认同甚至价值观念联系起来，从而被“固化”下来，而且以一种集体情感模式的形式出现在社会生活中。

据此，生理反应、认知因素和社会文化因素都是理解怨恨情感

① ［法］古斯塔夫·勒庞：《乌合之众：大众心理研究》（戴光年译），北京·新世界出版社，2010年版，第44页。

② 郭景萍：“集体行动的情感逻辑”，载于《河北学刊》，2006年3月第26卷第2期，第81—86页。

的生成以及其本质特征的一部分。在生理反应上，它包含了愤怒、厌恶的情绪体验；但愤怒厌恶不一定必然导致怨恨，只有当个体无力纠正这种不平衡现象，继而滋生了挫折感，正如舍勒所言，当一个人或群体处于不能改变的无能状态和无可救药的，缺乏达及目标的能力这样的负面状态之下，往往容易导致怨恨的产生。同时更为重要的是，在社会文化的渲染下，个体对特定目标的怨恨久而久之逐渐演变为一种集体性情，一种情感模式，长时期大范围地被保留了下来。因此怨恨不仅仅是一种生理上的情绪体验，更是一种掺杂了社会认知因素的情感模式。

二、怨恨概念的衡量

作为人们内心的一种主观体验，怨恨情感以至所有情感的衡量都是一项艰巨的任务，罗伯特·杰维斯和默瑟都曾直言不讳地指出了这一点，对杰维斯来说，他很愿意去对情感和认知的关系进行研究，但“这种挑战太巨大了”。[①] 默瑟也称“情感难以界定，难以操作，难以测量也难以进行变量控制”。[②]

值得注意的是，在心理学中，尤其是实验心理学中，情绪的测量取得了一定的进展。情绪测量主要有三方面的指标：一是生理指标测量；二是面部表情测量；三是情绪主观体验的测量。生理指标包括血压、脉搏率、自发皮电、呼吸、脑电波、语图分析法和生化指标等，这些一般都借助于先进的科学仪器来进行。[③] 情绪主观体验的测量一般通过量表法来进行，主要测量工具是量表（Scale），由一组问题构成，每个问题都根据调查对象可能做出的反应的方向

---

① Thierry Balzacq and Robert Jervis, “Logics of Mind and International System: A Journey with Robert Jervis,” pp.564-565.

② Jonathan Mercer, “Approaching Emotion in International Politics,” p.1.

③ 莫雷、温忠麟、陈彩琦著:《心理学研究方法》，广州·广东高等教育出版社，2007年版，第347页。

和强度标明不同的分数，由此测量出人们对某一事物的认知和情绪反应。面部表情测量通过面部肌肉活动模式来进行，基本测量程序为，先通过肌肉刺激把面孔上的一块块肌肉的单一活动和相连的肌肉组织活动通过肌电记录和照相记录保存下来；然后确定每一种表情涉及了哪些肌肉，以及这些肌肉的变化模式。艾克曼（Ekman）还编制了面部动作编码系统（MAX 系统），伊萨德（Izard）建立了表情辨别整体判断系统（AFFEX 系统），二者构成了主要的表情测量技术标准。①

这些研究方法有助于对怨恨情感的情绪因素做一衡量，如生理指标对自主神经系统的跟踪，MAX 系统通过眉额鼻、眼鼻颊和口唇等三个部分外貌变化的评分和综合，可以辨别出愤怒、厌恶的基本情绪。但如上节所述，怨恨情感毕竟不仅仅是愤怒、厌恶情绪的简单乘加，它是对二者的一种复杂超越，因此简单地套用这一方法仍显不妥。然而对怨恨情感的衡量提出一套系统标准的测量方法，也超越了本书的能限。不过本书的研究变量聚焦于集体层面上的历史怨恨，相对于单个个体或自然人的情感来说，其具有更强的显著性和稳定性，因此更便于研究测量，另一方面，就整个理论框架来说，本书对怨恨情感概念的测量要论证两个问题：是否有怨恨情感以及怨恨情感的目标物是什么，就此目标而言，它属于定性问题的测量。从研究方法上看，定性问题建立在定性研究的基础上，目前大多数学者都认为定性研究是指研究者从参与的角度，对处于自然情境中的研究对象运用归纳的方式收集与分析资料，以达到对心理现象及其意义理解的过程。② 也就是说，就集体层面上的怨恨情感而言，对长时期内可能引起怨恨的社会事实以及怨恨的情感表达进行归纳和分析，便可对一个集体或民族的历史怨恨目标进行初步的

① 莫雷、温忠麟、陈彩琦著：《心理学研究方法》，广州 · 广东高等教育出版社，2007年版，第348页。

② 陈力：《心理科学研究方法》，北京 · 人民卫生出版社，2007年版，第31页。

把握。

本书设置两个参数来考察一个民族或集体的历史怨恨：重大创伤性事件以及集体的语言尤其是文学思想表达。重大创伤性事件包括战争、种族屠杀、恐怖主义、宗教迫害行为等。它不仅对民族或社会群体的生存、安全需要产生了重大的破坏，也对其社会需要（尊严和自我实现的需要）起到了重大的冲击，因此将产生更多和更强的情感反应和情感体验。当然这一假设是笼统地建立在心理学中的刺激反应理论基础之上。行为心理学的创始人约翰·沃森（John B.Watson）提出了该理论，认为人类的复杂行为可以被分解为两部分：刺激，反应，人的行为是对刺激的反应，而反应总是随着刺激而呈现的。上文指出了怨恨情感的重要生成因素之一就是生理反应，而生理反应与外部刺激尤其是重大创伤性事件是密切相关的。根据沃森的刺激反应理论进行推论，也就是，重大创伤性事件能导致行为体的怨恨情感，而怨恨情感总是随着重大创伤性事件而呈现的，因此重大创伤性事件可以作为一个参数来衡量群体是否出现怨恨情感以及目标指向的重要参数。

以语言文学思想表达来考察集体怨恨情感，是基于上文所指出的怨恨情感的生成离不开认知因素和社会文化因素，而语言不仅是认知活动展开和社会文化建构的重要工具，而且本身也是它们的"存在之所"。话语，"指涉一套意义、隐喻、表征、影像、故事或陈述系统，因此以某种方式共同生成对事物的一种特定看法。它是对某个事件、某个人或某个阶层的人的一副画像，是以某种特定的眼光看待或表征事物的一种方式"。[①] 而文学是以一种更加系统的方式对一个民族的全景进行表征，当然也包括对该民族的情感趋向进行表述。在心理学中，研究者也经常采用访谈法、口头报告等等研究方法。访谈研究是指通过与研究对象的交谈来收集心理特征与行

① Vivien Burr, *An Introduction to Social Construction* (London: Routledge Press, 1995), p.32.

为数据资料的一种研究方法，访谈研究的类型有结构访谈和非结构访谈，直接访谈和间接访谈、个别访谈和集体访谈。[①] 因此，一个民族较长时期的文学作品在一定程度上可以理解为其对情感状态的“书面报告”，也可理解为研究者与研究对象的一种非结构的、间接的、集体访谈。

综上所述，该章节讨论了情感研究对国际政治的必要性，而现有的情感研究刚刚起步，本书在此大的学术背景下，集中讨论怨恨情感和规范认同以及生成之间的关系，这一大胆假设是建立在对国家的情感属性以及情感理性的前提假定之上，这一假定推导出国家可能生成怨恨情感，而且这种怨恨情感影响着国家的规范认知和身份认同活动，从而也影响了规范生成的可能性。当然其中对怨恨情感界定和衡量的说明也是必不可少的环节，而且对历史怨恨情感的界定性说明也在一定程度上确立了怨恨情感作为自变量存在的独立性，从而为怨恨情感和规范认同的因果理论研究奠定了基础。

① 黄庭希、张志杰:《心理学研究方法》，北京·高等教育出版社，2010年版，第162—164页。

第2章

怨恨情感和规范认知

当今国际社会的规范体系越来越多样化。正如国内学者朱立群所言，当前，国际关系中一个容易被忽视但却十分重要的特征是，观念在快速行走，规范化进程日益深刻地影响着国际政治生活。加速演进的规范化进程是全球化、信息化以及国际关系社会化发展的产物。全球市场的一体化和生产的日益国际化，客观上带动了规范的快速流动。科技进步与信息化帮助人们以最小代价实现了便捷沟通与交流，使思想快速传播成为可能。国际组织和国际机制的网络化发展促进了国际关系的社会化，为规范的普及提供了制度保证。[①] 因此，国家正处于一个规范信息“快速膨胀”的时代，以人权规范为例，在短短60多年间，人权规范取得了长足进展，如《联合国宪章》、《世界人权宣言》、《经济、社会和文化权利国际公约》、《公民和政治权利国际公约》、《保护人权和基本自由的欧洲公约》、《美洲人权公约》、《非洲人权和民族权利宪章》都给国家的规范选择提供了各种各样的参考。

① 朱立群：“加速演进的规范化进程”，载于《世界经济与政治》，2006年第11期，第1页。

同时不得不注意的一个重要现象是伴随着规范信息的多样性而产生的“多样化的困境（paradox of plenty）”，[①] 即当大量信息涌入时，如何选择信息就成为一个重要问题，尤其是考虑到不同规范之间还具有矛盾性，如在人权规范内部，公民和政治权利与经济、社会和文化权利，个人人权与集体人权（或国家主权），甚或自由和平等的原则之间都充斥着紧张的弹性关系，这些现象决定了国家对不同规范的认同也是一种行为选择，它是国家行为体进行认知活动的结果。正如价值学理论的代表人物 W. M. 乌尔班所说：“建立一种规范也是建立一种真理或一种知识形式。”规范的“真理”和“知识”要素使得规范认同和规范认知之间建立了紧密的联系。温特在其著作《国际政治的社会理论》中，就认为国家是一个“团体自我（group self），具有群体层面上的认知能力，[②] 因此在他看来，“认同就是一个认知过程”，[③] 他对国家行为体认同活动的探讨也是在行为体主动的、有意识的认知活动进程中来展开的，因此认同和认知之间具有相通的属性。在心理学范畴内探讨规范认同的心理机制，也不难发现规范认知是规范认同的前提和基础，因为行为体只有通过认知活动，才能知晓规范的存在以及感知规范的内容，如斯崔克（Stryker）及其同事就致力于通过认知、影响、行动领域来研究多重认同的呈现、功能以及转换关系，[④] 伯克（Burck）甚至提出了知觉控制模型（Perceptual Control Model）以此强调知觉在认同输入和认同输出环节中的重要作用。[⑤] 总之，认知因素对身份规范认同的研究是不可缺少的。那么影响国家行为体规范认知活动的因素有哪些呢？

---

① Joseph S. Nye, Jr., *The Future of Power* (New York: Public Affairs, 2011), p.103.

② ［美］亚历山大·温特:《国际政治的社会理论》（秦亚青译），第283页。.

③ ［美］亚历山大·温特著:《国际政治的社会理论》（秦亚青译），第287页。

④ Sheldon Stryker, and Anne S. Macke, “Status Inconsistency and Role Conflict,” *Annual Review of Sociology*, Vol.4, 1978, pp.57-90.

⑤ Peter James Burck and Jan E. Stets, Identity Theory (Oxford: Oxford University Press, 2009), p.30.

本章主要集中于怨恨情感这一核心变量，探讨其对规范信息认知的影响。这具体包括怨恨情感对信息的收集、加工和判断的影响，最后，在本章的结尾，本书做了更深一步的扩展，即探讨了怨恨情感在最终行为决策上的反映，这既是认知活动的自然延伸，同时也为论文的案例检验进一步铺平了道路。

第一节　怨恨情感和信息收集

行为体认知的过程实质上就是行为体对信息进行加工和处理的过程。在认知心理学范畴，认知过程就被看成一个由信息的获得、编码（Encoding & Coding）、贮存、提取和使用等一系列连续的认知操作阶段组成的按一定程序进行信息加工的系统。其中，信息获得的过程是认知加工过程的第一步，它提供了整个认知活动的“物质”材料，那么国家如何获得这一“物质”材料呢？

一、信息收集：注意偏向

不管对单个个体还是对国家行为体或地区行为体而言，面临的外部信息都是难以计量的，而自身的认知能力也都是有限的，因此对任何行为体而言，对外界刺激信息的接受和收集都不是被动地全方位接受，而是一种积极的、主动的、有选择的过程，换言之，受到行为体注意资源分配的影响。显然，行为体所给予注意的事项，自然会收集到更多的信息，而那些没有给予注意的事项，收集到的信息则相应减少。那么首要的问题是，注意到底是什么？注意在整个认知活动中功能何在？

早在 19 世纪末，心理学家詹姆斯就在他的重要著作《心理学原理》中谈道：“每个人都知道注意是什么。它是以清晰和生动的形式对可能同时呈现的物体中的一件、或一系列思想中的一种进行心理占据。意识的聚集化和专注是注意的本质所在。它意味着为了有效地处理某些事情，就必须从对另外一些事情的参与中撤退出来，它也是截然对立于混淆、混乱，脑力不集中状态的一个条件。"[①] 到 20 世纪五六十年代，随着符号加工论认知心理学的兴起，注意理论的研究进一步深入，注意进一步被细化为由感觉收录（sensory register）向知觉分析转化和由知觉分析向信息贮存转化的重要条件，同时也发展了多种注意模型。[②] 尤其是英国心理学家布鲁德本特（A.M.Broadbent）于 1958 年在《知觉与交往》中提出了过滤器理论，这是一种早期选择的注意模型（见图 2-1）。[③]

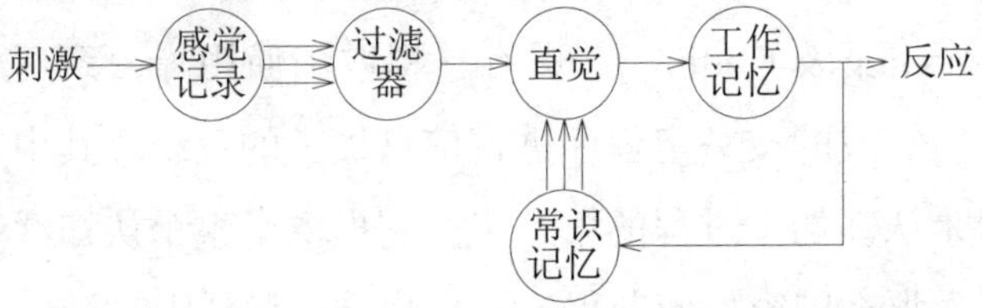

图2-1　注意的过滤器模型

该理论的基本假设是：信息加工受通道容量的限制。来自外界输入的信息是大量的，这些感觉信息将通过大量的平行的感觉通道进行加工。但是人的神经系统高级中枢的加工能力是极其有限的，

① ［美］凯瑟琳·M. 加洛蒂（Kathleen M. Galotti）著:《认知心理学》(吴国宏等译)，西安·陕西师范大学出版社，2005年版，第61页。

② 除本文介绍的过滤器模型外，还有特雷斯曼的衰减器模型、多伊奇和多伊奇的后期选择模型、约翰斯顿和海因茨的多态模型、卡尼曼的能量分配模型以及奈瑟的图式模型。参阅F.A. Deutsch & D. Deutsch, "Attention:Some Theoretical Considerations," *Psychological Review*, Vol.70, 1963, pp.80-90; W.A. Johnston & S.P. Heina "Flexibility and Capacity Demands of Attention," *Journal of Experimental Psychology: General*, Vol.107, 1978, pp.420-435; D. Kahneman, "Attention and Effort"; U. Neisser, "Cognition and Reality: Principles and Implications of Cognitive Psychology", 1976, San Francisco: W. H. Freeman.

③ D. E. Broadbent, *Perception and Communication* (London: Pergamon Press Ltd., 1958).

于是在信息加工的某一阶段就出现了瓶颈口。为了避免系统超载，就需要过滤器加以调节。通过过滤器的信息得到进一步加工而得到识别，而其余的信息则迅速衰退。而且布鲁德本特认为过滤器是按照“全或无”的原则对信息进行选择，并认为人在进行信息加工时是按照系统加工的方式进行的，一个通道通过信息时同时就关闭其他通道。[①]

过滤器理论从微观的角度论证了信息加工环节中注意的筛选功能，因此注意可以被理解为人加工信息的有限容量，它是信息加工的重要机制。对整个认知进程而言，注意不仅具有信息的选择性特征，而且通过对刺激信息的过滤和控制，从而更加有效地实现了对重要信息的加工功能。

二、怨恨情感与注意偏向

正如信息过滤器理论所论证的，个体不可能注意并加工所有的信息，那么接下来的问题就是注意的选择领域问题，也就是什么样的信息容易通过过滤器的通道呢？换言之，行为体会注意到什么，又会注意不到什么呢？背后的原因又是什么呢？

注意的 SEEV 模型描述了引导人们对外界刺激注意的一系列复杂因素，[②] 除此之外，心理学家给出的另外一个解答是，情感情绪决定了人们的注意导向，即情绪信息更容易吸引人们的注意偏

① 贾林祥:《心理的模拟——认知心理学》，济南·山东教育出版社，2009年版，第43—44页。

② SEEV包括 salience,effort,expectancy, value, see Chris Wickens, Jason McCarley, and Lisa Thomas, “Attention-Situation Awareness (A-SA) Model,” In D.C. Foyle, A. Goodman & B.L. Hooey , eds., Proceedings of the 2003 Conference on Human Performance Modeling of Approach and Landing with Augmented Displays, 2003, p.192。

向。[①] 西蒙（Simon）早在 1967 年就指出情感在人们对特定事件的注意中起了重要作用。1994 年尼登瑟尔（Niedenthal）和塞特兰德（Settelund）做了一项实验，两组被试分别用耳机给输入愉快和悲伤的乐曲，同时给两组被试相同的字词表序列，字词中夹杂着非词的字母组合，字词分为快乐和悲伤的两种字词。让两组被试以最快的速度辨别字词与非字词，分别按不同的键。结果表明：快乐组被试对快乐词按键更快，悲伤组被试对悲伤词按键更快。这意味着在认知操作中，情绪影响了信息的选择性加工，而且人们对与其情绪信号一致的目标物反应更为迅速，而对不一致的目标物反应相对较慢，即所谓的"情绪一致性"效应。2002 年 Dolan 的研究也论证了这一点。[②] 这些都证明了情感情绪性信息在信息的选择中获得了优先性注意。除此之外，心理学中对焦虑、忧郁个体的病例研究尤其成功地论证了情绪因素对注意分配的影响。

心理学的注意研究已经证明了，与不带情绪色彩的刺激相比，具有情绪含义的刺激更能吸引注意或占用资源，引起注意偏向。而且随着研究的深入，发现情绪的极性进一步对注意的资源进行了调配：在控制其他变量的情况下，负性情绪（如失望、厌恶、悲伤等）比正性情绪（如愉悦、快乐、信心等）更容易占有注意资源。1988 年 C. H. 汉森和 R. D. 汉森的实验发现愤怒面孔特别容易引起人们的有意识注意。[③] Bradley 等人发现，负性面孔线索即使呈现时间相对缩短，并且有后掩蔽刺激的情况下，也能调整被试的空间注

---

① 关于情绪对认知环节中注意的影响，一般包括两个方面：一是偏向性影响，即注意的选择性，具体见文内；二是削弱性影响，情绪影响行为表现的质量和效率，即注意的强度；参阅 Gerald Matthews and Adrian Wells, "The Cognitive Science of Attention and Emotion," in Tim Dalgleish and Mick J.Power, *Handbook of Cognition and Emotion* (Chichester:John Wiley& Sons Ltd,1999),pp.171-192, 基于后者影响对国家行为体和个体行为体而言存在着重大差异，故本文未加讨论。

② R. J. Dolan, "Emotion, Cognition, and Behavior," *Science*, Vol. 298, No.8, 2002, pp.1191-1194.

③ C. H. Hansen & R. D. Hansen, "Finding the Face in the Crowd: An Anger Superiority Effect," *Journal of Personality and Social Psychology*, Vol.54, 1988, pp.917-924.

意定向，因此人们对负性情绪内容的加工和反应存在偏向性。[①] 这一观点也得到了国内学者实验的证实。丁念友的研究表明，中性情绪状态下，被试的认知加工任务成绩最好；悲伤和愉悦情绪都对认知加工起到了干扰作用，并且悲伤情绪的干扰要大于愉悦情绪。[②] 黄宇霞和罗跃嘉采用情绪图片系统为刺激材料，让被试判断图片的极性。研究结果也表明，人们对负性情绪内容的加工和反应存在偏向性，即注意的负性偏向。[③]

尽管存在分析层次上的差异，但心理学中有关注意的研究应用于国家行为体层次上并非不可通约。国家行为体具有认知的能力，这是国家具有经济理性能力的基础，一直以来，主流理论把国家思维和认知的过程作了“黑箱化”处理，而打开这个黑箱则是国家复杂的信息加工过程：国家必须对众多信息进行加工，以便找到成本收益的最佳平衡点，若没有信息的加工和认知根本就无法实现效用的最大化。而且国家基于自身智力资源的有限性和客观条件的限制，也并不是对所有信息都进行了收集和加工。国家总会对信息进行过滤，以便更有效地关注于某些信息，而其中情感趋向，尤其是负性情感如怨恨情感无疑影响了国家行为体对信息的注意偏向，如“9・11”事件后，美国对基地组织的情报工作显然呈几何级数上升；以色列的外交信息收集工作也一直围绕着穆斯林世界展开；印度的外交信息收集工作围绕着巴基斯坦展开；韩国的外交信息收集工作则围绕着朝鲜展开等。国家间的怨恨情感在一定程度上构成了国家注意偏向的风向标。当然，除了国家行为体之间的怨恨情感外，国家行为体对特定事项的怨恨情感也会影响国家的注意偏

① B. P. Bradley, K. Mogg, S. J. Falla & L. R. Hamilton, “Attentional Bias for Threatening Facial Expressions in Anxiety: Manipulation of Stimulus Duration,” *Cognition and Emotion*, Vol.12, 1998, pp.737-753.

② 丁念友：“不同智力水平与情绪状态对初中学生认知操作的影响及相互关系的实验研究”，载于《心理发展与教育》，1997年第4期，第6—10页。

③ 罗跃嘉、黄宇霞、李新影、李雪冰：“情绪对认知加工的影响：事件相关脑电位系列研究”，载于《心理科学进展》，2006年第14卷第4期，第505—510页。

向，如以美国为首的西方对人权问题的持续关注，从冷战期间再到冷战后的几十年间，尽管国内各届政府不断更迭，国际环境也不断变幻，美国人权问题针对的对象也不断变更，但人权问题作为美国外交的一项重要政治议程始终没有实质性的变动。这一事实在一定程度上反映了对美国而言，人权问题不是一个仅仅受其他政治、经济、战略等变量影响的"因变量"，相反它是一个具有一定独立性的"自变量"。它不是仅以政治战略考量的附属品形式而存在，而是在一定程度上反映了这个民族的"情感模式"，恰恰是这种情感因素影响了美国外交注意资源的偏向。

而怨恨情感之所以会影响国家行为体注意资源的分配，这源自以下三个方面的原因：

首先，怨恨情感自身所包含的情感能量决定的。如第一章所述，怨恨是愤怒和厌恶情绪长时期酝酿的结果，愤怒来源于外界他者对自我需要的严重破坏，并引起心理的强烈不适，而厌恶不仅是生理上的厌恶，对国家行为体而言，道德厌恶显得尤为重要。国家行为体的愤怒和厌恶的情绪体验产生了一定的情感能量，而当这种情绪体验演变为一种集体情感模式时，怨恨的情感能量自然是高强度叠加，因此对国家行为体整个认知系统的干扰力度也越来越大。

其次，怨恨情感自身的特性导致其容易与相关的刺激信息发生"情感反应"。如上章所述，怨恨情感带着大量的理性认知色彩，它建立在个体的推理和分类能力的基础之上，是一种冷静的拒斥和嫌恶。而且怨恨情感具有长时效的特征，在认知心理学层面上，这些因素都促发了围绕怨恨情感的认知模型的形成，这个模型呈现网络状，怨恨情感作为核心节点与该情感相关的情景、动作以及态度等节点构成一个整体的网络。这时相关的微小刺激都可能造成某个结点的激活，这种激活随继引起扩散性的兴奋，通过联结扩散到其它概念结点上，从而造成整个网络中所有结点的激活。换言之，怨恨情感网络的多触角性、庞大性以及复杂性使它特别容易与相关的刺激信息产生“情感反应”，相比于其他“冷冰冰”的信息来说，这种“情感反应”自然会引起行为体心智的注意。

再次，怨恨情感自身也增强了国家行为体主动搜集相关信息的动机。这包括两个方面：第一，国家行为体具有的怨恨情感就是国家行为体进行认知行为的动机，它激励和促发了国家行为体去搜索和加工与此相关的信息。美国特拉华州立大学教授卡罗尔·伊扎德（Carroll Izard）在谈到情绪和认知的关系时就曾指出，情绪与认知的最大区别在于情绪具有动力性，而“纯”认知则不具有动力性。认知引起和调节心理上的比较和辨别活动，而情绪表达着某种感受、某种应对的情绪，它为认知和动作提供活动线索，情绪组织并驱动着认知与行为。[①] 怨恨情感自然会促发国家行为体的认知行为，关注于相关信息并对其进行认知分析。第二，国家的认知过程需要动机，而这种动机不仅仅来自于怨恨情感，还包括正常的生存需要和社会需要等。而怨恨情感大大增强了国家行为体正常需要的力度和强度，从而使得认知动力信号得以放大、提高和补充，二者的融合使得国家行为体处于唤醒、激活和兴奋状态，为认知行为做好了准备，而且锁定于特定的注意范围。

总之，认知加工进程中，注意实质上就是知觉信息的选择。正是由于注意的参与，才能使行为体控制、选择、监督和维持必要的信息加工，从而完成整个认知过程。而注意的选择领域受制于情感情绪因素的影响，对国家行为体而言，与不含情感含义的信息相比，含有情感含义的信息容易占用注意资源；而且以情感的极性为维度，负性情感信息如怨恨情感比正性情感信息更容易占用注意资源，而注意资源的分配反映了国家信息收集的趋向，据此，本书在核心*假设I怨恨情感通过规范认知的路径影响行为体的规范认同*的框架下进一步建立一个研究子假设：

① 陈少华：《情绪心理学》，广州：暨南大学出版社，2008年版，第48—49页。

假设I-1：行为体一旦对特定目标物产生怨恨情感，则倾向于收集与该目标物相关的信息。

第二节　怨恨情感和信息加工

国家行为体在收集了大量的与怨恨情感相关的刺激信息后，便进入到认知进程中的下一环节：信息的加工，即如何对获得的信息进行组织和整理呢？而其中怨恨情感又将起到什么样的作用呢？

一、信息加工：认知图式理论

在探讨行为体如何加工既有的信息时，面临的首要问题是这一进程是否有规律可循？假如这一进程呈现出一种完全的杂乱无序状态，具有高度的不确定性和偶发性，那么在怨恨情感和规范信息加工之间建立一种具有普遍意义的假设则不具有基本的前提。而对这一问题的探讨实质上涉及认知主体的属性特征，问题的本源属于哲学范畴，因此有必要借鉴哲学家的观点对此加以佐证。康德在论及主体和客体认知互动中形成科学知识的过程中，就认为任何知识都是由质料和形式两种成分构成的。质料是从经验中产生的，而形式则是先验的，是头脑中固有的。质料只有依靠这种先天的范畴的整理才具有规律性和可靠性。① 换句话说，科学之所以可能，是因为所有人都拥有同样的心灵结构，都会时时处处以同样的方式来整理感性经验事物。就是说，我们都同样地将相同的知性整理能力加于被给予的感性经验之上。② 康德的先验理性范畴以及心灵结构的理

① 贾林祥：《心理的模拟——认知心理学》，济南·山东教育出版社，2009年版，第9页。

② ［美］撒穆尔·伊诺克·斯通普夫、詹姆斯·菲泽著：《西方哲学史：从苏格拉底到萨特及其后》（修订第8版）（匡宏、邓晓芒译），北京·世界图书出版公司，2009年版，第277页。

念为认知进程的客观性和普遍性奠定了基础，而且他在《纯粹理性批判》一书中进一步具体提出了“图式（scheme）”的概念，图式被看作是“隐藏在人类心灵深处的技艺”，是作为一切直观的形式条件之“先验的时间规定”，通过图式，纯粹知性概念和经验性直观之间的脱节问题得到了解决，而康德对图式的强调也进一步为在微观层次上探讨具体的认知进程和模式提供了帮助。[①]

行为体认知进程中，组织信息的重要模式之一就是认知图式化。换言之，信息并不是杂乱无章地贮存在人的大脑中的，而是围绕某一主题相互联系起来形成一定的知识单元，这种单元就是图式。20 世纪 30 年代以来，巴特莱特（F.C.Bartlett）等人系统提出关于认知图式的相关理论以来，深刻影响了社会心理学的研究，后来，经过瑞士心理学家皮亚杰的发展和菲斯克（Fiske）、泰勒（Taylor）等人从 20 世纪 80 年代以来的积极倡导，认知图式理论在其他学科中逐渐扩展。在皮亚杰看来，认知图式是认知发展理论的一个核心概念。他用图式这一术语描述我们表征、组织和解释经验的模式或心理结构，它是人们为了应付某一特定情境而产生的认知结构。菲斯克和泰勒也认为，图式是一种认知结构，它代表着关于一个特定概念或某类刺激的有组织的知识，既包括这些概念和刺激的属性，也包括这些属性之间的关系。[②] 图式与概念定义不同，它描述的是具有一定概括程度的知识，既描述事物的必要特征，又包括其非必要特征。如国际体系的无政府状态这一图式，就包括国家是国际体系的基本行为体，国家行为体不得不求助于自助原则，而且可以进一步推导出国际政治的“权力逻辑”倾向等，可以看出，大量的信息围绕着无政府状态这一图式有序地组织起来。因此对行为体而言，图式就是组织信息的方式，尤其是它不是各个部分简单

① 郭立田：《康德纯粹理性批判文本解读》，哈尔滨 · 黑龙江大学出版社，2010 年版，第 171—180 页。

② Susan T. Fiske and Shelley E. Taylor, *Social Cognition* (NewYork: McGrw-Hil, Inc., 1991), p. 98.

机械相加，而是按照一定规律由各个部分构成的有机整体，它的主要作用在于构建主体对客观事件的解释框架，从而帮助人们更简捷和更迅速地认识世界和解释世界的。

认知主体在经验中发展了图式，而图式一旦形成，便会影响主体对社会和物质世界的解释。[①] 首先，认知图式构成行为体理解外在世界认知框架。根据 J. 奥文、C. H. 鲍尔和 J. B. 布莱克的研究发现，当根据某一图式去加工新的刺激信息时，如何解释这些信息以及信息所承载的意义取决于图式所包括的先前知识及信念；主体也会根据图式使实际获得的信息扩大，或者说主体会根据图式对获得的信息进行“添加”，即图式具有提供所需信息的作用，因此图式成为进一步推理的基础。[②] 以天安舰事件为例，国际社会推测这起事故和朝鲜之间的关系，很大程度上都是按照对朝鲜的固有图式来加工其观察到的信息甚至推测其未观察到的信息从而得出结论，朝鲜的“认知图式”对整个推理过程都起着很重要的决定性作用。其次，认知图式会影响行为体的行为反应。相对于原来的刺激反应模式，S—R，图式理论更强调了这一反应模式中图式（Scheme）的转换功能，即 S—S—R，正如皮亚杰所指出的，一定的环境刺激只有被个体同化（吸收）于他的认知结构（图式）之中，主体才能对之作出反应。或者说，主体之所以能对刺激作出反应，也就是因为主体已具有使这个刺激被同化（吸收）的结构，[③] 显然，认知图式通过“同化”功能，把刺激信息从外在转换为内在，转化为能为主体所理解的信息，认知主体才能对刺激信息做出反应。

① 在哲学的范畴内对认知图式的基本理解是：认知图式作为一种“先在”的思维定势规定了主体理解的倾向性，其重要概念也包括解释学的代表人物伽达默尔的“偏见（Vorurteil）”概念以及联邦德国接受美学的代表人物姚斯接受理论中的“期待视野”等概念。［德］严平：《伽达默尔集》，上海远东出版社，2003年版，第45—48页。［德］H. R. 姚斯：《接受美学与接受理论》（周宁、金元浦译），沈阳·辽宁出版社，1987年版，第7页。

② 郑淑杰：“社会图式理论述评”，载于《内蒙古师范大学学报（哲学社会科学版）》，1996年第2期，第16—22页。

③ 史忠植：《认知科学》，合肥·中国科学技术大学出版社，2008年版，第461页。

综上所述，认知图式是认知主体组织信息的重要方式，主体是在认知图式的框架中去理解外在物质世界和社会世界的意义的，认知图式的不同会造成认知主体对同样刺激信息的理解也会产生差异。

二、怨恨情感与认知图式

认知图式就是主体对信息进行组织和整合的模式，但认知图式自身在与新信息不断接触的过程中，自身并不是固定不变的，也处于一个相对动态的进程之中，处于不断形成和演变的进程中，这其中怨恨情感是否起作用，又会起什么样的作用呢？

首先，怨恨情感通过注意的偏向，限定了认知图式的内容构成。认知图式的形成需要经验材料，而这些经验材料或刺激信息是经过注意的过滤的。如上节所述，国家行为体一旦对特定目标物产生怨恨情感，则倾向于收集与该目标物相关的信息。换言之，这些特定的信息有望构成认知图式形成的经验材料，相反，那些与怨恨情感相关性不强的信息则被排除在认知图式之外。以“恐怖主义者”这一图式为例，抽象意义上它包括恐怖主义分子、恐怖组织和集团以及恐怖国家。具体而言，这包括艾曼·扎瓦希里、扎卡维、伊拉基；基地组织、奥姆真理教、东突、东伊运、泰米尔猛虎组织；伊朗、苏丹、古巴和叙利亚等。通观这一图式，基地组织之所以能占据着核心地位，与“9·11”事件在美国大众中所引起的情感唤醒是密不可分的，而恐怖主义国家名单更是明显体现了美国的情感偏好。显然，情感趋向限定了认知图式的内容构成。

其次，怨恨情感通过价值判断这一重要媒介也影响了认知图式的内容构成。价值观是指一个人或群体对周围客观事物的意义、重要性的总评价和总看法。它是个体的人或集体的人用于区别好坏，分辨是非及其重要性的心理倾向体系，作为一种意义标准，它渗透在人们全部物质的和精神的活动之中。就认知图式而言，符合价值判断意味着这一图式对认知主体而言应该是有意义和重要的，图式内容也应是符合认知主体的价值体系的。价值判断不仅会抑制一些对主体而言无意义的认知图式的生成，而且引导主体运用恰当的思维方式和思维方法对信息客体进行分析和筛选，更重要的是它自身作为一种现实的材料，为主体评价和筛选信息客体提供标准。[①] 简而言之，主体的认知图式反映了主体的价值判断，价值判断影响着认知图式的内容构成。而怨恨情感显然和价值判断呈现同向发展的趋势，对一目标物产生怨恨情感，则在好坏标准、是非标准以及重要性标准上都容易给予负面评价，反之，对一目标物的价值判断较低，则容易产生道德厌恶以及怨恨情感。因此，怨恨情感通过价值判断的媒介也影响了认知图式的内容构成。[②] 美国著名学者奥斯古德曾经用“情感相符性（emotional consistency）”这一重要概念来概括人们心理认知的这一特征，即情感、价值判断、认知内容之间的内在一致性。[③]

以自我图式为例，根据密歇根大学马库丝（H. MarKus）教授的观点，自我图式是：“关于自我的认知概括，是从过去的经验中得来的，它可以组织和帮助人们处理存在于个体社会经验之中的与自我有关的信息。”[④] 换言之，它是一种人们对其自身拥有的一切信息与属性的认知结构。个体在建构自我图式时，一般而言都对这个图式的建构充满了价值上的肯定，因此个体倾向于把一些价值判断比较积极的目标物放在自我图示的内容架构中，而把一些价值判断

---

① 齐界：“认知图式及其对认知过程的制约性”，载于《延边大学学报（社会科学版）》，1992年第3期，第47页。

② 这种认知特征与心理现象中的“晕轮效应”有相通之处，即对认知对象做出情感判断，然后推论出认知对象的其他品质，但“晕轮效应”主要着重于认知主体对外部世界的认知判断模式，而本文此处更加强调了认知主体对信息的组织加工和主体建构模式。

③ Charles E.Osgood, *An Alternative to War or Surrender* (Urbana:University of Illinois Press,1962), pp.26-30.

④ Bernd Simon, *Identity in Modern Society* (Malden: Blackwell Publishing, 2004), p.27.

比较消极的目标物排除在自我图式的内容之外。如个体对盗贼、背叛者充满仇恨，对其的价值判断也比较消极，因此个体就不会把这些特征定位于自身的属性之中，相反，个体会把一些善良、热心、诚实等特征定位于自身的属性之中。对国家行为体而言，他们从道德价值和法律规范上都谴责战争作为解决国际争端的方式，因此每个国家对自我属性和特征的定位都是“爱好和平的”、“值得信任的”，而他者尤其是敌人是“穷兵黩武”的“好战分子”。威廉·斯科特曾经很形象地概括了这一现象，“人们很容易将自己喜欢的特征归于自己喜欢的国家，将不喜欢的特征归于不喜欢的国家。”奥斯古德显然也认同人们的这一认知特征，“我们头脑中储存着特定的情感上是好或不好的概念。好的概念用来形容那些我们喜爱的和尊敬的人们（如父母、领导、朋友以及我们自己等）和价值上我们认为重要的东西（如美国、上帝和自由等）；不好的概念用来形容我们不喜欢的人们（像谋杀犯、暴君和敌人等）以及我们不喜欢的现象（如共产主义、疾病、奴隶制等）”。[①]

再次，就认知图式的保持和维持而言，怨恨情感强化了认知图式，使其更具有稳定性。皮亚杰的图式理论中，包括两个重要概念:“同化”和“顺应”。如上所述，“同化”就是把外界的信息纳入已有的图式框架中，这会使现有的图式不断强化。“顺应”则是当环境发生变化时，原有的图式不能再同化新信息，而必须通过调整改造以便建立新的图式。图式就是在不断地“同化”和“顺应”的过程中维持一种协调和平衡。但是怨恨情感却加剧了人们认知上的一种“肯证偏差”（confirmatory bias）倾向，[②] 即过度接受合乎既

① Charles E.Osgood, *An Alternative to War or Surrender* (Urbana: University of Illinois Press, 1962), pp.26-27.

② 关于“confirmatory bias”的进一步介绍，参阅E. T. Higgins & J. A. Bargh, “Social Cognition and Social Perception,” *Annual Review of Psychology*, Vol.38, 1987, pp.364-426; Matthew Rabin and Joel L. Schrag, “First Impressions Matter:A Model of Confirmatory Bias,” *The Quarterly Journal of Economics*, 2,1999, pp.37-81。

有图式的信息，并对与图式不符的信息给予忽视或排斥。其实排除怨恨情感因素外，在认知心理特征中，人们对图式就具有天然的依赖性，往往不愿意放弃或修改既有的认知图式，即使当这些图式已经不适用于新的认知客体时，它们还是被人们作为评判的参照，并尽一切努力来对新的客体进行同化。这种心理现象与认知失调理论的基本假设也是一致的。[①] 而怨恨情感之所以能够强化这一认知特征，在于一旦怨恨情感作为干预变量介入到这一认知进程中，那么对认知主体而言，"选择性"接受信息以支撑现有图式不仅仅是维护"认知一致性"，同时也存在着"情感一致性"因素，即保持情感的协调，避免出现情感的失调和不和谐。

以他者图式为例，如自我图示一样，他者图式是一种人们对他者所拥有的一切信息与属性的认知结构。从理论上来说，这一图式在与新的信息产生不协调时，必须进行调整和"顺应"，以便进一步的"同化"。而当这一图式蕴含了怨恨情感信息时，认知主体就倾向于极力维持原有的图式。如 1871 年普鲁士眼中的法国图式就是：几百年的历史表明法国永远也不会成为爱好和平、值得信任的国家。俾斯麦眼中的法国是"狂躁易怒、贪婪嫉妒、争强好胜"，绝对不可相信法国人会放弃报仇之心，"我们必须占领土地、要塞、边界，使我们自己永远免受敌人的进攻"。[②] 而对 19 世纪后半期的法国而言，自从阿尔萨斯和洛林被德国兼并以后，相对于德国这一强大的对手，法国一直处于被动的位置，它并没有寻求报复德国，而是走向了对外殖民的道路，从埃及到法绍达，法国频繁地与头号

① 认知失调理论的基本假设是：1. 认知失调的存在从心理角度说是令人不安的，所以人们会试图减弱失调现象，以便达到和谐。2. 一旦出现认知失调现象，人们除了要予以减弱以外，还会积极避开可能加强认知失调的情景和信息。见［美］罗伯特·杰维斯：《国际政治中的知觉与错误知觉》（秦亚青译），北京·世界知识出版社，2003年版，第402页；Leon Festinger, *A Theory of Cognitive Dissonance* (Stanford: Stanford University Press, 1957), pp.13-31。

② ［美］罗伯特·杰维斯：《国际政治中的知觉与错误知觉》（秦亚青译），北京·世界知识出版社，2003年版，第94页。

殖民帝国——英国发生冲突，而不是德国。[①] 而法国的这些行动显然并没有改变德国的认知图式，1905 年著名的施利芬作战计划出台，法国成为德国的首先攻击目标，该计划也成为第一次世界大战的战略方针。法国的行为信息之所以改变不了德国的既有认知图式原因就在于只要二者之间的历史仇恨和敌意没有消除，德国就会维护对法国原有的图式认知，这很大程度上是“情感一致性”效应强化了原有的认知图式，而这又进一步发展成为“自我证实”的预言。

综上所述，认知主体会按照现有的认知图式对获得的信息进行加工和整理，认知图式构成了行为体理解和解释外在世界意义的框架，也是其行动反应的基础。当然基于外在世界以及认知主体的变化特征，认知图式自身在“同化”和“顺应”信息之间也在维持着一种动态的协调和平衡，在这一进程中，怨恨情感不仅通过注意偏向限定了认知图式的内容构成，而且也构成了认知进程中的重要价值判断，从而对图式内容进行了筛选和有选择性地分配，更重要的是，怨恨情感减弱了认知主体调整图式的动机，强化了认知主体的图式依赖，巩固了现有图式的稳定性。据此，本书建立第二个研究子假设：

假设 I-2：行为体一旦对特定目标物产生怨恨情感，则倾向于建立并固化与该目标物相关的认知图式。

第三节　怨恨情感和概率判断

国家行为体经常会根据收集到的相关信息以及对其进行的认知加工进行认知判断，从而为下一步的行为选择奠定基础。那么在怨恨情感的支配下，国家行为体的认知判断会呈现什么样的特征呢？

① ［美］罗伯特 · A. 帕斯特：《世纪之旅 七大国百年外交风云》（胡利平等译），上海人民出版社，2001 年版，第 69—72 页。

一、概率判断：贝叶斯定理

判断（Judgment）是关于外部世界的评估，是对特定结果发生概率或可能性的预测。[①] 如朝鲜介入天安舰事件的概率是多少？艾曼·扎瓦希里现在可能藏匿在何处？等等，这些都是政治生活中的判断行为。判断是建立在大量的信息基础之上而做出的预测，认知主体通过整合大量的、不完整的、有时甚至是相互矛盾的线索来推断外部世界所发生的一切。专门从事判断和决策研究的英国学者 Nigel Harvey 曾经指出，“判断就是由其准确性来评价的，判断不会产生直接后果，但他们能为决策提供信息，从而产生间接影响”。[②]

对政治科学而言，判断和决策对理解领导人行为和公共政策的出台都是至关重要的。根据现实主义的模型，政治科学对个体做了同质性处理，只需要理解结构和外部限制条件就能够对决策和选择加以把握。而心理学尤其是最近神经科学以及生物学的发展为人们对判断和决策的过程研究提供了大量的帮助，政治科学最近的许多研究围绕着决策和判断中认知偏见和直觉而展开，这大大修正了主流理论的“经济理性人”的假定。[③] 如丹尼尔·卡尼曼（Daniel Kahneman）、阿莫斯·特沃斯基（Amos Tversky）以及保罗·斯洛维斯（Paul Slovic）所提出的代表性启发式（合取谬误、小数法则和非线性回归）、易得性启发式以及锚定效应详细阐述并实证了判断过程中所出现的认知性偏差，很大程度上描述了国际政治的“经验事实”，而不是主流理论所谓的“规范事实”。那么相对于这些认知偏差的标准判断模式又是什么呢？怨恨情感的介入又将对这种

① Rose McDermott, *Political Psychology in International Relations* (Ann Aron: the University of Michigan Press, 2004), p.58.

② Nigel Harvey, “Studying Judgment: General Issues,” *Thinking and Reasoning*, Vol.7, 2001, p.104.

③ Rose McDermott, *Political Psychology in International Relations* (Ann Aron: the University of Michigan Press, 2004), pp.57-58.

判断过程起到什么样的导向作用呢？

信息是影响判断的重要因素，新的信息会改变对某件事的判断。对于判断的标准模式，认知心理学一般都采用条件概率，即在一定前提条件之下的事件概率。而从广义上看，任何概率都是条件概率，因为任何事件都是在特定的条件下产生的。而概率论中的贝叶斯定理（Bayes' theorem）给出了"结果"事件 B 已发生的条件下，"原因"事件 A 的条件概率。这一定理最初发表于 1763 年，是个著名的概率公式。它在各个领域都得到了广泛应用，如机器学习、人工智能、统计预测以及经济决策等领域。

根据贝叶斯定理，首先需要考虑假设事件 A 的相对概率，即先验概率（prior odds），又称基础比率，换言之，它指的是"在总体中，一个事件发生或者一个属性出现的相对频率"；其次需要计算在"结果"事件 B 已发生的条件下"原因"事件 A 的相对概率，即后验概率（posterior odds）。

贝叶斯定理的数学表达式[①]：

$$P(\mathrm{A}_i \mid \mathrm{B})=\frac{P(\mathrm{A}_i)P(\mathrm{B}\mid \mathrm{A}_i)}{\sum_{i=1}^{n} P(\mathrm{A}_i)P(\mathrm{B}\mid \mathrm{A}_i)},\ i=1,2,\ldots\mathrm{n}$$

（其中 A_1、A_2……A_n 为一系列互不相容事件，且

$$\bigcup_{i=1}^{n}\mathrm{A}_i=\Omega.\ P(\mathrm{A}_i)>0.\ i=1,2,\ldots)$$

在此借用卡尼曼和特沃斯基给出的出租车案例来进一步解释贝叶斯定理。在一座城市中，一辆出租车涉及某晚发生的一场交通肇事逃逸事故。这个城市出租车中，85% 属于绿色公司，15% 属于蓝色公司。一位目击者认定出租车是蓝色公司的车。但是，当测试了

① 参阅盛骤、谢式千、潘乘毅：《概率论与数理统计》（第三版），北京·高等教育出版社，2001 年版，第 18—24 页。

她在适宜视觉条件下可以辨认出租车的能力后，测出她有 20% 的情况会犯错。最终要求确认蓝色公司出租车涉及此案的概率。

蓝色公司出车祸的假设用事件 A_1 来表示，绿色公司出车祸的假设用事件 A_2 表示，现要求出在 B（目击证人认定肇事车辆为蓝色公司的结果）已发生的情况下 A_1 的后验概率 $P(A_1|B)$ 是多少。而其中 A_1 的先验概率 $P(A_1)$ 为 0.15，A_2 的先验概率 $P(A_2)$ 为 0.85。当肇事车属于蓝色公司，证人认定其为蓝色公司出租车的条件确定性概率 $P(B|A_1)$ 为 0.80，而当肇事车属于蓝色公司，证人认定其为绿色公司出租车的条件确定性概率 $P(B|A_2)$ 为 0.20。根据公式，得出 A_1、A_2 的后验概率分别为：

$$P(A_1 \mid B) = \frac{P(A_1)P(B \mid A_1)}{P(A_1)P(B \mid A_1) + P(A_2)P(B \mid A_2)}$$

$$= \frac{0.15 \times 0.80}{0.15 \times 0.80 + 0.85 \times 0.20}$$

$$= 41.4\%$$

$$P(A_2 \mid B) = \frac{P(A_2)P(B \mid A_2)}{P(A_1)P(B \mid A_1) + P(A_2)P(B \mid A_2)}$$

$$= \frac{0.85 \times 0.20}{0.15 \times 0.80 + 0.85 \times 0.20}$$

$$= 58.6\%$$

这意味着肇事车属于蓝色公司的概率是 41.4%，相比而言，那车属于绿色公司的概率是 58.6%。

综上所述，贝叶斯定理是在事件 B 已经发生的情况下，对事件 A 做一个后验概率判断的标准模式。其重要意义在于强调了先验概率、条件确定性概率在后验概率的判断中都是至关重要的因素。

二、怨恨情感和贝叶斯定理

贝叶斯定理是概率判断的一个标准模式，而认知主体的怨恨情感将从下几个方面影响了这一推理进程：

首先，怨恨情感激发了行为体主观性地选择先验概率或条件确定性概率的动机，从而实现自己的愿望推断。一般而言，人们在做出判断时往往忽略了客观先验比率，[①] 如上述案例中，大多数人容易忽视了绿色公司和蓝色公司出租车的相对数量这一基础比率信息，而倾向于相信证人的证词，认定肇事车辆属于蓝色公司的可能性更大，而实际上属于绿色公司的可能性更大。而对国家行为体而言，基于社会事实的复杂性，先验概率或条件确定性概率信息经常呈现很模糊、不可靠或不稳定特征，因此带有更强的主观性。怨恨情感因素的介入将使认知主体忽略一方而主观性地有意放大先验概率或条件确定性概率的因素，从而做出符合自身情感思维的判断。以朝鲜介入天安舰事件的概率为例，理论上，这一概率判断是建立在先验概率和条件确定性概率的基础之上，而就整个事件而言，先验概率判断，即这种袭击行为在朝鲜国家行为体身上出现的频率如大多数国际政治事实一样难以进行统计，条件确定性概率，即天安舰事件中现有掌握的朝鲜参与该次袭击行为的相关证据的概率也是

① 在卡尼曼（Kahneman）和特沃斯基（Tversky）的研究中，这一现象被称之为“基础概率忽略现象 (base rate neglect)”，也有学者称之为“转换错误(conversion error)”或“逆向错误 (inverse fallacy)”，见 M. Bar-Hillel, “The Base-rate Fallacy in Probability Judgements,” *Acta Psychologica*, Vol.44, 1980, pp.211-233; C. R. Wolfe, “Information Seeking on Bayesian Conditional Probability Problems: A Fuzzy-trace Theory Account,” *Journal of Behavioral Decision Making*, Vol.8, 1995, pp.85-108; J. J. Koehler, “The Base Rate Fallacy Reconsidered: Descriptive, Normative and Methodologial Challenges,” *Behavioral & Brain Sciences*, Vol.19, 1996, pp.1-53。

很模糊的，[①] 因此这一后验概率的准确性从理论上来说是很低的。而韩国和美国在缺乏明显证据的情况下，直接把该责任归咎于朝鲜，并把该问题提交联合国安理会，并在日本海、黄海举行一系列旨在震慑朝鲜的军事演习，从某个侧面反映了他们夸大了先验概率或条件确定性概率的判断，这与他们一直以来与朝鲜的紧张甚至敌对关系以及所固有的认知图式密切相关，他们主动地夸大或忽略了特定的概率判断，从而得出与情感思维和愿望思维相一致的判断。

其次，怨恨情感强化了易得性启发式（Availability Heuristic）所引起的判断误差。如卡尼曼和特沃斯基所言，易得性启发式是人们根据事件在大脑或记忆中被唤起的难易程度和快慢来判断该事件发生的可能性。[②] 卡尼曼和特沃斯基曾经做了一个试验，让被试估计从一篇小说中选取的 2000 个词中以“ing”结尾和以“-n-”结尾的七字母单词的频率。大部分被试都声称有更多的词以“ing”结尾。这种判断就是源于易得性启发式，因为以“ing”结尾的单词更容易被记忆，所以就被认定它出现的频率更高。而实际上这个结果明显是错误的，因为所有以“ing”结尾的单词实际上都是以“-n-”结尾。[③] 这个试验证明了易得性直觉容易引导人们做出错误判断，而怨恨情感信息恰恰是构成易得性直觉信息的重要材料之一。生动的、情感性的信息和事实比那些单调的、抽象的或数据信

① 根据由韩美领导的国际调查团2010.5.20日公布的报告，朝鲜参与该次偷袭事件最有力的证据是：在爆炸地点由挖掘船于5月15日找到的鱼雷碎片，包括5x5刀片反向旋转螺旋桨、具备螺旋桨的推进电机和一个督导组，与列在朝鲜提供给外国的介绍手册中的供出口CHT-02D鱼雷的设计完全一致。在推进电机内尾端以朝鲜文书写的“第一”标记，也与之前取得的朝鲜鱼雷的标记一致。这一证据同时也受到很多质疑，首先：鱼雷是否确实是朝鲜制造的？其次，朝鲜是否具有这种在韩美高度戒备的情况下发射鱼雷的军事能力？参阅权容羽（韩国驻新加坡大使馆公使兼副馆长）：“回应：朝鲜制造天安舰事件证据确凿”，联合早报网：http://www.zaobao.com/special/korea/pages3/korea100603b.shtml, 2010.6.22。

② Rose McDermott, *Political Psychology in International Relations* (Ann Arbon: the University of Michigan Press, 2004), p.63.

③ M. W. 艾森克、M. T. 基恩:《认知心理学》(高定国等译)，上海·华东师范大学出版社，2005年版，第583—584页。

息更能被记忆唤起。[①] 如人们判断各种不同死因的相对可能性时，那些很吸引公众注意的死因（如谋杀）被认为比那些不吸引公众注意的死因（如自杀）更容易发生，而事实正好相反。[②] 情感性信息容易吸引注意资源，也容易被记忆唤起，所以其发生的概率总是被高估，从贝叶斯概率判断准则看，这即是先验概率被忽视而导致的判断失误。

最后，怨恨情感促使行为体得出绝对主义的判断。如上所述，判断是对特定事情发生的可能性的预测，它是一种概率判断（一般情况下，$0<P<1$），它反映了外在世界的复杂性和不确定性以及认知能力的有限性。但怨恨情感因素的介入会导致认知主体放弃这种谨慎原则，而在不确定性的条件下做出绝对主义的判断。“因为他是一个麻烦制造者，所以他肯定制造了那场麻烦。”显然这是一种仅仅根据“麻烦制造者”的先验概率而得出的一种绝对主义判断。乔迪 · M. 罗伊（Jody M. Roy）在《喜爱憎恨》（Love to Hate）一书中曾经论述了绝对主义是引发憎恨之间的重要因素，而事实上二者之间的关系反之依然。绝对主义是一种只看到事情的两个方面并极化这些认识的思维，[③] 如黑与白，对与错，道德与不道德等这些二元对立，而否认二者之间的“第三种”可能性。怨恨情感强化了这种思维方式，其逻辑方式是：这件事是你干的，而且一定是你干的；这件事是错的，而且是彻头彻尾错了。这种绝对主义判断显然摒弃了概率判断的基本原则和逻辑步骤，其准确性值得深思。

综上所述，判断是认知主体面对外在世界的不确定性时所具有的重要认知工具，它是采取政策行为的前提和基础，判断的准确与否对行动的成败以及所造成的社会影响都至关重要。根据标准的贝

① Rose McDermott, *Political Psychology in International Relations*, p.64.

② M. W. 艾森克、M. T. 基恩：《认知心理学》（高定国等译），第584页。

③ Jody M. Roy, *Love to Hate: America's Obsession with Hatred and Violence* (New York: Columbia University Press, 2002), p.7.

叶斯概率计算公式，先验概率和条件确定性概率是后验概率判断的重要因素。但怨恨情感的介入激励认知主体主观、片面地选择其中一方而实现自身愿望判断的动机，同时怨恨情感信息也是易得性启发式的重要构成材料，最终在怨恨情感的支配下，认知主体容易得出一些绝对主义的判断，进一步增大了判断失误的概率。基于此，本书建立第三个研究子假设：

假设 I–3：行为体一旦对特定目标物产生怨恨情感，则倾向于夸大该事项的负面效应和概率判断。

第四节　怨恨情感和行为决策

在对各种选择的可行性和可能性做出判断之后，行为体在此基础上将进一步做出行为决策。判断的标准是准确性原则，而决策经常涉及内部价值间的交易，决策者关注的问题是："在一个不确定世界里，如何采取行动来达成一些易变的、有时甚至还相互冲突的目标呢？"[①] 在具有同样的判断信息的基础上，不同的个体可能做出不同的行为决策。不同的行为决策经常涉及不同的风险成本，一旦决策错误，重要利益可能受到损失。[②]

关于决策的理论有很多种，最基本的分类包括两类：规范性决策理论和描述性决策理论。规范性决策理论是关于人们应如何做出决策的研究，完全理性决策论即属此类。行为体在决策上的表现是：决策前能全盘考虑一切行动，以及这些行动所产生的影响；能够根据自身的价值标准，选择最大价值的行动为对策。行为体是寻

---

① R. Hastie, "Problems for Judgment and Decision Making," *Annual Review of Psychology*, Vol.52, 2001, p.657.

② Rose McDermott, *Political Psychology in International Relations* (Ann Arbon: the University of Michigan Press, 2004), p.58.

求最大价值的经济人，具有最大限度的理性，行为体不仅具有巨大的认知能力，而且是一个完全不受情感情绪因素影响的“冷冰冰”的认知者。而事实上，基于情感和认知处于恒定的交互作用过程中，现实的行为体很难排除情感因素的干扰，因此这一理论更大程度体现了规范诉求，而不是经验事实。描述性决策理论更加关注于认知主体事实上是如何做出决策的，即决策过程研究，是对真实人决策的研究，其代表模型是前景理论（Prospect Theory），它是近年来政治科学和政治心理学研究中最重要和最有影响的决策模式理论。① 就决策过程而言，两个因素起着决定性的作用：收益比或称效用比以及概率，毕竟期望效用等于特定结果的概率和结果的效用的乘积。而前景理论对此都做了最新的阐释，因此本书以前景理论的决策模型为基准，探讨怨恨情感对这一决策过程会起到什么样的作用。

一、行为决策：前景理论模型

前景理论，又称预期理论，是对期望效用理论（Expected Utility Theory）的进一步发展和修正。期望效用理论是 20 世纪 50 年代，冯·纽曼和摩根斯坦（Von Neumann and Morgenstern）所确立的，又称效用最大化理论，效用即我们所评定的一个结果的主观价值。期望效用函数如下所示：

如果某个随机变量 X 以概率 P_i 取值 x_i，i=1,2,…,n，而某人在确定地得到 x_i 时的效用为 $u(x_i)$，那么，该随机变量的效用值便是：

$$U_{(X)} = E[u_{(X)}] = P_1u(x_1) + P_2u(x_2) + ... + P_nu(x_n)$$

① Rose McDermott, *Political Psychology in International Relations* (Ann Arbon: the University of Michigan Press, 2004), p.69; 同时关于前景理论的学理研究和应用研究，国内学者林民旺也已经对此作出了比较成熟和系统的探讨，详见林民旺:《选择战争：基于规避损失的战争决策理论》，北京・世界知识出版社，2010年版。

如上效用公式所示，期望效用函数即是主观效用函数，它是建立在严格的偏好关系基础之上，如偏好的连贯性（continuity）、可传递性（transitivity）、自返性（reflexity）等，但现实中决策主体并不严格遵循偏好公理，而且其决策经常是在复杂的心理机制下进行的，因此期望效用理论遭到了众多质疑，尤其是艾勒悖论（Allais paradox），即艾勒所谓的确定效应（Certain effect）：人在决策时，对结果确定的现象给予了过度重视。艾勒悖论证明了各种可能结果的效用值如上述的 $u(x_1)$、$u(x_2)$、$u(x_n)$ 不再被客观概率 p 所乘，而是应被非线性的决策权重（decision weights）所乘。

丹尼曼·卡尼曼和特沃斯基正是结合了认知主体的一些心理特征，使其预期理论成为风险条件下行为决策的重要描述性模型。它假设风险决策过程分为编辑和评价两个过程。在编辑阶段，个体凭借“框架”（frame）、参照依赖点（reference point）等采集和处理信息，在评价阶段依赖价值函数（value function）和主观概率的权重函数（weighting function）对信息予以判断。与期望效用理论相比，预期理论的特征在于：首先，根据相对参照点划分受益和受损区域的价值函数代替效用函数，其次，强调了与价值函数相乘的是非线性的权重函数 π，而不是线性的概率值。[①] 权重函数代表了对选项进行估计时其相应概率的影响程度，而非对概率可信程度的度量。比如人们相信抛出的硬币面朝上的概率为 0.5，但对硬币面朝上这一事件进行估计时却可能赋予一个小于或大于 0.5 的权重值，因此权重函数通过不同的权重系数而改变 P_1、P_2、P_n 的值，从而也改变了效用函数值。

前景理论的价值函数基本数学公式即为：

$V_i = \pi(p_i)\, v(i)$

前景理论的价值函数、权重函数分别如图 2–2 所示：

① 梁哲、李纾、许洁虹：“预期理论权重函数 π 的由来、质疑及Tversky的阐释”，载于《经济数学》，2007年12月第24卷第4期，第331页。

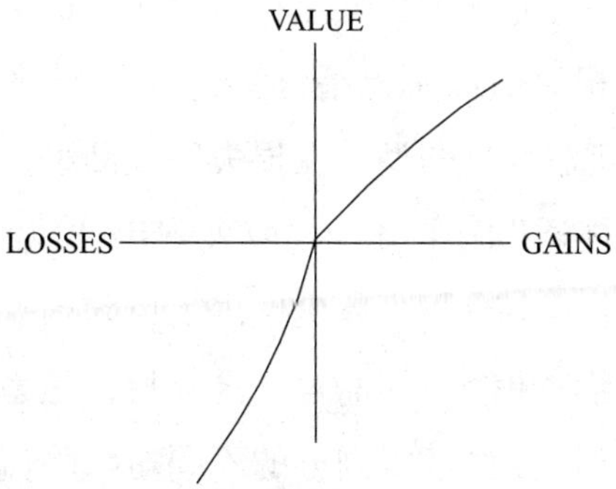

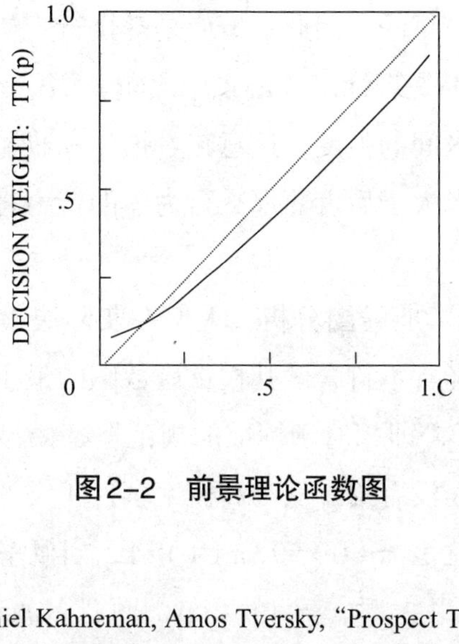

图 2–2　前景理论函数图

该图转引自 Daniel Kahneman, Amos Tversky, "Prospect Theory: An Analysis of Decision under Risk," *Econometrica*, Vol. 47, No.2. 1979, pp.279-283。

根据价值函数图，决策行为呈现三大特征：第一，横坐标轴和纵坐标轴交叉于参考依赖点，参考依赖点发生变化，价值函数也将发生变化，换言之，对决策主体来说，价值函数是财富或者福利的变化，而不是最终的状态，它是一个相对值，而不是一个确定值。用通俗的话说，1+1000>1000+1，对同样拥有 1001 元的两个行为体来说，增加 1000 元的行为体的快乐要远远多于增加 1 元的行为体，因为尽管最终的数量是一致的，但前者的变动幅度要远远大于后者，这反映出二者的参考依赖点存在着重大的不同，因此是参考依赖点所带来的相对值而不是最终的绝对值影响了价值函数。第二，函数曲线在获益区呈凹型，在损失区呈凸型，即人们在获益领域表现出“风险规避”，在损失领域表现出“风险寻求”偏向。[①]在期望效用理论中，也对行为体也做出了风险厌恶、风险偏好、风险中立的假设，但对单个个体而言，这一特征是系统的、连续不变的，并不存在收益和损失区域划分的不同对风险偏好的影响。也就是说，在古典期望效用理论模型内，所有的决策选择都是在前景理论的收益区间内进行的，因此审慎应是理性行为体的权宜之计，规避风险时时刻刻都是理性决策的重中之重。[②] 第三，损失区间的函数弧度大于收益区间的弧度，这意味着损失和收益价值函数的绝对值并不相等，前者大于后者，那么行为体的行为将呈现出“损失规避”特征。

根据 π 的函数曲线图分析，人们在实际决策过程中对概率的估计值与实际值经常不符合。其权重函数图的最主要特征就是所谓的“低概率事件”，即相对于标准的规范概率模型，给予小概率事件过多的权重，而没有给予低和高概率事件正常的权重。用公式表示，用公式表示就是 $\pi(0)=0, \pi(1)=1$，当概率 p 很小时，$\pi(p)>p$；而当概率 p 很大时，$\pi(p)<p$，而且 Kahneman 和 Tversky 用试验结果说明了 $\pi(p)+\pi(1-p)<1$。[③]

总之，在描述不确定情况下判断和决策行为时，前景理论通过对参考依赖点、风险偏好以及权重函数的分析，进一步更正了期望效用理论对收益、风险以及概率的原有认识，增强了决策理论在解

---

① 参阅林民旺：《选择战争：基于规避损失的战争决策理论》，北京·世界知识出版社，2010年版，第30页。

② Rose McDermott, *Political Psychology in International Relations* (Ann Arbor:the University of Michigan Press,2004), p.72.

③ 边慎、蔡志杰：“期望效用理论与前景理论的一致性”，载于《经济学（季刊）》，2005年10月第5卷第1期，第268页。

释和预测行为体实际选择行为时的说服力。前景理论中尽管也多次出现了一些情感词汇如幸福、快乐，等等，它们在一定程度上构成了价值函数值的参数，但前景理论并没有将情感情绪因素作为影响决策的一个参数来加以考虑，仍将之排斥于决策理论的范畴之外。但情感情绪因素对决策行为的影响是不容忽视的，基于行文需要，下文将在前景理论的框架内探讨以怨恨情感为代表的情感因素对决策行为各个环节的影响。

二、怨恨情感与前景理论

前景理论的决策模型中虽然并未具体谈到情感因素的影响，但情感因素是决策过程中一个必不可少的参数，具体而言，怨恨情感对前景理论模型中以下几个重要环节都产生了重要影响：

第一，怨恨情感给编辑阶段参考依赖点的选择提供了重要参考。参考依赖点是前景理论核心的分析假定。但这一参考依赖点如何选择呢？正如 Levy 所言，“前景理论是一个没有参考依赖点的参考依赖理论”。[①] 乔纳森·默瑟曾经综合了目前研究中对参考点的判断，提出决策者可能以现状作为参考点；以期望水平作为参考点；依靠启发法作为决策参考点；依靠类比作为决策参考点；依靠情感作为决策参考点。[②] 在本书看来，情感作为决策参考点可以从以下三个方面来理解：

首先，情感因素直接改变了现有收益和损失的价值函数。如法恩海姆（Farnham）的研究证明了在战事爆发对美国所带来的收益和损失这一客观结果不变的情况下，正是情感因素促使富兰克林 D.

① Jack S. Levy, “Prospect Theory, Rational Choice, and International Relations,” *International Studies Quarterly*, Vol.41, 1997, p.100.

② Jonathan Mercer, “Prospect Theory and Political Science,” *Annual.Reviews of Political Science*, Vol. 8, 2005, pp.1-11, 转引自林民旺：《选择战争：基于规避损失的战争决策理论》，北京·世界知识出版社，2010年版，第56页。

罗斯福改变了收益损失价值函数值的主观衡量。第二次世界大战前夕，罗斯福最初认为欧洲战事的爆发虽是不可取的，但是对美国并无直接影响，因此反对美国的干预。1938 年的慕尼黑危机爆发后，罗斯福仍保留这一观点，他预期到了战事的爆发以及联盟军会取得胜利。慕尼黑危机并未对德国的战略意图、欧洲大陆的危险以及美国所面临的风险提供什么新的信息。但是在这场危机中，当罗斯福意识到战争不仅极有可能而且是确定无疑时，他开始情感性地看待这场危机，"当总统越来越受到欧洲新闻报道的情感因素的影响时，他逐渐将战争视为一种损失"。[①] 在罗斯福看来，其实外界的非情感性信息如战事的概率、结果以及风险都并未发生实质性的变化，而正是情感因素促使他改变了对战事效用的估计，所以情感因素有时构成了行为体框定偏好和行为选择的重要参考点。[②]

其次，情感因素是价值函数的重要参数，换言之对未来事件或情形的预期反应会影响对现有选择价值函数的评估。如鲁姆斯（Loomes）、苏格丹（Sugden）和贝尔（Bell）等学者就认为预期情绪可以作为参照点改变效用函数，并发展出后悔理论以及失望理论。[③] 其核心思想是：决策者会对自己所处的现实状况与本可能处于的状况（决策者在过去选择其他备选对象）进行比较，如果决策者自省时发现自己选择其他备选对象可以得到更好的结果，那么内心可能会感到后悔；反之，就会感到欣喜。有鉴于此，当面临新的选择时，决策者会回忆自己之前的经历，并且形成可能面临的后悔

---

① B. Farnham, "Roosevelt and the Munich Crisis: Insights From Prospect Theory," *Political Psychology*, Vol.13, 1992, pp.205-235; B. Farnham, *Roosevelt and the Munich Crisis: A Study of Political Decision-Making* (NJ:Princeton University Press, 1997).

② Jonathan Mercer, "Prospect Theory and Political Science," *Annual Reviews of Political Science*, Vol. 8, 2005, p.10.

③ 关于后悔理论和失望理论的具体研究，参阅 G. Loomes & R. Sugden, "Regret Theory: An Alternative Theory of Rational Choice Under Uncertainty," *The Economic Journal*, Vol.92, 1982, pp.805-824; David E. Bell, "Regret in Decision Making under Uncertainty," *Operations Research*, Vol.30, No.5, 1982, pp.961-981.

或欣喜的预期。因此，决策者的决策受两个因素影响：①选择备选对象所能获得的结果；②后悔和欣喜的预期。[①] 决策者在决策中会力争将后悔降至最低水平，因此现有选择的价值函数也是在这一框架内进行评估，所以可以推断预期情绪将改变和调整现有选择的效用函数值。相对于个体而言，这一效应在国家行为体身上更为明显。对国家行为体而言，对现有选择方案价值函数的计量必须考虑到可能引起的情感反应，当然这种情感反应不仅仅是后悔或失望的情绪反应，也包括其他多种情感反应，尤其是怨恨情感，这不仅涉及政策带来的一系列附带后果，甚至会威胁到政权自身的生存问题，因此情感因素对政策效用函数的评估是不容忽视的。

再次，情感目标物尤其是怨恨情感目标物构成了价值函数计量的参照物。卡尼曼曾经做过一个实验，假设你面对这样一个选择：在商品和服务价格相同的情况下，你有两种选择：

A．其他同事一年挣6万元的情况下，你的年收入7万元。

B．其他同事年收入为9万元的情况下，你的年收入8万元。

卡尼曼的调查结果出人意料：大部分人选择了前者。这一实验证明了参考依赖点对确定价值函数的重要意义。但在具体操作层面上，行为体选择谁为具体参照物呢？同事？朋友？同学？一般而言，大多数人都倾向于选择自己不喜欢或者讨厌的人作为参照物来衡量自己行为的价值函数。这与注意资源的分配导向有关，如本书上述所分析的，怨恨情感性信息以及目标物更容易占用注意资源，因此他们更容易成为价值函数的参考点。当然对国家行为体而言，以对手作为参照点来衡量自身的收益和损失这更是事关生死存亡的大事，零和博弈所谓的“一方所得即另一方所失”的法则就充分展现了国家行为体以对手（憎恨的目标对象）的收益作为自身价值函数的参考点，换言之，我方的“得失”取决于对方“失得”这一参

① 张顺明、叶军：“后悔理论述评”，载于《系统工程》，2009年第27卷第2期，第45—50页。

照点。因此怨恨情感对整个前景理论框架而言，有助于确定参考点的“坐标”。

第二，怨恨情感夸大了权重函数 π 的权重系数。如上所述，期望效用理论中总是用线性概率来作为权重，对各个可能性收益的效用进行加权，如公式 Piu(xi) 所示。而在实际决策中，人们对概率感知的一个重要特点，即呈现为反 S 形的概率权重函数，决策者加重被认为是确定性结果的选择，同时对小概率的评价值高于它们的客观值，对中等概率的评价值低于它们的客观值。正是基于此，前景理论以非线性的权重函数 π 代替了期望效用理论中线性的客观概率 p。权重函数反映了行为体的主观考虑，因此只要对前景理论中经典例子“俄罗斯轮赌（Russian Roulette）”游戏稍作扩展，就不难理解情感因素对这一进程的影响。

在该游戏中，在左轮手枪（revolver）里装上子弹，将轮子旋转，然后双方对着自己的头部扣动扳机，这是一种致命的游戏，现若有机会让行为体花钱从手枪里买出一颗子弹，兹克霍瑟（Zeckhauser）的试验就发现尽管每一颗子弹降低的死亡率是一致的，略大于 16%（1/6），但是相对于中间的子弹，人们更愿意花更多的钱去购买第一颗或最后一颗子弹，[①] 显然，同样是 1/6 的概率，但行为体给予了不同的权重，因此愿意付出不同的金额。对此游戏做进一步的扩展，假设这个游戏的玩家是小组 A（两个陌生人）和小组 B（一对冤家），那么尽管行为体同样会给予同样的概率以不同的权重，但是小组 2 中的怨恨情感无疑会扩大权重系数，即小组 B 的行为体愿意为第一颗或最后一颗子弹付出的金额将大于小组 A 的行为体。

上述现象同样适用于国家行为体，如美国为何高度关注朝鲜、伊朗的核武器发展呢？在此不妨做一理论假设（并无现实指

① Rose McDermott, *Political Psychology in International Relations* (Ann Arbor: the University of Michigan Press, 2004), p.73.

涉），假设他们中的一国研制出 10 颗核武器，核袭击美国的概率为 40%，[①] 那么美国将承受 4 颗核武器打击（假设打击成功）所造成的损失；而其他核大国，如俄罗斯、法国即使只具有 100 颗核武器，核袭击美国的概率为 0.05%，那么美国都将承受 5 颗核武器打击（假设打击成功）所造成的损失，从效用值来讲，后者大于前者，美国经济理性的行为应是更关注于后者所造成的损失，但现实是防止伊朗、朝鲜等国家拥有核武器构成了美国外交战略的重心，因此不难推测美国赋予不同国家的概率事件于不同的决策权重，这与包括怨恨在内的情感因素有重要关系。而且就同一国家而言，当双边关系恶化时，这一权重函数的系数也随之增大，反映在国家行为层面上，即当双方关系恶化时，美国对他国的相关行为更加关注，反应更加强烈，因此决策行为的中权重函数很大程度上受到行为体之间怨恨情感的影响。

第三，怨恨情感增强了行为体的风险偏好。1997 年，杰克·利维根据前景理论提出了国际关系研究的理论假设，其中前两条就是：1. 为了避免遭致国际地位、声誉和国内政治支持的损失，相比于增进这方面的利益可言，愿意冒更大的风险；2. 在遭受（领土、声誉和国内政治支持等）损失之后，政治领导人趋向于不适应这种损失，愿意承受过高的风险来弥补这些损失；反之，在获取收益之后，政治领导人更趋向于接受这些收益，并愿意承受过高的风险来维持这些收益（这些收益的失去易被框定为损失状态——本书注）。[②] 杰克·利维的这两条理论假设实质上对前景理论损失区间的风险偏好做了进一步具体化的分析，但毋庸置疑的是，在框定损失、概率权重以及风险承受的各个决策环节上，怨恨情感都起了

---

① 鉴于美国的军事防御和军事报复能力，这一行为无异于“自杀”行为，因此本书对这一概率的赋值低于 50%。

② Jack S.Levy, “Prospect Theory, Rational Choice, and International Relations,” *International Studies Quartely*, Vol.41, No.1, pp.93-94，转引自林民旺：《选择战争：基于规避损失的战争决策理论》，北京·世界知识出版社，2010 年版，第 42 页。

"发酵剂"的作用。正如韩国认定天安舰事件是朝鲜所为，这在一定程度上强化了损失价值函数，扩大了决策权重，从而也增强了韩国行为反应的风险偏好，换言之，相对于天安舰事件是其他友好国家所为，韩国更愿意承受过高的风险去报复朝鲜的所为。

总之，怨恨情感给参考依赖点提供了决策参考，而且影响了行为体的决策权重，这些因素汇总产生的影响就是行为体容易以怨恨目标物位参照点区分受益和损失区间，而且对这种概率事件给予了更高的决策权重，最终增大了行为体决策中的风险偏好。据此，本书建立第四个研究子假设：

假设 I–4：行为体一旦对特定目标物产生怨恨情感，则倾向于呈现风险偏好的决策特征。

综上，本章详细论述了怨恨情感如何影响了行为体的规范认知过程。怨恨情感容易占用国家行为体在收集信息过程中的注意资源，因此信息收集阶段呈现出注意偏向的特征。在对收集到的信息进行加工的过程中，怨恨情感不仅限定和影响了认知图式的内容构成，而且强化了认知图式的稳定性，使行为体呈现出更强的图式依赖性，这也为行为体的概率判断误差埋下了伏笔。在做出概率判断的过程中，怨恨情感激励行为体根据认知图式对先验概率和条件确定性概率进行主观性的舍弃，强化了易得性启发式所引起的判断误差以及对事件最终容易得出绝对主义的判断，最终怨恨情感放大了损失函数值，扩大了对概率判断的决策权重，从而增强了决策中的风险偏好。一言以蔽之，怨恨情感促发行为体赋予怨恨事项以负面的认知评价，夸大该事项的负面效应。

通过以上分析，可以看出怨恨情感影响了认知活动的各个阶段来保持怨恨情感和认知认同关系的一致性。这也是对本书的假设 I（国家行为体对某事项（包含人和事）持有怨恨情感，则倾向于对该事项产生负面的认同体验）做的更具体和更深入的论证。

理论环节小结

至此，本书已完成对历史怨恨情感和规范认同之间因果关系的理论演绎，总体而言，整个推理过程分为以下三步：

第一步，树立变量关系的基本假设 I，即确立历史怨恨情感作为自变量，规范认同作为因变量，历史怨恨情感作为解释项来解释规范认同，如图 2–3 所示。

核心假设：

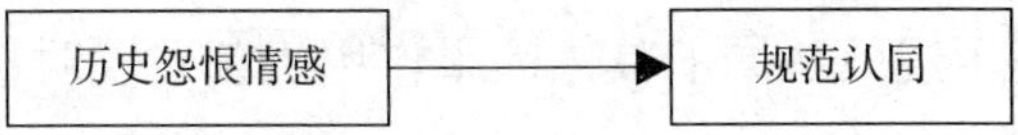

图2–3　研究假设分解图1

第二步，建立变量关系的因果路径机制，阐明自变量是如何作用于因变量的，也就是明确了规范认知作为历史怨恨情感和规范认同因果关系中的中介变量，如图 2–4 所示：

图2–4　研究假设分解图2

第三步，基于研究的需要，上述变量关系需要进一步被转换为具体化和可操作化的研究假设，所谓具体化就是将变量关系一步步从抽象层次下降到经验层次，分解为一些具体的、可测量的指标，通过这一具体化的过程使得解释项和被解释项之间的因果关系更便于操作化。这一具体化过程如下：

首先，把研究假设 I 具体化或分解为：

假设 I–1：行为体一旦对特定目标物产生怨恨情感，则倾向于收集与该目标物相关的信息；

假设 I–2：行为体一旦对特定目标物产生怨恨情感，则倾向于建立并固化与该目标物相关的认知图式；

假设 I–3：行为体一旦对特定目标物产生怨恨情感，则倾向于夸大该事项的负面效应和概率判断；

假设 I–4：行为体一旦对特定目标物产生怨恨情感，则倾向于呈现风险偏好的决策特征；

总之，上述的理论推理过程不仅树立了历史怨恨情感和规范认同之间的因果关系，而且也阐明了因果关系中的中介变量，即历史怨恨情感作用于规范认同的具体因果作用机制，同时伴随着这一过程研究假设也进一步被转换为可经验证实或证伪的操作性假设，从而为下一步的经验验证奠定了基础。

第3章

人权规范认同：非盟和东盟案例比较

自本章始，本书将从理论层面的逻辑演绎转向案例研究，通过对非盟和东盟的案例比较研究来对本书的主要假设 I（历史怨恨情感影响行为体的规范认同）进行验证。基本框架为：第四章对非盟和东盟的人权规范认同做一描述和分析，并进行变量比较和控制；第五章将首先对非盟和东盟的历史怨恨情感客体做一界定，其次将详细讨论对非盟和东盟而言，历史怨恨情感如何影响了其对人权规范的认知和自身的身份认同，并最终被表征为不同的人权规范认同。

值得注意的是，规范认同本质上属于一种观念形态，很难对此进行直接的考察，因此本章将通过组织的机制建设来考察非盟和东盟地区组织的规范认同，其中机制建设主要以法律文件和组织建设为主要参数。当然这种地区层面人权规范的制度建设与地区组织或地区成员国人权规范的践行之间并无必然的直接对应关系，正如有的学者所指出的，“认同规范原则是一回事，履行规范原则是另一回事”，[1] 本书的研究集中于地区层面为何会形成特定的人权规范认

① Supt Ku Chin Wah, “Human Rights And International Relations,” http://rmpckl.rmp.gov.my/Journal/BI/hmnrightsninternational.pdf.

同或者说规范法律，对其具体的规范践行暂不讨论。

第一节　非盟的人权规范认同

1963 年 5 月 25 日，非洲统一组织（Organization of African Unity，简称非统）建立于埃塞俄比亚的亚的斯亚贝巴，其成员包括当时的 31 个非洲独立国家。对于非统而言，其面临的主要任务是如何消除非洲大陆上的殖民残余，这包括帮助刚刚摆脱殖民统治的非洲国家发展民族经济和建立统一的现代民族国家，同时支持仍处于殖民或种族统治下的国家和人民的斗争，实现非洲大陆的完全解放和复兴。在其成立后的第一个十年内，非统组织成功地协调了多次冲突，诸如埃塞俄比亚与索马里冲突、肯尼亚与索马里冲突、阿尔及利亚与摩洛哥冲突等。20 世纪七八十年代非统的作用降低，未能有效阻止多次危机演变为战争，诸如 1977 年埃塞俄比亚与苏丹危机，1978 年乌干达与坦桑尼亚危机以及 1985 年马里和布基纳法索边界冲突。[①] 20 世纪 90 年代随着冷战的结束以及非洲国家民主化浪潮的出现，非洲多个国家爆发了国内冲突，诸如安哥拉、利比里亚、刚果（金）、塞拉利昂，卢旺达的种族大屠杀更是引发国际社会的关注，面临着新的形势，非统开始重新思考其组织功能。1999 年 9 月，非统组织第四届特别首脑会议通过《苏尔特宣言》，决定成立非洲联盟（African Union，简称非盟）以应对世纪之交新的政治、经济和社会形势以及建立非洲大陆的和平与安全。2002 年 7 月 9 日至 10 日，非盟举行第一届首脑会议，并宣布非盟正式成立，非盟正式取代非统组织。非盟与非统相比，确立了人权和民主这两大核心规范，其组织原则也实现了从“不干涉原则”向“不漠视原则”的转变。

① Emmanuel Hansen, *African Perspectives On Peace and Development*, London: Zed Books Ltd, 1987, p.127.

一、非盟人权规范的机制建设

非盟人权规范的机制建设经历了几个发展阶段：20 世纪六七十年代人权规范的提出；20 世纪 80 年代人权机制的发展与成型；21 世纪初非盟人权规范的进一步完善。

（一）人权规范的提出：《非统宪章》

在非统成立初始，主权规范占据着首要地位。它创建的首要目标是反对殖民主义以及对新独立国家主权的保护，这包括对国家内部事务的"不干涉原则"、国家间主权平等和和平解决国家间争端等。诸如其明确规定该组织的宗旨在于：

a　促进非洲国家的统一与团结；

b　协调并加强它们之间的合作与努力以改善非洲各国人民的生活；

c　保卫它们的主权、领土完整与独立；

d　从非洲根除一切形式的殖民主义；

成员国之间的关系原则包括：

a　各成员国的主权一律平等；

b　不干涉各国内政；

c　尊重各个成员国的主权与领土完整和独立生存的不可剥夺的权利；

d　通过谈判、调解、和解或仲裁，和平解决争端；

e　无保留地谴责一切形式的政治暗杀及邻国或任何其他国家所进行的颠覆活动；

f　彻底献身于完全解决仍未独立的非洲领土；

g　重申对一切集团的不结盟政策。

尤其值得一提的是，1964 年非统的第一届首脑会议通过了《关于非洲国家之间边界争端的决议》规定所有成员国保证尊重非洲国家独立时业已存在的边界，这一“现有边界不可变更原则”不仅是非统在解决非洲边界和领土争端问题上所做出的革命性贡献，也是非统对国家主权原则所做出的进一步诠释，使得国家主权原则在非洲大陆得到了进一步普及。

对于刚创建的非统而言，尽管主权规范居于核心位置，但人权规范也已经处于萌芽状态。非统宪章并没有明确地提到人权字眼，但两次提及到《世界人权宣言》，包括前言部分“我们相信联合国宪章与世界人权宣言为各国之间进行和平与积极合作提供了牢固的基础”以及组织宗旨目标部分“在对联合国宪章与世界人权宣言给予应有的尊重的情况下促进国际合作”。另外，非统宪章的前言部分也包含了人权的意涵，如“深信掌握自己的命运是各国人民不可剥夺的权利”，“意识到自由、平等、正义与尊严是非洲各国人民合法愿望的主要目标”。

对于非统而言，主权和人权重要性的显著对比淡化了非统对保护人权的关注，这也直接导致了非统对 20 世纪 70 年代非洲一系列人权侵害事件的“沉默”立场，诸如布隆迪的胡图—图西族之间的杀害行为以及乌干达阿明政权、赤道几内亚恩圭马政权以及中非博卡萨政权的国内人权侵害事件。以恩圭马政权为例，其在 1969 年执政后镇压了大批政治反对者并引进了酷刑对他们进行迫害，诸如让政治犯们把头埋在土里让蚂蚁咬死等。在其独裁统治下，赤道几内亚 30 万人逃离了家园，相当于其国内人口的三分之一。对此，非统并没有给予任何评价，相反，在赤道几内亚首都马拉博开设了技术援助与合作协调办公室，而且在 1974 年呼吁对赤道几内亚提供技术援助。[①]

① Mathias R. Bortfeld, “The African Court on Human and Peoples’ Rights: Prospects and Procedures,” A thesis submitted in partial fulfilment of the requirements for the Degree of Master of Laws in the University of Canterbury, pp.4-5.

（二）人权机制的发展与成型:《非洲人权和民族权利宪章》、《非洲人权和民族权委员会》、《非洲人权和民族权法院》

1.《非洲人权和民族权利宪章》、《非洲人权和民族权委员会》

1975 年非统在人权问题上统一的沉默立场最终被打破。非统第 12 届首脑会议在乌干达首都坎帕拉召开，基于阿明政权的残忍暴行，博茨瓦纳、坦桑尼亚和赞比亚公开抵制了这次大会。坦桑尼亚信息部公开发表了政府的立场：

毫无疑问，整个非洲大陆对殖民主义和种族主义国家的暴行都感到愤怒。……但是当一些独立国家发生屠杀、压制和酷刑时，非洲大陆却没有抗议声。……非统根本没有做出任何抗议或指责。如今非统国家领导人汇聚坎帕拉，实质上就是对阿明政权对其国家人民已经犯下的罪行和正在发生的罪行的认可。……非洲领导人对沉默立场给出的理由是非统宪章中的不干涉条款。……但是为什么对南非进行孤立的呼吁就是合法被认可的，而拒绝和乌干达这类国家的合作就是不合法的呢？二者同样都对国内人民进行了压制统治。[1]

坦桑尼亚的公开立场也使得非统组织不得不认真面对和思考成员国国内的人权问题。1979 年 7 月第 16 届非统首脑会议在利比里亚蒙罗维亚召开，在此之前中非的博卡萨再次成为国际舆论的中心。大赦国际的一份报告指出博卡萨被证实卷入了一场对 100 多名 8 岁至 16 岁中学生进行谋杀的事件，仅仅是因为这些学生拒绝穿戴博卡萨所指定的国有企业生产的校服。1979 年 5 月由五名非洲法官组成的调查委员会成立，其长达 137 页的报告证实“他当时在

① Mathias R. Bortfeld, “The African Court on Human and Peoples’ Rights: Prospects and Procedures,” p.7.

场，几乎可以确定他参与了这次事件，他对此负有责任”。这份报告也被递交给即将参与首脑会议的各国元首。在此背景下，利比里亚总统托尔伯特在其首脑会议的开幕致辞中说道，“不干涉内政的原则已经成为一些非洲国家领导人漠视人权侵害的借口”，这也是在非统首脑会议上首次对非统以前的人权政策立场进行了批评。[①]托尔伯特建议大会修改非统宪章以更好地保护更多基本人权，在托尔伯特的积极推动下，该次大会全体一致通过了 AHG/115 (XVI) 号决议，即授权非统秘书长组织专家会议为非洲人权和民族权利宪章做准备，尤其是建立一个促进与保护人权的机构。这一决议也体现了非统人权立场从沉默和抵制向积极介入的转变。

1979 年 11 月 28 日至 12 月 7 日，在非统秘书长和塞内加尔政府的组织下，20 位法学家以及多位不同国家的政府代表汇聚在达喀尔讨论草拟人权宪章的事项。这次会议的成果文件六个月后递交给非统司法部长理事会以做进一步的讨论，然而，司法部长理事会对此的讨论无果而终，直至 1981 年 1 月在冈比亚班珠尔召开的司法部长理事会对达喀尔文本经过一些修改后才确定了最后版本并逐步递交给 18 届非统政府首脑会议。

1981 年 6 月 28 日非洲统一组织在肯尼亚首府内罗毕召开的第 18 届非统政府首脑会议以口头决议的方式通过了《非洲人权和民族权利宪章》(又称《班珠尔宪章》)。该宪章经非统成员国以简单多数批准后，于 1986 年 10 月 21 日生效，这天也成为非洲的“人权日”。它是非洲人权保护的主要人权文件，同时它也是发展中国家通过的第一个具有法律约束力的区域性国际人权文书。目前，非盟的所有成员国都已批准了该宪章。[②]《非洲人权和民族权利宪章》

① Mathias R. Bortfeld, “The African Court on Human and Peoples’ Rights: Prospects and Procedures,” pp.8-9.

② Sheila B. Keetharuth, “Major African legal instruments,” in Anton Bösl and Joseph Diescho, *Human Rights in Africa: Legal Perspectives on their Protection and Promotion*(Namibia: Macmillan Education Namibia, 2009), p.163.

包括序言和 68 条正文。正文由“权利与义务”、“保护措施”及“一般条款”三部分组成。权利与义务规定了实质性的权利项以及国家和个人的义务；保护措施是关于非洲人权与民族权委员会的创建；一般条款是关于本宪章的签署、生效等一般事项。

宪章在序言中重申了非统宪章中的“自由、平等、正义与尊严是非洲各国人民合法愿望的主要目标”以及“从非洲根除一切形式的殖民主义”的坚定信念。宪章呼吁“人权和民族权利的概念思考应考虑到非洲的历史传统和非洲文化”。意识到“一方面，基本人权源于人类本性，另一方面，民族权利的现实和尊重必然会保障人权”。考虑到“每一个人对权利和自由的享有同时也意味着对义务的履行”。序言还“确信对发展权给予特别关注实属必需，公民和政治权利不但在普遍性上而且在概念上均与经济、社会和文化权利不可分离，满足经济、社会和文化权利乃是享有公民权利和政治权利的保证”。序言还特别强调了“有义务实现非洲大陆的解放，帮助那些还在为尊严和真正独立挣扎的人民，以及那些仍然未摆脱殖民主义、新殖民主义、种族隔离、犹太复国主义的人民，拆除各种侵略性的外国军事基地，消除各种形式的歧视，尤其是基于种族、民族、肤色、性别、语言、宗教或政治意见差异的歧视”。

宪章“权利与义务”部分有 29 条条款，规定了人权、民族权与义务的履行。在第 1 条中，各缔约国均表示承认该宪章所包含的各项权利、义务和自由，并承诺采取立法措施或其他措施实现这些权利、义务和自由。《宪章》第 2 条规定：“人人均有权享有本宪章所确认和保障的各项权利和自由，不因种族、种群、肤色、性别、语言、宗教、政见或任何其他见解、国籍或社会出身、财产、出生或其他身份等而受到歧视。”

《宪章》第 3 条至第 14 条规定了 16 项公民权利和政治权利，如生命权和整个人格受到尊重的权利（第 4 条）；反对一切形式的奴役、奴隶贸易、酷刑和残忍、不人道或有辱人格的待遇的权利

（第 5 条）；人身自由和人身安全的权利（第 6 条）；公平审判权（第 7 条）；良心、信教与宗教自由（第 8 条）；接受信息和表达见解的自由（第 9 条）；集会与结社的自由（第 10 条）；迁徙自由与寻求庇护的权利（第 12 条）；参与政府的权利（第 13 条）；财产权（第 14 条）。

《宪章》第 15 条至第 18 条共涉及了 9 项经济、社会和文化权利，如获得平等与满意的工作条件的权利（第 15 条）；健康权（第 16 条）；受教育权（第 17 条）；保护家庭和其他权利（第 18 条）。

《宪章》第 19 条至第 24 条规定了各项民族权利和集体权利，如民族自决权（第 19、20 条）；民族自由处置天然财富和资源权（第 21 条）；经济、社会和文化发展的权利（第 22 条）；一切民族享受国内和国际的和平与安全的权利（第 23 条）；一切民族享有有利于其发展的普遍良好的环境的权利（第 24 条）等。[①]

《宪章》第 25 至 26 条规定了国家的义务：国家有义务通过传授、教育和出版发行的方式促进和确保对本宪章所载各项权利和自由的尊重；国家有义务确保国内司法独立，准允为促进和保护本宪章所载各项权利和自由建立相应的国内机构。

宪章第 27 至 29 条为个人规定了相应的义务，原则性的义务包括三条：人人对其家庭和社会、国家和其他合法认定的社区及国际社会负有义务；每一个人行使其权利和自由均须适当顾及其他人的权利、集体的安全、道德和共同利益（第 27 条）；人人均有义务尊重和体谅其同胞而不加歧视，有义务维护旨在促进、捍卫和增进相互尊重和宽容的关系（第 28 条）。第 29 条决定了八项个人具体性的义务：对家庭的义务、为本国社会服务的义务、不得危害国家安全的义务、维护和加强社会和国家团结的义务、维护和加强国家独立和领土完整并为之贡献力量的义务、竭尽所能地工作及其纳税

① See African [Banjul] Charter on Human and Peoples' Rights, http://www.africa-union.org/official_documents/treaties_%20conventions_%20protocols/banjul%20charter.pdf.

的义务、维护和加强非洲文化的积极价值以及促进社会道德健康的义务、为促进和实现非洲统一而贡献力量的义务。[①]

宪章“保护措施”部分规定了非洲人权与民族权委员会组织的构成、职能和程序规则等。宪章第 30 条规定非洲人权与民族权委员会是非洲统一组织的下属机构，其宗旨是为了促进人权和民族权利，确保这些权利在非洲得到有效保护。

宪章第 31 条至 44 条详细规定了构成成员的资格和遴选程序等。诸如“非洲人权与民族权委员会由 11 人组成，从非洲享有崇高声望的人士中选取，他们具有道德高尚、诚实正直、公正无私的品德，同时能够胜任人权和民族权事宜，具有法律经验的人士给予特别考虑。”（第 31 条）委员会委员以个人身份当选任职（第 31 条）。委员会不得包括同一国家的一人以上人选（第 32 条）。委员会委员由成员国政府首脑大会从宪章缔约国提名的人选中通过无记名投票选举方式产生（第 33 条）。委员会委员任期为 6 年，可连选连任（第 36 条）。委员会委员应制定章程规则，其中 7 人构成法定人数，当赞成与反对同票数时委员会主席具有决定票，非洲统一组织秘书长可参见委员会会议，在委员会主席邀请下可发言，但不参与审议和投票（第 42 条）。

宪章第 45 条规定了委员会的具体职能：

（1）促进人权和民族权利，尤其是：①收集文件，从事非洲人权和民族权领域相关问题的研究，组织学术研讨会议进行普及交流，鼓励国家和地方人权和民族权利相关机构，就此向政府提出建议或做出说明。②拟定规则原则，解决与人权和民族权和基本自由相关的法律问题，从而为非洲各国政府提供立法基础。③与非洲和国际有关促进和保护人权和民族权利的机构进行合作。

（2）确保本宪章所载的人权和民族权利得到保护。

---

① See African [Banjul] Charter on Human and Peoples' Rights.

（3）应缔约国、非洲统一组织机构或非洲统一组织认可的非洲组织之要求，就宪章各项条款做出解释。

（4）履行成员国政府首脑会议所委托的其他任务。

宪章第 46 条至 59 条规定了委员会受理国家和个人申诉的程序规则。第 46 条规定委员会可以诉诸于任何适当的调查方法。第 47 条至 54 条规定了国家指控的相关程序。当宪章某一缔约国如果有充分理由确认另一缔约国违反了宪章的规定，则有权提前该缔约国就此事引起注意。被提请国应于收到此项来文 3 个月内，向来信询问国做出书面解释或声明，以阐明此事（第 47 条）。倘若在来文收到的 3 个月内，问题仍未通过双方双边谈判或其他和平方式加以满意解决，则当事国任何一方均有权通过委员会主席向委员会提交该案件，并通知其他有关各国（第 48 条）。此外，与第 47 条规定并行不悖，当宪章某一缔约国如果有充分理由确认另一缔约国违反了宪章的规定，也可以直接将该案件递交给委员会（第 49 条）。委员会在决定受理某些案件后，可要求相关国提供一切有关信息，相关国可以在委员会面前陈述己见，提出书面或口头陈述（第 51 条）。第 55 条至 59 条规定了个人申诉的相关程序规则。委员会秘书应于每次会议之前，将各种非国家来信列出名单，并提交给委员会委员，由委员会委员通过简单多数来决定是否审议（第 51 条）。来信必须具备一定条件，诸如实名制，不得采用诽谤的语言或仅仅以大众媒介传播消息为依据，来信也应在当地救济方法已耗尽之后（第 56 条）。当个人来信与一系列严重的或大规模的人权侵犯的特别案件有关时，委员会可提请国家和政府首脑会议注意。国家和政府首脑会议可要求委员会对这些案件进行深入调查并做出事实报告，并附注调查结果和意见建议（第 58 条）。报告书经首脑会议审议后，由委员会主席加以公布（第 59 条）。

宪章在第 62 条也对国家的报告制度做了有所规定，“每一缔约国均应自本宪章生效之日起，每两年提交一份关于为实现本宪章所载之权利与自由所采取的法律或其他措施的报告。”

宪章在最后“一般条款”部分规定了宪章生效以及修订等事宜，其中特别谈到了“如果需要的话，可采用专门议定书或协定增补本宪章之规定（第 66 条）”以及“若一缔约国就修正本宪章向非洲统一组织提出书面倡议，本宪章可予以修正”，这为宪章的进一步补充和完善打开了空间。

总体而言，非洲人权与民族权利宪章是非洲大陆促进和保护人权的基础性规范文件，它是非洲大陆向保护人权迈出的历史性的一步，是非洲大陆人权事项发展中一道重要的分水岭。与当时的欧洲和美洲的人权公约相比，它最主要的特征是它的“非洲特性”，正如宪章序言所示，它依赖于“非洲的历史传统和非洲文化”，并提请成员国意识到“有义务实现非洲大陆的解放，帮助那些还在为尊严和真正独立挣扎的人民，以及那些仍然未摆脱殖民主义、新殖民主义、种族隔离、犹太复国主义的人民”。换言之，非洲人权与民族权利宪章是一步基于非洲传统和哲学并致力于解决非洲问题的区域人权保护文书。在具体条文规定中，它包含了三大特征：第一，它强调了个人的责任。在欧洲人权公约体系中，责任仅仅指的是国家对本国公民或所管辖的他国公民的义务，而在非洲人权宪章中，责任不仅包括国家对公民的责任，也包括了公民对国家、社区和他人的责任，正如宪章第 27 至 29 条规定了 3 条原则性义务和 8 项具体性义务。第二，它强调了经济、社会和文化权利的重要性，正如宪章第 15 条至第 18 条规定了了 9 项经济、社会和文化权利。第三，它强调并进一步发展了集体权利。集体权利最重要的就是民族自决权和发展权。与国际社会的两人权公约相比（《公民权利和政治权利国际公约》和《经济、社会和文化权利国际公约》）宪章第 19 和 20 条对民族自决权的规定更为全面。宪章第 21 至 24 条对发展权也做了极为详尽的阐述，从而使得民族这个集合性主体所应享有的权利更为全面，更加具体。[①]

2. **非洲人权和民族权法院**

如上所述，《非洲人权和民族权利宪章》规定了一系列人权和基本自由，为了促进和保障这些权利的实现，宪章决定创建非洲人权和民族权委员会。宪章生效一年后，1987 年 11 月非洲人权和民族权委员会依据宪章的第 30 条成立。根据宪章的规定，委员会的职能"促进、保护和阐释"人权和民族权利，在实践中，委员会主要通过审查缔约国提交的报告、国家提出的控告和个人提出的申诉来开展人权和民族权的保护工作。特别是委员会还通过任命特别报告员关注具体的人权问题的方式开展人权保护工作。但显然就保护人权事项而言，委员会存在一个结构性缺陷，即并不具有"执行"的职能，正如某些学者所言，委员会"会叫但不会咬"。[②] 根据宪章的规定，委员会对于人权侵害事项，只能"进行深入调查并做出事实报告，并附注调查结果和意见建议（第 58 条第 2 款）"。换言之，委员会的建议只具有建议性质，并不具有法律强制性，这反过来也使得其建议和决议"无足轻重和毫无意义"。正如尼日利亚前军人政权萨尼·阿巴查（Sani Abacha）就曾无视委员会的决议，在这种情况下，委员会除了表示遗憾外无能为力。[③] 同样，委员会对于人权侵害也没有任何的纠正补救措施，这在很大程度上也降低了个人申诉的有效性。另外，委员会对缔约国缓交或不交报告的事项同样没有任何管辖能力。宪章第 62 条规定每一缔约国均应每两年提交一份关于为实现本宪章所载之权利与自由所采取的法律或其他措施的报告，这一国家报告制度可以用来识别和预防潜在的冲突和

① 贺鉴:《霸权、人权与主权：国际人权保护与国际干预研究》，湘潭大学出版社，2010年版，第153—154页。

② Nsongurua J. Udombana, "Toward the African Court on Human and Peoples' Rights: Better Late Than Never," *Yale Human Rights and Development Law Jounal*, Vol.3:45, 2000, p.64.

③ Timothy F. Yerima, "Over Two Decades of African Commission on Human and Peoples' Rights: Flying or Fledgeling," *Global Journal of Human Social Science Arts & Humanities*, Volume 12, 2012, p.65.

风险，但是自委员会 1987 年建立后，其收到的第一份国家报告是 1990 年，两年后也只有另外八个国家递交了初始报告。截至 2000 年，53 个国家中有 24 个国家没有递交报告，只有 12 个国家能够按时递交报告，对此委员会都没有强制管辖的能力。[①]“显然，宪章缺少法院的环节”。[②]

其实，早在宪章制定之时就有创建法院的建议，但是这一建议遭到了拒绝。对此的解释有两个方面：其一，非洲人解决冲突的概念是基于谈判和协商，而不是对抗和诉讼模式，后者是西方惯有的思维模式。非洲传统的解决冲突方式是在公平平等的基础上创造一种友好的氛围改善双方的关系，而不是西方的在法律条文的基础上，双方对簿公堂，通过司法判决对事情的是非曲直做出判断。其二，创建宪章时非洲国家基于对国家主权原则的坚持，而并不支持具有强制法律效力的人权法院。在塞内加尔达喀尔召开的草拟宪章会议上，专家们受制于一系列重要原则，其中之一就是他们不能超过非洲国家愿意接受的界限。用当时专家会议主席凯巴·姆巴耶（Keba Mbaye）的话说，宪章构成了“非洲国家在 1981 年所愿意接受的范围”，非洲国家可能不会批准一个包含强制性司法管辖的人权宪章。[③] 到了 20 世纪 90 年代基于非洲人权与民族权委员会不能有效地保护个人的人权，创建非洲人权法院的呼声逐渐高涨，在此背景下这一问题也提上了非统的组织议程。

民间社会团体首先在 1991 年至 1993 年发出了支持创建人权法院的呼吁，诸如 1990 年 11 月在班珠尔召开的“国际人权规范的国内实践”司法座谈会以及 1991 年的非洲律师协会召开的阿布贾会议、1991 年召开的非洲杰出人士坎帕拉论坛。同样，由世界反

① Timothy F. Yerima, “Over Two Decades of African Commission on Human and Peoples’ Rights: Flying or Fledgeling,” *Global Journal of Human Social Science Arts & Humanities*, Volume 12, 2012, p.67.

② Nsongurua J. Udombana, “Toward the African Court on Human and Peoples’ Rights: Better Late Than Never,” *Yale Human Rights and Development Law Jounal*, Vol.3:45, 2000, p. 46.

③ Ibid., p.75.

酷刑组织在肯尼亚蒙巴萨召开的学术研讨会、国际法学家委员会1993年肯尼亚会议以及非政府组织在1993年和1994年召开的关于非洲人权与民族权委员会工作的第五次和第六次会议都提出了创建人权法院的建议。其中尤其是国际法学家委员会对创建人权法院的进程起到了至关重要的推动作用。1993年它们召开了一次法学家会议草拟了创建非洲人权和民族权法院的议定书以及规约草案，为将来的进一步讨论奠定了基础。[①] 在国际法学家委员会的坚持下，1993年11月份召开了一次非政府组织会议并成立了一个由非统法律局和人权和民族权委员会代表组成的五人工作组，旨在进一步修订法院议定书和规约草案。1994年初工作组的最终文本递交给非统秘书处，并集体要求在即将召开的大会上予以讨论。

1994年6月在突尼斯召开的第30届非统国家与政府首脑大会上通过了第230号决议，要求非统组织秘书长召集政府专家会议，审查提高非洲人权委员会工作效率的方式，并特别考虑设立一个非洲人权法院的问题。在随后的两年内，法律专家、国际组织以及非政府组织为此进行了不懈的努力。1995年9月，第一次政府专家会议在南非开普敦举行，对先前的议定书草案进行了讨论，并最终达成了第一份正式的官方草案，即“开普敦草案”。经过成员国的内部传阅和修订，1997年4月和12月第二次政府和第三次专家会议分别在毛利塔尼亚首都努瓦克肖特和埃塞俄比亚首都亚的斯亚贝巴举行，对最后的议定书草案达成了共识。1998年6月9日，非统组织第34届国家元首和政府首脑高峰会议在布基纳法索首都瓦加杜古最后通过了《关于建立非洲人权和民族权法院的〈非洲人权和民族权宪章〉议定书，以下简称议定书》。2004年1月该议定书生效，2006年随着第一批法官的任命，法院正式形成。

议定书包括35条条款，其中包括诉讼受理、法官构成、审判

① Nsongurua J. Udombana, “Toward the African Court on Human and Peoples’ Rights: Better Late Than Never,” p.76-79.

判决和执行等主要部分。[①]

根据《议定书》第 1 条，非洲人权法院将在非洲统一组织内部设立，即它是非洲统一组织内部的一个司法机构。《议定书》第 2 条规定了人权法院与人权委员会的关系，即人权法院旨在补充完善人权委员会保护人权的职能。

《议定书》第 3 条和第 4 条是人权法院的管辖权规定，第 3 条诉讼管辖权规定人权法院的诉讼管辖权扩展至呈交给它的涉及人权宪章、议定书以及成员国所批准的其他人权文书的解释和履行的任何案件和争端，这一规定的重大意义在于当一项权利无法通过非洲人权宪章得到保证时，可以通过援引国家批准加入的其他国际条约来加以保护。第 4 条咨询管辖权规定人权法院应非统成员国、非统以及其下属机构或非统所承认的任何非洲组织的请求，可就宪章或其他相关人权文书提出法律咨询意见，只要其不涉及人权委员会所正在审查的事项。

《议定书》第 5 条是最具有争议性的诉讼者资格的条款，它规定了以下行为主体有权向非洲人权法院提出诉讼：

i. 人权委员会

ii. 向人权委员会提出指控的缔约国

iii. 在人权委员会内被提出指控的缔约国

iv. 其公民是人权侵犯案件的受害者的缔约国

v. 非洲的各种政府间组织

第 5 条第 2 款规定，对案件具有利害关系的任何缔约国都可以向非洲人权法院申请参加诉讼。第 5 条第 3 款规定了在非洲人权委员会中具有观察员地位的非政府组织 、个人也有权直接向非洲人权法院提起诉讼，但不得违背《议定书》第 34 条第 6 款的规定。第 34 条第 6 款规定在批准该议定书或以后任何时候，该国应当宣

① Protocol To The African Charter On Human And People' Rights On The Establishment of An African Court On Human And People' Rights, http://www.achpr.org/instruments/court-establishment/.

布接受非洲人权法院受理根据该议定书第 5 条第 3 款提起的案件。非洲人权法院不受理根据第 5 条第 3 款提出的任何涉及没有做出此种声明的缔约国的诉讼。换言之，非政府组织或个人在人权法院提出诉讼的权利受制于一重要条件，即目标国是否愿意主动接受第 5 条第 3 款。这与欧洲人权法院有一定的距离，在欧洲人权法院的规定中，只要是《欧洲人权公约》的缔约国，其公民和非政府组织可以直接向欧洲人权法院提起诉讼。当然，另一方面，它也高于美洲人权法院，在美洲人权法院的规定中，只有《美洲人权公约》的缔约国和美洲人权委员会才有权向美洲人权法院提交案件，个人和非政府组织无权向美洲人权法院直接提交案件。

《议定书》第 6 条规定了案件的可受理性问题，第 6 条第 1 款规定，在决定根据该《议定书》第 5 条第 3 款提起的案件的可受理性时，非洲人权法院可以请求非洲人权委员会给出意见，而且还规定，非洲人权委员会应当尽快给出意见。第 2 款规定，非洲人权法院在裁定案件的可受理性时，应当考虑《非洲人权和民族权宪章》第 56 条的规定。第 3 款规定非洲人权法院可以决定自己审理案件或决定将案件转移给非洲人权委员会。

《议定书》第 11 条至第 22 条对人权法院的人员构成做了非常详细的规定，这是因为人权法院最终要成为一个有效的人权保护机构，其人员构成就至关重要。《议定书》第 11 条至第 15 条的规定，法院将由 11 位法官组成，由非洲统一组织的国家与政府首脑会议从非洲统一组织的成员国的国民中选举产生，每届任期 6 年，只可连任一次。正式选出的法官中不得有来自同一国家的两名法官。第 16 条规定，尽管法官候选人由国家提名，但是以个人身份选举产生，而且必须从具有最高道德权威和在人权方面具有公认的实践、司法或学术经历的法学家中产生。因此，法官并不是国家代表。他们应当不偏不倚和诚信地履行职责。第 17 条规定，法官的独立性受到国际法的保证，他们享有履行职责所必需的外交豁免和特权。

为了确保他们道德方面的独立性，法官不得审理以前曾经以任何身份参加的案件，不得就与其国籍国有关的所有案件出具意见。第 18 条规定了他们的职业道德，法官不得从事任何与其职位要求不相符的活动，也不得从事任何可能影响其独立性和公正性的活动。在停职方面，第 19 条规定，法官不应被暂停职位或者撤职，除非根据法院其他法官全体一致的决定，该法官被发现不再满足成为法院法官所需要的条件。法院的这种决定必须是终局的，除非在下一次国家元首和政府首脑大会上被撤销。第 22 条再次规定了法官不得参与涉及母国的案件审理。

在案件的审判判决部分，《议定书》也做了明文规定，第 7 条规定法院应将非洲人权宪章和缔约国所批准的其他相关人权文书作为法律依据，这比欧洲法院和美洲法院都为宽泛。第 10 条规定法院审判案件应当公开进行。案件的任何一方有权自行选择法律代表，处于司法公正之需要，也可以提供免费的法律代表援助。在开庭方面，第 23 条规定七人构成其法定人数。在收集证据方面，第 26 条规定，法院审理案件应当听取各方意见，必要时可以进行质询，法院可以收集所有其认为适当的证据，无论是口头的还是书面的。第 27 条特别规定，当发现人权或民族权的侵害事实时，法院可以采取适当措施进行纠正，包括补偿修补之费用。当案件特别严重和紧急时，为了避免对人造成不可弥补的损害时，法院可以采取其认为适当的临时措施。

在判决方面，第 9 条规定法院应根据非洲人权宪章的相关条款，努力促成一个友好的解决方案。第 28 条规定，法院应当在结束其审议之后 90 天内做出判决，判决以多数票得出，而且是终审判决，一旦做出当事人不得提起上诉。判决必须给出理由并公开宣布，并给当事人合理的事先通知。每位法官有权对法院的多数判决发表不同意见或反对意见。法院可以对自己的决定进行解释，换言之也可以不进行解释。

对于法院判决的执行，第 30 条规定，《议定书》的缔约国承诺遵守其作为当事人的判决，保证在法院限定的时间内执行判决。第 31 条规定，法院向非统国家元首和政府首脑大会提交的工作报告中将特别注明没有遵守法院判决的国家名单。另外，非统部长理事会代表首脑大会负责监督法院判决的执行。

总体而言，非洲人权法院的创建是非洲人权保护机制的里程碑式发展，充分体现了非洲国家保护和促进《非洲人权和民族权宪章》中所载各项人权的意志和决心。与非洲人权委员会只能做出建议性的决议相比，非洲人权法院具有做出有法律拘束力判决的权力，无疑将更能保障该宪章中的各项人权。非洲人权法院也将成为在非洲全面阐释国际人权规范的平台，对于指导非洲国家国内法院在国内执行该宪章以及国际人权法具有非常重要的作用，也为侵犯人权案件的被害人提供了寻求法律救济的另一途径和机会。最后，《议定书》是在吸取包括欧洲人权法院和美洲人权法院在内的已有的其他区域性人权法院保护和促进人权的经验基础上制定的，并在该基础上有所突破和创新。[①] 至此，非洲也加入了欧洲、美洲国家的行列，一道在地区层面上为人权保护提供司法保障。

（三）人权规范的完善:《非盟宪章》和一系列人权相关文件

进入 21 世纪，非洲大陆上发生的一个重大事件是非洲联盟于 2002 年 7 月正式取代了非洲统一组织，这一事件的历史背景是：一方面非统已经完成了其历史使命；另一方面，冷战后全球化的新形势对非洲大陆提出了新的挑战和风险，非洲因此也需要建立一个新的法律和制度框架。在非统存续的 39 年中，非统在促进非洲大陆的团结与合作、铲除殖民主义、结束种族歧视和种族隔离政策、处理地区冲突等方面发挥了重要作用，1994 年伴随着新南非的诞

① 朱利江：“简评即将成立的非洲人权和民族权法院”，载于《人权》，2005年第4期，第53—56页。

生，非洲大陆最终终结了殖民统治和种族统治的时代，从而进入了一个崭新的历史时代。但非洲却并未迎来和平与发展，相反贫穷、动乱、疾病、政变等问题像毒瘤一样侵蚀着非洲大陆，冷战的结束和全球化的加深在很大程度上反而使这一问题恶化。在此背景下，非盟应运而生，与非统相比，其组织使命更加宽泛，是一个涵盖政治、经济、军事、文化、社会等各方面的全洲性政治实体，正如非盟宪章组织目标的规定比非统宪章的规定多了九项之多。而最为重要的是，与非统相比，非盟大大扩展和加深了对促进和保护人权的承诺，非盟致力于通过一种更全面和更有效的方式来解决非洲大陆的人权问题。正如非洲法学者所言，与非统不同的是，非盟不仅明确地指出人权是其核心使命的一部分，而且在其所有的活动项目中，人权问题都是其主要关切。[①] 非盟对人权的承诺体现在以下几个方面：（1）《非盟宪章》的相关规定；（2）《非洲发展新伙伴计划》（The New Partnership for Africa's Development，缩写为 NEPAD）；（3）一系列相关性文件。

1.《非盟宪章》

在非盟宪章的规定中，人权不仅占据着核心的位置，而且人权不再是一个抽象的概念或泛泛而谈的信仰，而是和国家的政治民主、社会经济发展具体统一了起来。在序言中，它明确指出非盟致力于促进和保护人权，稳固民主机制和民主文化，确保非洲的良治和法治。[②] 在其宗旨目标中，它再次提到根据《联合国宪章》和《世界人权宣言》的原则进一步加强国际合作（第 3 条 e 款）；根据《非洲人权与民族权宪章》以及其他人权法规，进一步促进与保护人权（第 3 条 h 款）；促进民主原则和民主机制、提升公众参与和良

① Bience Gawanas, "The African Union: Concepts and Implementation Mechanisms Relating to Human Rights," in Anton Bösl and Joseph Diescho, *Human Rights in Africa: Legal Perspectives on their Protection and Promotion*, p.135.

② Constitutive Act of the African Union, http://mirror.undp.org/african_union_en/treaties/constitution.pdf, p.3.

治善治（第 3 条 g 款）。在非盟的组织原则中，规定了尊重民主原则、人权、法治和良治（第 4 条 m 款），尊重人生命的尊严，谴责和反对有罪不罚以及任何政治暗杀、恐怖主义和颠覆活动（第 4 条 o 款）；谴责和拒绝任何非宪制的政府更迭（第 4 条 p 款）。

非盟的主要机构也通过各自的创基性文件分别做出了对人权和民主的承诺，如泛非议会的主要目标之一是“促进非洲的人权和民主原则”，[①] 经济、社会与文化理事会的主要目标之一是“促进和捍卫良治、民主、公众参与、社会正义以及人权和基本自由的文化”，[②] 和平与安全理事会不仅在宗旨目标和工作原则中也做出了相似规定，而且提到“要与非盟人权委员会建立密切的合作关系”，在对成员国资格的要求中也提到必须考虑到是否尊重“宪制政府、法治和人权”。[③] 这些都表明在非盟的框架中，人权是一个综合性、具有实质意涵的目标和概念，“人的权利、人的安全以及人的发展是相互联系、相互依赖、不可分割的，共同构成了非洲繁荣的要素”。[④]

非盟不仅做出了促进和保护人权的重大承诺，而且也具有更大的权利去履行人权保护的相关决议。如非盟宪章第 4 条 h 款明确规定，非洲联盟按照其大会在严重情况下即战争罪、种族灭绝罪和反人类罪所做出的决定，有权对其成员国进行干预。除此之外，非盟宪章第 9 条第 1 款规定非盟首脑大会作为最高权力机关有权接受和审理非盟其他机关呈交的报告和建议，并对此采取决议，非盟首脑大会也有权监督决议的履行，确保成员国的遵守。设在非盟（最初

① Protocol to the Treaty Establishing the African Economic Community Relating to the Pan-African Parliament, in Christof Heyns and Magnus Killander, *Compendium of Key Human Rights Documents of the African Union*, Pretoria :Pretoria University Law Press, 2006, p.15.

② Statutes of the Economic, Social and Cultural Council of the African Union, in Christof Heyns and Magnus Killander, *Compendium of Key Human Rights Documents of the African Union*, p.21.

③ Protocol Relating to the Establishment of the Peace and Security Council of the African Union, pp.16-18.

④ Christof Heyns and Magnus Killander, *Compendium of Key Human Rights Documents of the African Union*, Foreword.

为非统）框架之内的非盟人权委员会和非盟人权法院自然在此规则之列。第 23 条第 2 款还规定，任一成员国不遵守大会的决议，非洲联盟可采取其他的制裁措施，诸如切断与其他成员国的交通和通讯往来，以及大会审议通过的其他政治经济制裁措施。第 30 条规定，通过非宪制方式获取权力的政府将不得参加联盟的活动。

2.《非洲发展新伙伴计划（NEPAD）》

《非洲发展新伙伴计划（NEPAD）》的出台与非盟的形成几乎同步，2001 年非统的第 37 届首脑峰会正式通过了这一计划，而随着非统向非盟的转变，目前 NEPAD 已基本融合到了非盟的组织框架之中。它是非洲国家自主制定的第一个全面规划非洲政治、经济和社会发展目标的蓝图，旨在解决非洲大陆面临的包括贫困加剧、经济落后和被边缘化等问题。而如何解决这些问题，NEPAD 提出的重要解决方案就包括把可持续性的经济发展与人权保护直接联系起来，人权发展是经济发展不可缺少的部分。NEPAD 反映了非洲国家越来越意识到没有民主原则、公众参与、良治体制以及对人权保护，就不可能取得可持续性的经济发展。正如 NEPAD 第 79 款指出，“发展是建立在真正的民主、对人权的尊重、和平与良治的基础之上。通过 NEPAD，非洲国家承诺尊重国际民主标准，这核心要素包括政治多元主义，允许多个政党和工会的存在，公开公正的定期民主选举，从而使得人民能够自由选举领导人”。第 80 款指出，“实行民主和改进管理的目的有助于加强参与国的政治与行政结构，并与政府的民主化、透明化、负责任、尊重人权和促进法制的原则相符合”。[①] 因此，在很大程度上 NEPAD 也为非洲提供了一个监督民主良治和促进人权的平台。

正是基于对人权、民主和发展之间内在关系的认知，NEPAD 在其框架之内，专门成立了“非洲互查机制”（African Peer Review

① The New Partnership for Africa’s Development, p.17, http://www.nepad.org/system/files/NEPAD%20Framework%20(English).pdf.

Mechanism，APRM）以监督和促进受审查国的民主化进程和人权促进事项。根据规定，非洲联盟的 54 个成员国可自愿加入 APRM。加入的国家必须将其政府管理、经济政策以及人权等方面的情况公开，接受其它成员国按照既定标准进行检查和评估。APRM 的工作流程基本分为五个步骤：

第一步：受审查国首先根据标准的问卷模式进行自我审查，其目的包括对于一系列非洲和国际人权条约的遵约程度进行评估。与此同时，APRM 秘书处也将对该国的治理与发展进行背景知识调研，并将调研报告通知受审查国。在此基础上，受审查国将草拟一份初始的行动计划。

第二步：APRM 特别提名的审查团将访问该国并进行深入研究，与相关机构进行互动交流，如政府官员、政治团体、民间组织等。

第三步：APRM 审查团和 APRM 秘书处将基于前期的研究访问出台一份报告，并与受审查国进行交流，受审查国此时应准备一份最终的行动计划报告，列出进一步的行动改进方案。

第四步：最终的报告将呈交给由全体受审查国首脑组成的“非洲互查论坛”，倘若报告未对其不足进行适当的纠正，“同行压力”将会产生。

第五步：公开发表“非洲互查论坛”的报告，并递交给相关组织，如非盟首脑峰会、非洲人权委员会等。

整个审查过程应在 6 个月内完成，受审查国应在此之后进行改革。下一个流程将在 2 至 4 年后启动。在其改革的过程中，由 APRM 秘书处任命的名人代表团会对其执行情况进行监督。[①]

总之，正如国际人权联盟（International Federation for Human Rights）一份报告所指出的：“完全有理由说，NEPAD 是植根于人

① Claiming Human Rights, African Peer Review Mechanism, http://www.claiminghumanrights.org/peer_review.html.

权考虑的，……在实践中，NEPAD 的每个事项都落入了人权的框架，从民主、良治到健康、教育、食物和法治等。”[①] 而作为 NEPAD 基石的 APRM 同样被国际人权联盟认为是“加强非洲基本权利机构的有利工具”。[②]

3. 一系列相关文件

非盟自从成立以来，除了通过非盟宪章和 NEPAD 来推动人权事项的发展外，还出台了一系列专门性文件来强化和落实其对人权的承诺，如 2003 年 5 月 8 日非盟召开了第一届人权问题的部长级会议，并发表了《基加利宣言》，总体评估了非洲大陆人权保护的进展，并制定了发展规划，涵盖了民主机制、政府治理、市民社会、人道主义等议题，提出了根据非洲人权宪章的原则标准促进人权文化的发展以及创建相应的国内法律行政框架。

非盟积极落实了对妇女权利的保护，诸如 2003 年 7 月非盟通过了《关于妇女权利的〈非洲人权和民族权宪章〉议定书》，该议定书不仅包括了联合国《消除对妇女一切形式歧视公约》中的众多权利，而且更详细地规定了冲突中妇女权利的保护、丧偶妇女的权利以及国家惩治国内家庭暴力的义务等。[③] 2004 年 7 月非盟首脑会议通过了《非洲男女平等庄严宣言》，承诺了非盟将在健康、人权、教育、经济发展、政府治理以及和平安全等各个议题中考虑到男女平等问题。为此，非盟在主席办公室设立了妇女、性别和发展局（Women，Gender and Development Directorate），以协调与性别有关的各种活动，并确保在非盟所有的项目和政策中都考虑到性别平等问题。非盟还成立了非盟妇女委员会（The African Union

① FIDH, A Human Rights Approach to the New Partnership For Africa's Development (NEPAD) and the African Peer Review Mechanism(APRM), foreword, http://www.fidh.org/IMG/pdf/NEPAD_ANGL_cadre.pdf.

② Ibid.

③ Protocol to the African Charter on Human and Peoples' Rights on the Rights of Women in Africa, pp.41-50.

Women's Committee)，作为对非盟主席在性别和发展问题上的咨询机构，并监督非洲大陆性别平等的进展事宜。

非盟成立以后，很快采取了一系列措施推动非洲大陆民主化的发展。2002 年非盟发表了一个《非洲民主选举原则宣言》，强调了自由公正的民主选举对代议制政府的合法性以及避免减少冲突都具有重要作用。非盟成员国在宣言中也承诺采取必要措施来确保民主选举，如选举监督、妇女投票、成立国家选举委员会、确保结社自由、言论自由等。该宣言的特殊之处也在于它首次要求非盟在成员国国内选举过程中扮演观察和监督的作用。[①] 为了落实这一宣言的精神，2004 年 7 月非盟执行理事会通过了《成立选举观察监督代表团指南》，对于如何进行观察、监督以及选举评估都做出了详细的工作指南。[②]2007 年 1 月非盟首脑会议通过了《非洲民主、选举和治理宪章》(The African Charter on Democracy, Elections and Governance)，相对于宣言，宪章这一更具有约束力的形式体现了非盟促进民主选举更强的政治意愿和政治决心。这一宪章重申了良治、公民参与和尊重人权对建立一个负责任政府和发展性国家的重要性，与以前非盟促进民主选举的努力相比，这一宪章的进步之处在于:(1)对于"非宪制"的政府更迭方式进行了更为宽泛的界定，即不仅包括军事政变的方式，还包括取消任期限制以及操作选举等。(2)重点强调了宪政，使国家的权威基于成文宪法，这在两个方面超越了仅仅是禁止非宪制的政府更迭，"一方面它明确了宪法在国家机器中的基础性地位，要求非盟成员国'在国家这一政治组织中牢固确立宪法至上的原则'，另一方面，除非基于全民共识的

---

① Patrick J. Glen, "Institutionalizing Democracy in Africa: A Comment on the African Charter on Democracy, Elections and Governance," *African Journal of Legal Studies*, Vol.5, 2012, p.155.

② African Commission on Human and Peoples' Rights, Guidelines for African Union Electoral Observations and Monitoring Missions, http://www.achpr.org/instruments/guide-elections/.

基础，不得对宪法进行任何的修正或更改”。[①]（3）赋予了非盟更大的干预空间，如该宪章规定和平与安全理事会不仅要积极干预帮助成员国恢复民主政府，而且要积极制止一些朝着非宪制方向发展的举动。非盟委员会不仅要在观察监督选举过程中起到积极作用，而且也要在举行国内选举之前就民主选举的前提条件是否满足做出判断决定。（4）在考虑对非宪制政府更迭活动的煽动者或组织者采取何种法律或司法行动时，该宪章明确建议将该类人员移交非盟合适的司法机构，如非洲正义和人权法院。尽管宪章没有明确表明这类人员所犯的是何种罪行，但国际司法界已经出现了一些如“反民主罪”或“独裁罪”等声音。5，该宪章创造性地推动了把民主与人权、民主与发展联系起来的思考。宪章回避了民主与发展孰先孰后的问题，而是务实地实现了二者在实践中的统一。[②] 总之，该宪章代表了非洲将近二十年来对如何促进大陆民主的思考，也代表了非盟在把良治和民主理念进行机制化方面做出的积极重大尝试。[③] 除此之外，非盟首脑会议 2003 年 7 月还通过了《非洲联盟预防和打击腐败公约》，认为腐败问题阻碍了促进和保护人权的实现，致力于通过消除腐败，建立清廉政府和民主治理来促进人权事项的发展。[④]

总而言之，非盟的人权规范已经发展地相对完备，联合国人权高专办东南亚地区办事处也曾经对非洲地区人权机制的发展给予了肯定，认为“欧洲、美洲与非洲已经建立了可信的地区人权体系”。它特别撰文指出了与东南亚地区相比，欧洲、美洲与非洲的地区人权机制包含了以下共同特征：

（1）对国内人权保护体系起到辅助作用。

① Patrick J. Glen, “Institutionalizing Democracy in Africa: A Comment on the African Charter on Democracy, Elections and Governance,” p.169.

② Patrick J. Glen, “Institutionalizing Democracy in Africa: A Comment on the African Charter on Democracy, Elections and Governance,” *African Journal of Legal Studies*, Vol.5, 2012, pp.149-175.

③ Ibid., p.149.

④ African Union Convention on Preventing and Combating Corruption, in Christof Heyns and Magnus Killander, Compendium of Key Human Rights Documents of the African Union, pp.76-80.

（2）树立了不低于国际标准的人权规范框架。

（3）拥有独立公正的人权专家和正直人士（由国家提名并进行地区选举、以个人身份就职、成员具有多样性、享有一定的外交豁免和特权、回避原则）。

（4）具有促进和保护双重使命（受理和审判个人和国家间申诉、有权界定侵犯人权的行为，提供上诉地区法院的渠道，地区法院能够做出具有法律约束力的决定并责令赔偿、进行国别考察和从事相关活动、在不同成员国内部举行会议、公开听证、建立促进和保护人权的其他机制如特别报告员制、预防机制如紧急程序机制、文件和决议的公开透明）。

（5）专职秘书处和充足的资源（包括资金和人力资源）。

（6）建立与民间社会团体和国内人权机构的互动机制。

（7）与国际人权机构之间展开充分合作。①

显然，非洲的人权机制与欧洲、美洲一道既有促进之意，更有保护之命。而就人权保护规范的内容而言，它已经走在了欧洲、美洲之前。它既涵盖了公民与政治权利也包括经济、社会和文化权利；既包括个人权利也包括集体权利；既包括所谓的第一代第二代人权，也包括所谓的第三代人权；既包括权利理念也包括责任理念。② 非洲法学者基塔露斯（Keetharuth）认为，在国际人权法律领域，非洲的区域法律体系起着先锋性作用，"在主要的法律文件规范中，非洲囊括了众多'全球第一'，这显示了非洲在制定规范方面的创新性和进取性"。③ 这一观点也得到了我国国内部分学者的认可，认为与全球性人权条约相比，"非洲人权条约所规定的权利以

① United Nations OHCHR Regional office in Southeast Asia, Regional Human Rights Systems in Other Parts of the World: Europe, the Americas and Africa, http://bangkok.ohchr.org/programme/other-regional-systems.aspx.

② Obiora Chinedu Okafor, *The African Human Rights System* (Cambridge: Cambridge University Press, 2007), p.66.

③ Anton Bösl and Joseph Diescho, *Human Rights in Africa: Legal Perspectives on their Protection and Promotion*, p.224.

及权利主体更加全面具体，非洲人权保护制度在实践中对人权的保护也更加有效，更具可行性，所适用的标准也更统一”。[①]

二、非盟人权规范认同的特征：不漠视原则

纵观非洲人权规范体系从非统到非盟的演化和发展的进程，一个重大的转变就是在人权保护事项上，实现了从“不干涉原则”（Principle of Non-Interference）向“不漠视原则”（Principle of Non-Indifference）的转变。当然，这一转变也并非空穴来风或一蹴而就的，相反，它是在非统或非盟对主权和人权关系不断认知的基础上形成的，从非统早期的双重标准（一方面捍卫不干涉内政原则，另一方面对南非政权的国内种族主义行为进行干预），到非洲人权委员会的主权有限论，再到非洲人权法院的超国家司法管辖权，直至非盟宪章的制裁干预权，非洲的人权规范体系最终在非盟的架构中形成了“不漠视原则”的文化。正如非盟前任主席阿尔法·奥马尔·科纳雷（Alpha Oumar Konaré）所做的一语概括，“面对着邻国发生的暴行，非洲国家将不再沉默”。[②]

（一）非统的内在矛盾

如上文所述，在非统成立初始，主权规范占据着首要地位，其主要关切是通过国家间的不干涉原则实现对新独立国家的保护。对非统而言，其成员国政府如何对待本国公民被认为是属于一国内部管辖事项，非统或其他国家并无干涉的权利。正是在此意义上，非统对国家主权的保护逐步被延伸到非统对某些暴君、专制独裁者的

① 贺鉴：“论非洲人权法对国际人权保护的贡献”，载于《贵州师范大学学报（社会科学版）》，2002年第6期，第26页。

② Dr. Tim Murithi, “The African Union’s Transition from Non-Intervention to Non-Indifference: An Ad hoc Approach to the Responsibility to Protect?” p.95, http://library.fes.de/pdf-files/ipg/ipg-2009-1/08_a_murithi_us.pdf, 2010.11.20.

人权侵害行为都采取了一种纵容甚至保护的立场。正如非统成立之父坦桑尼亚总统尼雷尔（Nyerere）所指出的，非统宪章为那些处于殖民主义或种族主义统治之下的非洲大众代言，但是一旦民族国家建立后，非统宪章代表的就是对国家元首和政府首脑的保护，非统就类似于一个领导人之间的维护其利益的“商业协会”。[①] 马塞乌斯（Mathews）更是这样对非统进行了概括：其是（of）非洲政府首脑的机构，由 (by) 政府首脑组成，也为 (for) 政府首脑服务。[②] 著名法学家穆雷（Murray）认为，1963 年宪章的关切点是国家而不是个人。[③]

但是值得注意的是，尽管非统并没有对乌干达阿明政权、赤道几内亚恩圭马政权以及中非博卡萨政权如何迫害本国公民进行谴责，但是却对南非国内政府如何对待本国公民进行了系统的谴责和抵制行为。[④] 非统呼吁其成员国对南非政府“断绝同南非的外交关系，抵制进口南非的一切货物，不向南非出口包括军事设备在内的任何商品”。[⑤] 对于非统的这种双重标准，正如坦桑尼亚所质疑的，同样都对国内人民进行了压制统治，为何对南非和乌干达却采取了不同的反应呢？[⑥] 有学者也对非统的这种双重标准做出了概括：“在非统的统一中包含了两种冲突性原则：一方面是坚持主权平等，维护主权国家对国内事务的管辖权，另一方面是坚持一些国内政策诸如种族主义政策具有国际性后果。这两原则在人权领域产生了直接的冲突……非统的实践表明所谓的非统绝对遵守不干涉内政原则

① K. Mathews, “The Organization of African Unity,” in Mazzeo, ed., *African Regional Organizations* (Cambridge: Cambridge University Press, 1984), p.49.

② Ibid., p.49.

③ Rachel Murray, *Human Rights in Africa: from the OAU to the African Union* (Cambridge: Cambridge University Press, 2004), p.7.

④ 非统对南非采取的一系列行动，详见本文第五章第一节。

⑤ Ben Turok, *Witness from the Frontline: Aggression and Resistance in Southern Africa* (London: Institute of African Alternatives,1990), pp.9-10.

⑥ Mathias R. Bortfeld, “The African Court on Human and Peoples’ Rights: Prospects and Procedures,” p.7.

是与历史事实不符的。在特定情况下，非统成员国与非统一道干涉了成员国的重大国内事项。”[①]

也正是基于这种矛盾立场，非统早在成立之初，就在人权问题上做出了温和的努力，诸如 1969 年，非洲统一组织通过《关于非洲特殊方面的难民问题的公约》，该公约参考了 1851 年联合国《关于难民地位的公约》，并成为后者在非洲地区的有效补充。

（二）非洲人权委员会的主权有限论

主权和人权的矛盾同样延伸到了非统组织架构下的非洲人权宪章和非洲人权委员会，诸如非洲人权宪章规定了个人权利，同时也规定了国家行为体的集体性权利，个人在享受权利的同时也须履行一定的义务，尤其是非洲人权宪章通过大量的附加条款（Clawback Clauses）来淡化了对国家的约束性规定。如第 10 条规定每个人都享有自由结社的权利，但后面却加了附加性条件，“但必须在法律许可的范围之内”，第 6 条、第 9 条、第 11 条、第 12 条、第 13 条、第 14 条等都包含有类似条款，这些附加条款给予了国家一定的空间，即当主权与人权发生矛盾时，国家可以根据国内法律来解读或取消在地区层面上对个人权利所做出的承诺。正是基于此，许多学者对非洲人权宪章进行了批评，“附加条款显示了宪章制定者不愿意按照西方自由理念所设计的人权模式向个人权利做出让步”，“非洲人权宪章在保护人身自由权利方面是彻头彻尾有缺陷的，由于该权利从属于国内法律，当一国制定出与此相悖的国内法时，非洲人权宪章不能对此施加一丝一毫的外部限制。”[②]

对于非洲人权宪章中所蕴含的这种主权和人权的矛盾甚至是主权高于人权的立场，非洲人权委员会最终通过一系列的决议对此进

① Claude Welch Jr., “The OAU and Human Rights: Toward a New Definition,” *Journal of Modern African Studies*, Vol. 19, 1981, pp. 401- 403.

② Kofi Oteng Kufuor,The African Human Rights System(New York: Palgrave, 2010), p.42.

行了“重新解读”。诸如在 1990 年初针对尼日利亚政府的一次申诉中，申诉方指责尼日利亚军政府侵害了尼日利亚人民根据非洲人权宪章第 9 条第 2 款享有的“接受信息和表达见解的自由”。当然，尼日利亚政府一方援引了第 9 条第 2 款的“在法律许可范围之内”这一附加性条件为自身做了辩护。对此案件的审理，非洲人权委员会最终否定了尼日利亚政府根据所谓的国家安全或公共秩序等理由而做出的关闭报社的行为。[①] 该案件对于宪章中的众多附加条款的解释和运用都产生了重大而深远的影响，它首次明确表明了以下三种立场：第一，国际人权标准必须高于与之相冲突的国内法，反之则违背了非洲人权宪章捍卫人权和基本自由的宗旨。第二，对于权利所做出的限制只有基于非洲人权宪章第 27 条第 2 款才是合法的，即“个人权利和自由的行使应顾及到他人的权利、集体安全、道德和公共利益”。权利限制必须是基于合法的国家利益，而且相对于要实现的目标，这一限制必须是相称的和必要的，更重要的是，任何限制都决不能导致完全取消或否定该项权利的长期后果。第三，与其他国际人权机制相比，非洲人权宪章不包含任何克减条款（Derogation Clauses），[②] 即不允许国家在紧急情况或特殊情况下单方面对人权宪章中所载的权利和自由做出约束限制。[③] 在一份关于保障公平审判权利的决议中，非洲人权委员会更是明确表明，“不论是面临着战争威胁，还是处于国家间或国内冲突状态中，抑或国内政治不稳定或任何其他公共危机，都不能被援引来对公平审判权进行克减”。[④] 人权委员会通过减弱附加条款的影响以及排除任何克减条款的行为，不仅对人权宪章中主权与人权之间的矛盾进行了澄

① Media Rights Agenda and Others v Nigeria, in Christof Heyns and Magnus Killander, Compendium of Key Human Rights Documents of the African Union, pp.152-159.

② 根据一些国际人权条约规定，允许国家在某些情况下单方面决定不履行条约义务，这样的条款通常被称为克减条款。

③ Media Rights Agenda and Others v Nigeria, pp.156-157.

④ Principles and Guidelines on the Right to a Fair Trial, in Christof Heyns and Magnus Killander, Compendium of Key Human Rights Documents of the African Union, p.262.

清，在一定意义上也树立了主权有限论、人权高于主权的理念。

（三）非洲人权法院的超国家司法管辖权

非洲人权委员会在确立人权高于主权的规范方面迈出了第一步，但是如上所述人权委员会的结论只具有“建议”性质，如何在实践中确保国家的遵约行为就是一个重大且具挑战的问题，对此，非洲人权法院给予了司法上的保障，其做出的裁决具有法律强制性。非洲人权法院有权就国家侵害人权的行为进行调查听证，并要求国家做出适当的赔偿以及必要时采取临时措施，而缔约国有义务遵守上述判决，在限期内对判决的执行情况也将受到非盟部长理事会的监督。

2011 年 3 月 25 日，非洲人权法院首次向国家行为体颁布了采取临时措施的裁决。2011 年初利比亚国内爆发了反对卡扎菲政权的反政府示威，政府方面则以武力进行镇压。2 月包括人权观察、国际人权保护法律中心在内的三个非政府组织向非洲人权委员会提出采取临时措施的请求。3 月 1 日人权委员会谴责了利比亚政府镇压示威者的行动，3 月 3 日人权委员会基于“对非洲人权宪章所载权利的严重和大规模侵害”向法院移交了此项案件。尽管人权委员会并未要求法院采取临时措施，人权法院依然根据议定书第 27 条第 2 款中的“特别严重”“特别紧急”以及“为避免造成不可修补之伤害”这三项要素而要求利比亚政府不得采取一些可能违背人权宪章或其他国际人权公约的行为，而且要求利比亚政府在 15 天之内对其执行决议命令的情况做出汇报。①

2013 年 3 月非洲人权法院又向肯尼亚政府颁布了采取临时措施的裁决，要求肯尼亚政府恢复对玛森林（Mau Forest）土地交易的限制，因为这可能会对本地土著居民造成“不可修复之伤害”。

① Anna Dolidze, “African Court on Human and Peoples’ Rights – Response to the Situation in Libya,” http://www.asil.org/insights110725.cfm#_edn34.

与利比亚案件不同的是，这是非洲人权法院自从2006年运作以来，首次涉及土著居民权利的保护。

这两起案件有几处值得注意，首先申诉者不仅有来自本国的非政府组织，而且有来自非洲其他国家以及非洲大陆以外的非政府组织，即它们同样拥有权利起诉非洲国家的人权侵害行为；其次，非洲人权法院的裁决具有的重大象征意义，即一国内部的行为在一定条件下受到来自外部的管辖，而且这种管辖具有法制义务性。因此尽管利比亚政府或肯尼亚政府可以忽视或不执行非洲人权法院的裁决做出正面回应，但是却难以推卸其身上所承担的这一法制义务，主权有限论也因而在司法角度得以立足。

（四）非洲联盟的制裁干预权

非洲人权委员会提出了主权有限论的理念，非洲人权法院对此给予了司法的保障，但人权法院却并不具有强制执行自身裁决的能力，这一问题最终求助于非盟。正如非盟部长理事会对法院判决的执行情况进行监督，法院在向非盟大会提交的工作报告中将特别注明没有遵守法院判决的国家名单。对此，非盟的制裁干预权给予了最终的保证。这一制裁干预权分为三个等级：第一等级是限制或终止其成员国资格，诸如非盟宪章第30条规定，通过非宪制方式获取权力的政府将不得参加联盟的活动。第二等级是采取政治经济制裁措施，诸如非盟宪章第23条第2款还规定，任一成员国不遵守大会的决议，非洲联盟可采取其他的制裁措施，诸如切断与其他成员国的交通和通讯往来，以及大会审议通过的其他政治经济制裁措施。第三等级是采取强制军事干预，这体现在非盟宪章的第4（j）和第4（h）条款，第4（j）条规定在成员国的要求下，非洲联盟有权采取干预行动以恢复和平与安全，第4（h）条款规定，按照大会决议，非洲联盟在严重情况下即战争罪、种族灭绝罪和反人类罪，有权对其成员国进行干预。值得一提的是，2003年2月3日非洲联盟在它的第一次特别首脑会议上又在没有任何争议的情况下通过了针对生效不久的《非洲联盟宪章》的多项修正案，而其中的一项修正案就是主要针对《非洲联盟宪章》第 4 条第 h 款的。而这一修正案增加了这么一段内容，即承认“当一成员国国内出现了严重威胁到‘合法性秩序’（Legitimate Order）的情势时，为着维护和平与稳定的目的，非洲联盟有根据其和平与安全理事会的建议对该成员国进行干预的权利”。显然，这一修正明显扩大了非洲联盟组织在干涉其成员国内部事务时根据原来条款所确定的范围。换言之，非盟联盟在大会授权下，有权对国家行为体所犯的战争罪行、种族灭绝罪行和反人类罪行进行干预，也有权对不按宪法程序攫取政权、或因国家内部不稳定导致难民外流等其他危及到“合法性秩序”的后果进行干预。

在实践中，非盟 2005 年终止了毛里塔尼亚的成员资格，基于其国内发动了军事政变推翻了时任总统。同年，基于多哥国内发动的军事政变，非盟限制其参加非盟的活动，并威胁采取制裁措施，直至多哥完成了国内选举，非盟才取消了这些限制措施。2006 年至 2007 年基于对苏丹达尔富尔地区人权问题的关切，非盟也取消了苏丹总统巴希尔的轮值主席国资格。

综上所述，非盟的人权机制建设已经发展得比较完备，从《非洲人权与民族权宪章》到《非盟宪章》，从非洲人权与民族权委员会到非洲人权与民族权法院，非洲的人权发展体系既有 Charter（公约）、Commission（委员会），又有 Court（法院），这已符合了地区人权法律体系的三 C 标准。非盟的人权机制既有促进之意，更有保护之命，其制度化程度也已比较高，正如非洲人权委员会提出了“主权有限论”的理念，非洲人权法院履行了司法上的超国家管辖权，非洲联盟具备了对成员国国内事务的制裁干预权，因此在非洲联盟的框架内，已经形成了一种“不漠视原则”的人权规范认知。当然，这一结论也并无意表明，非盟在实践中排除了一切政治因素的干扰，坚定地奉行了这一原则，或者说非盟成员国国内的个人权利和基本自由得到了切实的保护，毕竟地区层面上的人权规范认知、规范文化与地区组织和成员国人权规范的践行属于两个问题，而本书专注于前者，对后者进行了有意的忽略。

第二节　东盟的人权规范认同

1967 年 8 月 8 日，印度尼西亚、马来西亚、菲律宾、新加坡和泰国五国外长在曼谷签署《东南亚国家联盟成立宣言》(即《曼谷宣言》)，宣告正式建立东南亚国家的地区合作联盟，即“东南亚国家联盟”，简称“东盟”。回顾东盟的历史，在最初的十年中，其创始成员国很少会面；在第二个十年中，东盟在印度支那半岛冲突的解决中发挥了积极的外交作用；在第三个十年中，它接受了缅甸、老挝和柬埔寨以及原来怀有敌意的国家——越南成为其成员国，并且外交风格通过东盟地区论坛扩展到了东北亚地区；在第四个十年中，东盟扩展了其制度领域。[①] 尤其是 2007 年 11 月 20 日，参加第 13 届东盟首脑会议的东盟成员国领导人签署了对东盟而言具有划时代意义的《东盟宪章》。这是东盟成立以来第一份对所有成员国具有普遍法律约束力的文件，确立了东盟的法律实体地位，完善了东盟的组织机构，也将成为建立东盟共同体的重要法律保障。从《东南亚国家联盟宣言》到《东盟宪章》，东盟的组织化和制度化建设确实取得了重大的进展，不过就人权保护事项而言，东盟并无取得任何重大实质性进展。例如目前就世界上的几大地区行为体而言，欧盟 1950 年签署了《欧洲人权公约》，1952 年成立了欧洲法院；美洲国家组织 1969 年签署了《美洲人权公约》，1978

① David Martin Jones and Michael L.R.Smith, “Making Process Not Progress ASEAN and the Evolving East Asian Regional Order,” *International Security*, Vol.32, No.1, Summer 2007, p.148.

年成立美洲国家间人权法院；非盟1981年签署了《非洲人权和民族权宪章》，2006年建立了非洲人权与民族权法院，只有东盟没有签署区域性人权保护公约，人权法院也远未提上东盟的组织议程，显然东盟的人权保护机制建设大大落后于其他地区。

一、东盟人权规范的机制建设

东盟人权规范的机制建设经历了几个发展阶段：冷战时期人权规范的缺位；20世纪90年代人权事项议程的提出；21世纪初东盟人权规范机制建设的缓慢启动。

（一）冷战时期东盟人权规范的缺位

冷战时期，东西方的政治冲突和意识形态对峙主导了整个国际关系的走势。1967年东盟组织创建时，东南亚五国内部面临着共产主义势力的渗透，外部也面临着领土争端、种族冲突等，地区内部关系高度紧张，几近爆发军事冲突。先前建立地区组织的努力几度失败，如东南亚联盟（The Association of Southeast Asia）、马菲印多（The Maphilindo）等，基于此，东盟创建时“只能非常小心地推进，以避免引起冲突和争论”。[①] 东盟的创始性文件《东南亚国家联盟成立宣言》只是一个简单的意向性声明，它不是以法律术语表达的，没有建立地区机制，也没有任何法律意义上的约束力。[②] 其内容只包括五条条款，其中表明该组织的主要宗旨在于“本着平等与合作精神，共同促进本地区的经济增长、社会进步和文化发展”。这份文件并未出现任何涉及人权的字眼，甚至在谈到根据联合国宪章所确立的原则促进地区和平与安全时，都未提及《世界人

---

① 鲁道夫·C.塞韦里诺（RodolfoC.Severino）：《东南亚共同体建设探源：来自东盟前任秘书长的洞见》（王玉主等译），北京·社会科学文献出版社，2012年版，第11页。

② 同上，第11页。

权宣言》。[①]

1976 年东盟达成了第一份正式协议，即《东南亚友好合作条约》，这份文件中同样未出现任何涉及人权的字眼，而是确立了东盟成员国处理国与国之间的关系时所应遵循的基本原则：

（a）各国相互尊重彼此的独立、主权、平等、领土完整和民族特性

（b）每个国家都有维护其民族生存、反对外来干涉、颠覆和强制的权力

（c）互不干涉内政

（d）用和平方式解决分歧和争端

（e）不以武力相威胁或使用武力

（f）在缔约国间进行有效的合作。[②]

尽管这些原则与传统的威斯特伐利亚国际关系原则相似，但在东盟的地区规范结构中，它最终演变为东盟国家间的外交关系原则以及“东盟方式”。在人权问题上，东盟各国严格奉行“不干涉他国内政”的原则，成立四十余年来，东盟从未因成员国的人权问题而对成员国进行过政治孤立、经济制裁或军事介入等强制性行为。

（二）20世纪90年代人权事项议程的提出

1. 东盟外长会议的《新加坡声明》

东盟国家首次正式提及人权问题是在 1993 年 7 月召开的第 26 届部长会议上，当时的东盟六国（文莱、印尼、马来西亚、菲律宾、新加坡和泰国）首次发表了关于人权立场的《新加坡声明》。这一声明出台的国际背景是 1993 年 6 月在维也纳召开的世界人权大会。当时约 7000 名与会者相聚维也纳，其中包括学术界、条约机构、国

① Bangkok Declaration，http://www.aseansec.org/1212.htm.

② Treaty of Amity and Cooperation in Southeast Asia Indonesia, 24 February 1976, http://www.asean.org/news/item/treaty-of-amity-and-cooperation-in-southeast-asia-indonesia-24-february-1976-3.

家机构和 800 多个非政府组织（NGO）的代表，最终来自 171 个国家的代表签署通过了《维也纳宣言和行动纲领》，构成了世界人权事项发展史上的又一里程碑事件。而为了筹备这次会议，亚洲和太平洋地区国家于 1993 年 4 月在泰国曼谷举行了区域筹备会议，并通过了《曼谷宣言》，东盟国家也参与了这一历史进程。尤其是在新加坡和马来西亚代表的积极推动下，《曼谷宣言》中的“亚洲价值观”首次引起了国际社会的重视和广泛争论。如第八条“尽管人权具有普遍性，但应铭记各国和各区域的情况各有特点，并有不同的历史、文化和宗教背景，应根据国际准则不断重订的过程来看待人权”；第十条“重申经济、社会、文化、公民和政治权利互相依存和不可分割，并必须对所有类别的人权给予同等重视”；同时还提出了“不赞成任何人利用人权作为提供发展援助的条件”，“强调尊重国家主权和领土完整、不干涉他国内政、以及不利用人权作为施加政治压力的手段等原则”。当然，《曼谷宣言》中也谈到了建立区域安排的重要性，第二十六条提到“重申有必要探讨是否可能在亚洲设立关于促进和保护人权的区域安排”。维也纳宣言也重申了这一点，第 37 条提到“世界人权会议重申，需要探讨在尚无促进和保护人权的区域和分区域安排的地方设立这类安排的可能性”。[①]

在亚太地区，东盟国家首先对《曼谷宣言》和《维也纳宣言和行动纲领》做出了积极响应，同年召开的外长会议，在最后声明中首次提到人权问题：

各国外长欢迎 1993 年 6 月 14 日至 25 日在维也纳召开的世界人权会议所取得的国际共识，重申对 1993 年 6 月 25 日所签署的维也纳宣言中所列举的人权和基本自由的尊重。他们强调，人权包括公民、政治、经济、社会和文化权利，各部分之间相互联系，不可分割的。这些权利之间具有同等的重要性。应该以一种均衡的和综

① Vienna Declaration and Programme of Action，http://www.unhchr.ch/huridocda/huridoca.nsf/(symbol)/a.conf.157.23.en.

合的方式去关注、促进和保护人权事项，同时对各国特定的文化、社会、经济和政治情况给予相应的考虑。他们强调，人权促进和保护事项不应该被政治化。

各国外长一致认为，东盟应在人权事项上协调立场，积极参与和推动人权的实施、促进和保护。他们注意到，联合国宪章已经把人权的普遍遵守和促进问题置于国际合作的大框架中。他们强调，发展是一项不可剥夺的权利，任何把人权列为经济合作和发展援助的前提条件的做法都不利于国际合作，并可能削弱对人权的国际共识。他们强调，国际社会人权的保护和促进应考虑到国家主权，领土完整和不干涉各国内政的原则。他们深信，只有个人权利和集体权利之间维持平衡，才能取得自由、进步和国家的稳定，世界人权宣言中所列举的个人权利才能得以实现。

各国外长满意地回顾了东盟在帮助其人民摆脱恐惧和免于匮乏以及有尊严的生活方面所取得的重大和持续的进展。他们强调，对基本人权的侵犯，必须予以纠正，而不应以任何借口加以容忍。他们还强调了在人权各个方面展开国际合作的重要性，各国政府应坚持人道主义的标准以及对人的尊严给予尊重。基于对 1993 年 6 月 25 日——维也纳宣言和行动纲领日的支持，他们一致认为，东盟应考虑建立适当的区域人权机制。①

《新加坡声明》在一定程度上体现了东盟对国际社会基本人权普适性的信仰，如东盟不以任何借口容忍对基本人权的侵犯以及东盟各国对人道主义标准的尊重和坚持。继《新加坡声明》之后，1998 年第 6 届东盟峰会所通过的《河内行动计划》（1998—2004）再次提及人权事项，“东盟将加强在人权领域的信息交流以促进和保护与《联合国宪章》、《世界人权宣言》、《维也纳宣言和行动纲领》

① See Mr. Termsak Chalermpalanupap, “10 Facts about ASEAN Human Rights Cooperation,” p.1, http://www.aseansec.org/HLP-OtherDoc-1.pdf. Mr. Termsak Chalermpalanupap, “Promoting and Protecting Human Rights in ASEAN,” pp.1-2, http://www.aseansec.org/HLP-OtherDoc-2.pdf.

相符的各项人权和基本自由”。[①]

2. **民间社会团体在行动**

20 世纪 90 年代东盟人权事项的另一发展则体现在民间社会团体人权意识的增强以及与国家政府的积极互动。其中以东盟人权机制工作组（The Working Group for an ASEAN Human Rights Mechanism）的努力为代表。

东盟人权机制工作组成立于 1995 年，其主要目标是推动东盟政府间人权委员会的建立。其成员包括政府代表、人权学者、法律学者、律师和一些非政府组织代表等。在人权机制建设上，它提出了以下几条建议：

（1）发表原则宣言。

（2）成立一个具有监督、促进和建议功能的委员会。它可以接受来自国家和 / 或个人的申诉。它可以覆盖所有的权利选项或者在初始阶段只涉及特定的权利选项，如移徙工或其他弱势群体。另外一个方案是在所有的东盟成员国内都分别建立人权委员会，通过协调合作建立一个地区机制。

（3）成立一个法院，具有一定的法律约束力。

1998 年东盟外长会议正式承认了该工作组的地位，并强调了双方就建立地区人权机制进行持续对话的重要性，该工作组也成为迄今为止东南亚唯一获得此殊荣的民间社会团体。2000 年该工作组首次向东盟高官递交了一份建立东盟人权委员会的草案协议，双方并确立了定期联系机制。该工作组随后举办了一系列东盟人权机制研讨会和圆桌会议为政府层面提供政策建议，从而为东盟政府间人权委员会的最终创建奠定了基础。2007 年在《东盟宪章》的附录 2 中，该工作组被正式列为“与东盟相关的实体之一”。

另外，东盟议会间组织（the ASEAN Inter-Parliamentary Organization）

① Avery Poole, “Rights or Rhetoric: Does ASEAN’S New Human Rights Body ‘Matter’?” pp.2-3, http://apsa2010.com.au/full-papers/pdf/APSA2010_0181.pdf, 2010.12.5.

也于1993年出台了《吉隆坡人权宣言》，其中包含了《曼谷宣言》和“亚洲价值观”的众多观点，强调了东盟人权规范中对国家和社区的责任、社会经济权利和发展权利。并且还特别强调了“每个成员国都有义务促进、履行和保护人权”“每个成员国都有义务促进地区人权机制的建立”。① 东盟战略与国际问题研究所（ASEAN Institutes for Strategic and International Studies）从1993年起每年都举行了关于人权问题的专题研讨会。②

（三）21世纪初东盟人权规范机制建设的缓慢启动

1. 东盟宪章

进入21世纪，东盟的一体化步伐加快，东盟组织内部人权保护的机制建设缓缓启动。2003年10月在印尼巴厘岛举行的第九届东盟首脑会议发表了《东盟协调一致第二宣言》(亦称《第二巴厘宣言》)，东盟将于2020年建成东盟共同体。为实现这一目标，2004年11月举行的东盟首脑会议还通过了为期6年的《万象行动计划》(2004—2010)，签署并发表了《东盟一体化建设重点领域框架协议》《东盟安全共同体行动计划》等。其中在安全共同体行动计划中，提到“政治发展”的“战略推动力”包括“促进人权和责任意识”。它还具体提出了促进人权的计划措施，包括整理现有人权机制的资料信息，建立信息网络的谅解备忘录，促进人权的教育，提升公众的人权意识。它寻求建立东盟妇女和儿童权利委员会，阐明东盟对移徙工人权利的促进和保护的具体措施。③ 万象行动计划也首次谈到了创建东盟宪章的目标，并启动了准备性工作。

---

① Human Rights Declaration by the ASEAN Inter-Parliamentary Organization (AIPO), http://www.hurights.or.jp/archives/other_documents/section1/1993/03/human-rights-declaration-by-the-asean-inter-parliamentary-organization-aipo.html.

② Hadi Soestro, Clara Joewono & Carolina G. Hernandez (eds.), Twenty Two Years of ASEAN ISIS: Origin, Evolution and Challenges of Track Two Diplomacy, ASEAN ISIS: CSIS, 2006.

③ Vientiane Action Programme 2004-2010, http://www.asean.org/archive/aadcp/rps/VAP29Nov2004.pdf.

2005 年东盟发表了关于创建东盟宪章的《吉隆坡宣言》，其中明确表明未来的东盟宪章将“促进民主、人权和责任意识，增强透明性和良治，强化民主机制”。至此，东盟尽管未明确表明将创建何种人权机制，但至少明确表明了人权问题将会以某种形式被载入东盟宪章之中。该宣言也决定建立一个十人组成的名人小组（the Eminent Persons Group），由来自各国的前外长和外交官组成，以为宪章提出“大胆且有远见”的建议。2007 年 1 月名人小组向第 12 届东盟峰会提交了报告，称东盟“基本原则和目标”的构成中应包括“对人权和基本自由的尊重”。名人小组的报告中也“讨论了建立东盟人权机制的可能性，并认为应继续推进这一重要倡议，尤其是要明确这一地区机制应如何促进对成员国国内个人权利的尊重”。[①] 值得注意的是，该报告显然以个人权利来定义人权，而这与以集体权利来定义人权的地区传统形成了鲜明对照。[②] 随着名人小组报告的完成，由各国现任官员组成的一个高级别工作小组（the High Level Task Force）启动了草拟宪章的进程。高级别工作小组陆陆续续开了十余次会议，就东盟宪章是否应包括建立人权机制的条款以及该人权机制的功能性质等问题展开了激烈争论，这也一度成为东盟宪章草拟过程最具争议的问题之一。在马尼拉召开的第八次会议上，代表们分裂为“三个阵营”：印尼和泰国主张创建东盟人权机构；柬埔寨、老挝、缅甸和越南对此表示反对；文莱、马来西亚、菲律宾和新加坡处于“中间地带”。最终在与外长会议进行沟通后，各方最终取得了共识。

2007 年 11 月《东盟宪章》颁布，其中涉及人权事项的条款有以下四处：

东盟将坚持民主原则、法治和良政的原则，尊重和保护人权和

① Report of The Eminent Persons Group of The Asean Charter, pp.17-18, www.asean.org/archive/19247.pdf.

② Avery Poole, “Rights or Rhetoric: Does ASEAN’S New Human Rights Body ‘Matter’?” p.3.

人的各项基本自由。(序言)

东盟的宗旨之一在于巩固民主、增进好的管理和法治；提升和保护人权和基础性自由，应被视为东盟成员国的权利和义务。(第一章 宗旨和目标)

东盟成员的行为原则包括尊重基本自由，推进人权的保护和社会正义；支持联合国宪章和国际法，包括东盟成员国签署的国际人权法。(第二章 原则)

依据东盟宪章关于促进保护人权和基本自由的目的和原则，东盟设立东盟人权机构；东盟人权机构应按照东盟外长会议决定的授权范围运作。(第四章十四条 东盟人权机构)①

《东盟宪章》的上述条款大大提升了人权事项在东盟地区组织议程中的重要性，正式开启了东盟人权机制组织化的进程。它也为地区规范结构增加了新的内涵，即除了传统的国家间关系原则以外，它又规定了国家和其人民之间的关系原则，包括良治、法治、人权和基本自由、宪制政府、民主、社会正义和机会平等。②

2. 东盟政府间人权委员会

为了落实《东盟宪章》第四章第十四条的规定（东盟将成立东盟人权机构)，2008 年 7 月东盟外长会议任命了一个高级别小组草拟东盟人权机构的章程条款（The Terms of Reference)。高级别小组将根据东盟宪章促进与保护人权事项的目的和原则对东盟人权机构的使命、成员和功能进行规划，其成员由来自十个成员国的十个代表组成。③ 从 2008 年 7 月至 2009 年 2 月第一份草案的出台，高级别小组共举行了八次会议，其间与包括东盟人权机制工作

① Charter of the Association of Southeast Asian Nations, http://www.aseansec.org/21069.pdf.

② Catherine Drummond, The ASEAN Intergovernmental Commission on Human Rights(AICHR) and the Responsibility to Protect: Development and Potential, Working Paper on ASEAN and R2P No.1 Responsibility to Protect in Southeast Asia Program, 30 November 2010, p.17.

③ Terms of Reference for The High Level Panel on an ASEAN Human Rights Body, http://www.asean.org/images/archive/HLP-TOR.pdf.

组在内的民间团体举行了多次会议，并与其他国际、地区人权机构进行了广泛协商。2009 年 7 月 20 日，在泰国普吉岛召开的东盟外长会议通过了《东盟政府间人权委员会章程条款》。2009 年 10 月 23 日东盟第一个人权组织——东盟政府间人权委员会（the ASEAN Intergovernmental Commission on Human Rights，AICHR）在泰国正式宣布成立。

根据章程条款的规定，AICHR 是一个政府间咨询机构，其目标包括促进和保护东盟各国人民的人权和基本自由（1.1）以及支持东盟各国人民和平、尊严和繁荣生活的权利（1.2），维护国际人权准则，包括《世界人权宣言》《维也纳宣言和行动纲领》以及东盟国家所签署的各种国际人权公约。AICHR 所遵循的原则包括“遵守法治、良治、民主和宪制政府原则”，“尊重基本自由利、促进和保护人权，促进社会正义”。AICHR 的成员由东盟成员国的代表构成，其对自身所在国政府负责，任期三年，可连任一届。AICHR 每年召开两次常规会议，每次会议正常情况下不多于五天。工作决策在协商共识的基础上进行。[①] 章程的第 4 条款特别规定了 AICHR 的 14 项工作职能：

i. 发展促进与保护人权和基本自由的战略，以助于东盟共同体的建设。

ii. 创建东盟人权宣言，通过东盟相关的人权文书建立人权合作框架。

iii. 通过教育、科研和宣传提升东盟各国人民的人权意识。

iv. 提升东盟各国的能力建设，以助于东盟成员国有效执行所签署的国际人权条约。

v. 鼓励东盟成员国考虑加入和批准国际人权文书。

vi. 促进东盟人权相关文书的全面执行。

---

① Terms of Reference for The High Level Panel on an ASEAN Human Rights Body, http://www.asean.org/images/archive/HLP-TOR.pdf.

vii. 应东盟部门机构要求就人权事项提供咨询服务和技术援助。

viii. 鼓励与东盟其他机构和实体进行对话和磋商，包括民间社会组织和东盟宪章中所列出的其他利益相关者。

ix. 在合适的情景下与其他国家、地区和国际机构和实体就促进和保护人权进行协商。

x. 获取东盟成员国促进和保护人权的相关信息。

xi. 发展符合东盟利益的共同人权政策和立场。

xii. 准备东盟人权事项的专题研究。

xiii. 向东盟外长会议呈交其活动的年度报告，必要时包括其他报告。

xiv. 履行东盟外长会议所赋予的其他活动。[①]

自从创建以来，AICHR 已经完成了第一个五年工作计划（2010—2015），并且列出了年度重点关注项目，这些已得到东盟外长的批准认可。AICHR 也通过了 AICHR 资金的程序规则，AICHR 的工作指南以及 AICHR 专题研究的行动指南。其拟议中的专题研究领域包括企业社会责任（CSR）、移民、贩运人口特别是妇女和儿童、儿童兵、冲突和灾难中妇女和儿童的保护、青少年司法、刑事司法的知情权、健康权（包括妇女的生殖健康）、教育权、生命权（包括死刑）、和平权。[②] 自 2011 年下半年始，AICHR 也开始关注东盟人权宣言的草拟工作。

总体而言，AICHR 是东盟人权事项发展中的一里程碑事件。它是东盟架构内第一个人权组织，不仅将促进东盟内部人权规范的发展，而且也将对东盟相关机构提供咨询技术援助，并将大大提升东盟内部公众的人权意识和对人权侵犯的关注程度。它也将提供一

① Terms of Reference of ASEAN Intergovernmental Commission on Human Rights, http://www.aseansec.org/DOC-TOR-AHRB.pdf.

② A Brief History of the ASEAN Intergovernmental Commission on Human Rights (AICHR), http://aichr.org/about/.

个新的平台和学习场所，促进东盟成员国在地区层面上展开人权领域的合作。[①] 另外，更重要的是，AICHR 的创建也打开了一个新的机会，即该组织在逐步展开工作的进程中，充分利用现有功能的模糊性空间，以推动组织使命从人权促进向人权保护蔓延。[②] 正如泰国时任总理阿披实在成立大会上所指出的："这对把人权事项至于东盟的中心议程来说，确实是一个重大进展。当然我们意识到存在着对 AICHR 使命和功能不到位的担忧。但是不容忽视的是，AICHR 本身不是一个终结，而是一个朝着逐步强化东盟人权架构的不断发展的过程。"[③]

3. 东盟人权宣言

在 AICHR 的不断推动下，2012 年 11 月 18 日东盟第 21 届峰会以及 AICHR 特别会议上，东盟各国签署了《东盟人权宣言》(ASEAN Human Rights Declaration)。它由序言和正文组成，正文包括六个部分四十项权利：普遍原则、公民与政治权利、经济、社会与文化权利、发展权利、和平权利、加强人权促进和保护事项的合作。[④]

在序言环节，宣言重申了"坚持《东盟宪章》中所规定的东盟原则和目标，尤其是对人权和基本自由的促进和保护，以及民主、法治和良治"的信念。进一步重申了对"《世界人权宣言》、《联合国宪章》、《维也纳宣言和行动纲领》和东盟成员国所参与的其他国际人权公约"的承诺。再次强调了东盟在促进人权领域所做出的努

① Mr. Termsak Chalermpalanupap, "10 Facts about ASEAN Human Rights Cooperation," p.6, http://www.asean.org/images/archive/HLP-OtherDoc-1.pdf.

② Catherine Drummond, The ASEAN Intergovernmental Commission on Human Rights(AICHR) and the Responsibility to Protect: Opportunities and Constraints, pp.1-38.

③ Remarks by H.E. Abhisit Vejjajiva, Prime Minister of the Kingdom of Thailand, on the Occasion of the Inaugural Ceremony of the ASEAN Intergovernmental Commission on Human Rights (AICHR), http://www.asean.org/news/item/remarks-by-he-abhisit-vejjajiva-prime-minister-of-the-kingdom-of-thailand-on-the-occasion-of-the-inaugural-ceremony-of-the-asean-intergovernmental-commission-on-human-rights-aichr.

④ ASEAN Human Rights Declaration, http://www.asean.org/news/asean-statement-communiques/item/asean-human-rights-declaration.

力，包括“《东盟促进妇女权利宣言》、《东盟消除对妇女一切形式的暴力宣言》”。深信该宣言将“有助于建立一个地区人权合作框架以及促进东盟共同体建设的进程”。[①]

宣言的第一至第九条详细规定了东盟人权促进和保护的普遍原则:（1）人人生而自由，在尊严和权利上一律平等。（2）人人有资格享有本宣言所载的一切权利和自由。（3）人人在任何地方有权被承认在法律前的人格，法律之前人人平等，并有权享受法律的平等保护，不受任何歧视。（4）妇女、儿童、老人、残疾人、弱势群体和边缘群体是人权和基本自由不可分割的一部分。（5）任何人当宪法或法律所赋予他的基本权利遭受侵害时，有权由法庭或其他权力机构对这种侵害行为作有效的补救。（6）每个人对他人、社区和社会都负有义务，因此人权和基本自由的行使必须与相应的义务相平衡。促进和保护人权和基本自由的主要责任最终由东盟成员国承担。（7）所有的人权都是普遍的、不可分割的、相互依存和相互联系的。本宣言中的所有的人权和基本自由必须同等对待，同等重视。同时，人权的实现必须铭记各国和各区域的情况各有特点，并有不同的历史、文化和宗教背景。（8）每个人的人权和基本自由的行使必须顾及到他人的人权和基本自由。人权和基本自由的行使只受法律所确定的限制，确定此种限制的目的在于保证对旁人的权利和自由给予应有的承认和尊重，并在一个民主的社会中适应国家安全、公共秩序、公共健康、公共安全、公共道德和普遍福利的正当需要。（9）在本宣言所载的一切权利和自由实现的过程中，应坚持公正、客观、不可选择的原则，避免任何形式的歧视和冲突，避免在实施人权时采取双重标准和使其政治化。应顾及到民众参与性、包容性和问责性。[②]

宣言第十一至第二十五条对东盟地区的公民和政治权利做出了

① ASEAN Human Rights Declaration, p.3.

② ASEAN Human Rights Declaration, pp.4-5.

详细规定：（11）每个人的生命受到法律保护的权利。（12）人身自由和安全的权利。不得对其进行任意地逮捕、询问、拘留、拘捕或任何其他形式的剥夺自由。（13）任何人不得使为奴隶或奴役；一切形式的人口贩卖和人身器官的买卖，均应予以禁止。（14）任何人不得加以酷州，或施以残忍的、不人道的或侮辱性的待遇或刑罚。（15）每个人在其国境内自由迁移和居住的权利。（16）每个人都有权根据相关法律和国际条约寻求和接受他国庇护的权利。（17）每个人都具有合法财产自由支配的权利。（18）每个人都具有享有国籍的权利。（19）成年男女婚嫁和组建家庭的权利。（20）疑罪从无的权利以及免受追溯性惩罚和重复性惩罚的权利。（21）私生活、家庭、住宅和通信不得任意干涉的权利。（22）思想、良心和宗教自由的权利。（23）接受信息与表达见解的自由。（24）和平集会的自由。（25）参政与投票的权利。[①]

宣言第二十七至第三十四条对经济、社会和文化权利做出了详细规定：（27）自由工作并享受同工同酬的权利；自由组建和参加工会的权利；儿童和少年应予保护免受经济和社会的剥削。（28）为自己和家庭获得相当生活水准的权利，包括足够的食物、衣着和住房、医疗卫生、安全卫生的饮用水、安全、清洁和可持续发展的环境。（29）享有能达到的最高的体质和心理健康标准的权利。（30）享有社会安全的权利。（31）受教育的权利。（32）自由参加社会文化生活的权利。（33）东盟成员国应采取措施最大程度地获取自然资源以促进本宣言所载的各项经济、社会和文化权利的实现。（34）在适当顾到人权及它们的民族经济的情况下，东盟成员国得以决定它们对非本国国民的享受本公约中所承认的经济权利，给予什么程度的保证。[②]

宣言的第三十五至三十七条对发展权作出了规定：（35）发展

① ASEAN Human Rights Declaration, pp.5-8.

② ASEAN Human Rights Declaration, pp.8-10.

权是人权的内在部分，发展权是所有人权和基本自由充分实现的重要因素和必要条件，但发展的匮乏不应被援引为对其他国际公认的人权的侵犯。（36）东盟成员国应采取以人为本、性别平等的发展计划以消除贫穷，促进可持续发展。（37）东盟成员国意识到发展权利的实现需要国家层面上积极有效的发展政策以及国际层面上平等合理的经济关系、国际合作以及有利的国际经济环境。东盟成员国应把各项发展权融入东盟的共同体建设中并与国际社会展开有效的合作。①

宣言最后规定了和平权：（38）东盟成员国的人民有权在东盟安全和稳定、中立自由的框架中享有和平，唯此宣言所载的各项权利得以实现。基于此，东盟成员国也应继续促进友好合作，促进地区和平与稳定。（39）东盟成员国共同承诺为保护和促进人权和基本自由，彼此间应依据东盟宪章展开合作，并应与其他相关的国家、地区和国际组织机构展开有效合作。（40）本宣言的任何部分不得暗示任何国家、集体或个人有权从事违背东盟目标原则或旨在侵犯本宣言以及东盟成员国所签署的国际人权文书所载的各项权利和自由的任何行为。②

《东盟人权宣言》首次正式全面地阐述了东盟对人权具体内涵的理解，这相对于1993年《新加坡声明》对人权的笼统表述，东盟确实取得了重大进展。它为东盟地区的人权实践规定了标准，也将在一定程度上促进东盟国家人权事项的发展。东盟的前任秘书长鲁道夫·C. 塞韦里诺（Rodolfo C. Severino）认为，《东盟人权宣言》体现了东盟各国在人权事项上的务实立场和真诚态度。它包含了公民的权利和责任，强调了经济、社会和文化权利的重要性以及各国国情的多样性。这些要素可能会阻止成员国履行其做出的人权承诺，而国际上一些人权宣言对此进行了有意地忽略，

① ASEAN Human Rights Declaration, pp.10-11.

② ASEAN Human Rights Declaration, pp.11-12.

东盟宣言坦承了各国不同的发展背景可能会妨碍宣言所载权利的立即实现，这也警示在人权事项上应持一种务实的立场。[①] 东盟时任秘书长素林·比素万（Surin Pitsuwan）对此也给予了高度评价："我认为这确实是一个重大的进展……该宣言是东盟各国领导人、各国政府、各国人民向现有条件下所能达到的最高标准所做出的承诺。这自然也会被用来监督东盟成员国促进和保护人权的实践。"[②]

综上所述，东盟的人权事项已经取得了一定的进展，20 世纪 90 年代东盟首次阐述了人权问题的基本立场，21 世纪《东盟宪章》将人权问题正式列入了东盟的组织议程，而东盟政府间人权委员会标志着东盟第一个人权组织的创建，《东盟人权宣言》则是东盟的第一份专门性人权文书。

二、东盟人权规范认同的特征：不干涉原则

东盟区域人权规范认同的特殊性在于其坚持不干涉原则。在东盟国家看来，一个国家的人权问题，在本质上是属于国内管辖的事项，很大程度上属于主权国家的内政，主权国家是人权实现的前提和保障，因此国际社会所倡导的人权促进和保护必须尊重各国的特殊性，必须尊重国家主权、国家边界以及对他国事务的不干涉原则。[③] 东盟人权规范中的不干涉原则反映在两个方面：（1）东盟人权机制的现行设计具有低制度化特征，不具有法制化和强制性特征；（2）东盟人权政策的现行实践具有合作接触特征，不具有对抗胁迫特征。

① Rodolfo C. Severino, "ASEAN's Declaration Advances Human Rights in Asia ," http://www.eastasiaforum.org/2013/02/08/aseans-declaration-advances-human-rights-in-asia/.

② Voice of America, ASEAN Approves Controversial Human Rights Declaration, http://www.voanews.com/content/asean-summit-opens-in-phnom-penh/1548305.html.

③ Sriprapha Petcharamesree, "The Human Rights Body: A Test for Democracy Building in ASEAN," p.5.

（一）东盟人权机制的现有设计：低制度化

其实，东盟从成立之时就一直奉行主权国家之间的“不干涉内政原则”。1967 年的奠基性文件曼谷宣言呼吁东南亚国家“确保它们的稳定和安全不受任何形式和表现的外部干涉”。[①] 1976 年在巴厘岛签署的《东南亚友好与合作条约》更是明确规定了各国之间关系的原则：各国相互尊重彼此的独立、主权、平等、领土完整和民族特性；每个国家都有维护其民族生存、反对外来干涉、颠覆和强制的权力；互不干涉内政。实际上，从一开始，不干涉原则就被融合在东盟的所有主要的政治声明中。[②] 东盟问题研究专家阿米塔·阿查亚也曾经把东盟规范和原则分为四种核心类型，其中一种就是不干涉国家内部事务的规范和原则。[③] 东盟秘书处负责对外关系以及项目协调的前官员丁萨·猜林帕拉努帕（Termsak Chalermpalanupap）指出：“面临着不断变化的形势，‘东盟方式’也将做出相应的调整，但是其核心原则——尤其是不干涉原则——不会改变。”[④] 人权涉及主权这一敏感议题，因此多年来东盟尤其坚持了人权事项上的不干涉原则。

1.《新加坡声明》

20 世纪 90 年代初国际人权话语在很大程度上被西方国家所主导，它们强调权利的普遍性，强调公民和政治权利优于经济、社会和文化权利，强调个人权利优于集体权利等。而《新加坡声明》中东盟基本立场表明，东盟强调经济、社会和文化权利的同等重要性，发展权利的不可剥夺，以及个人权利和集体权利的平衡。声明

① Bangkok Declaration，http://www.aseansec.org/1212.htm.

② ［加拿大］阿米塔·阿查亚：《建构安全共同体：东盟与地区秩序》（王正毅、冯怀信译），上海人民出版社，2004年版，第80页。

③ 同上，第67—87页。

④ Termsak Chalermpalanupap, “ASEAN-10: Meeting the Challenges,” http://www.aseansec.org/2833.htm.

也呼吁国际社会人权的保护和促进“应考虑到国家主权，领土完整和不干涉各国内政的原则”。换言之，东盟认为人权并非抽象空洞的概念，人权的实现具有条件性，它依赖于一个国家的政治、经济和社会的整体发展，因此各国的现实国情决定了人权的发展和形式。正如新加坡与菲律宾相比，新加坡人享受到较高的生活水平和社会司法的公平公正，菲律宾享受到言论、新闻和集会自由的权利。东盟前任秘书长鲁道夫·C. 塞韦里诺也曾经这样解读了新加坡声明：“对一些国家来说，因为它们的特殊环境，所以更严厉的规矩、国家更密切的指导以及减少人们的自由，可能是对公民获得高标准生活和维护更多人的尊严是有必要的，因此，其他国家不应干涉此进程。”[①]

2.《东盟宪章》

《东盟宪章》中包含了民主、法治和良政的原则，以及对人权和基本自由的尊重和保护，宪章中还承诺建立东盟人权机构，但值得注意的是，东盟宪章中并没有使得人权事项威胁到东盟的“不干涉内政”和“协商共识”的原则。首先，在东盟组织的目标序列中，首要目标仍然是政治、安全和经济合作，而不是人权促进和保护事宜。组织目标的第一条规定东盟致力于“维护和促进区域和平、安全和稳定，更进一步的巩固和平的价值导向”。第二条规定东盟将“大力加强政治、安全、经济和社会文化的合作，提高区域的防御力”。第三条规定东盟将“保持东南亚作为一个无核武器和其他大规模杀伤性武器的区域”。人权事项被排在了东盟组织目标的第七条。[②] 其次，在成员国的行为原则中，东盟宪章基本重复了《东南亚友好与合作条约》中的不干涉原则，如尊重所有东盟成员国组织的独立、国家主权、平等、领土完整以及国家尊严；放弃攻

① 鲁道夫·C. 塞韦里诺（Rodolfo C.Severino）:《东南亚共同体建设探源：来自东盟前任秘书长的洞见》，第134页。

② Charter of the Association of Southeast Asian Nations, Article1, http://www.aseansec.org/21069.pdf.

击性的、威胁性的或是使用暴力以及其他任何违背国际法的行为；依靠和平的纠纷解决方式；不干涉东盟成员国的内部事务；尊重每个成员国组织抵抗外部的干涉、颠覆和胁迫以维护其自由生存的权利；不参加任何威胁东盟成员国的国家主权、领土完整以及政治和经济的稳定活动。① 再次，在东盟的组织决策中，明确规定了"作为基本原则，东盟决策应基于磋商与合意"。② 尤其值得注意的是，与非盟宪章不同，东盟宪章中并未明确表明当严重人权侵害行为发生时，如酷刑、强迫劳动或种族灭绝等，东盟组织可以采取干涉行为，即使是政治而非军事层面的干涉行为。

《东盟宪章》第四章第十四条对东盟人权机构的规定中，更是体现了主权国家之间的政治因素对人权事项的重大影响。如在东盟人权机构的命名上，东盟宪章含糊其辞，其运用了机构（Body）这一模糊词汇，而不是明确的字眼如委员会（Commission）或理事会（Council）等，这在很大程度上反映了东盟内部成员国之间对此难以达成共识，而这种政治上的不协调显然干扰了东盟人权事项的发展进程。而东盟人权机构的运作范围将由东盟外长会议来决定，这也反映出东盟人权机构将首先是东盟国家间政治协商的产物。在草拟东盟人权机构章程条款的高级别小组中，其中除泰国任命了人权领域的知名专家外，其他九国代表都由政府官员组成，并不具有人权领域的专业知识。在东盟人权机构的地位上，东盟宪章实质上已经规定了它是东盟组织内部机构，绝不是一个"独立的监管机构"，与其他东盟机构相类似，它的工作原则将建立在"协商共识""不干涉他国内政"的基础之上。③ 这些因素注定了即将创建的东盟人权机构具有"政治第一、人权第二"的性质。

---

① Charter of the Association of Southeast Asian Nations, Article1, http://www.aseansec.org/21069.pdf.

② Ibid.

③ See Mr. Termsak Chalermpalanupap, "10 Facts about ASEAN Human Rights Cooperation," p.4, http://www.aseansec.org/HLP-OtherDoc-1.pdf.

3. 东盟政府间人权委员会

东盟政府间人权委员会（AICHR）是东盟第一个专门性的人权机构，是东盟人权发展的一里程碑事件。但是遗憾的是，对于 AICHR 的创建，批评指责的声音要远远高于欢呼的声音，这一现象的根源就在于 AICHR 同样坚持了“人权的主权属性”原则。正如对 AICHR 的宗旨和目标的规定，就包含了“在地区框架中促进人权事项，并谨记不同国家和地区所具有的特殊性以及相互尊重不同的历史、文化和宗教背景，同时需兼顾权利和责任之间的平衡”。[①] AICHR 坚持了人权的普遍性应在各国的多样性和相对性中来理解和实现。值得注意的是，此处 AICHR 也删除了《东盟宪章》中关于“巩固民主、增进好的管理和法治；提升和保护人权和基础性自由，应被视为东盟成员国的权利和义务”的规定。另外，在其原则规定中，AICHR 同样坚持了东盟传统的国家间关系原则，如互相尊重主权、互不干涉内政以及成员国组织抵抗外部干涉、颠覆和胁迫的权利等，而且这些原则排在了民主法治、宪政良治和人权促进和保护等原则之前。[②]

联合国人权高专办东南亚地区区域办事处曾经颁布了《地区人权机制原则》，对最低要求的规定，AICHR 也难以达到。其原则涉及以下几个方面：调察监督和接受申诉、能力建设和教育普及、人员构成和资金支持。调察监督指的是人权机构应对地区人权形势进行观察并做出报告、要求成员国提供信息、进行实地考察、发表报告和提供建议，发展早期预警系统以避免大规模侵犯人权的发生。接受申诉指的是人权机构应受理来自个人、群体、非政府组织或成

① See Terms of Reference of ASEAN Intergovernmental Commission on Human Rights, Purposes http://www.aseansec.org/DOC-TOR-AHRB.pdf.

② Ibid., Principles.

员国对人权侵害的申诉。[①] 而AICHR并不具有调查、评估、执行的职能，不能受理个人申诉，也不具有早期预警的能力，在其十四项职能中，几乎完全集中于促进而非保护职能。[②] 唯一具有监督功能的是第4.10条规定，即“获取东盟成员国促进和保护人权的相关信息”，但是基于AICHR没有受理个人申诉和来文的权利，因此AICHR获取信息的来源和范围都将深受质疑。[③] AICHR有义务向外交部长委员会递交研究报告和年度报告，也并未对进一步的行动做出义务性说明。正是基于此，许多民间社会团体、人权活动者以及专业人士都对AICHR表示了失望，如联合国人权事务高级专员就认为AICHR传递出一个令人担忧的信号：东盟的人权问题只限于促进事项，而不涉及保护事项。[④] 就能力建设和教育普及而言，AICHR的职能中涉及了多项，但是有趣的是，AICHR致力于提升公众的人权意识，但这却不包括公众对正在发生的人权侵害的意识。[⑤]AICHR应东盟部门机构要求就人权事项提供咨询服务和技术援助，这仍然把国家作为受援对象排除在外，这再次排除了AICHR对有关国家的人权政策进行评论建议的可能性。根据《地区人权机制原则》最低要求的规定，成员构成和资金支持被认为是确保人权机制独立和公平的重要因素。成员构成要求人权机构的成员应是正直公正、独立于政府、并在人权领域具有公认的能力表

① United Nations Human Rights office of the High Commissioner For Human Rights, “Principles for Regional Human Rights Mechanisms,” http://bangkok.ohchr.org/programme/asean/principles-regional-human-rights-mechanisms.aspx.

② See Terms of Reference of ASEAN Intergovernmental Commission on Human Rights, Mandate and Functions, http://www.aseansec.org/DOC-TOR-AHRB.pdf.

③ Catherine Drummond, The ASEAN Intergovernmental Commission on Human Rights(AICHR) and the Responsibility to Protect: Opportunities and Constraints, p.6.

④ Indigenous Portal: ASEAN”s New Human Rights Body: A Threat to Human Rights in the Region? http://www.indigenousportal.com/Human-Rights/ASEAN-s-new-human-rights-body-A-threat-to-human-rights-in-the-region.html, 2011.1.26.

⑤ Catherine Drummond, The ASEAN Intergovernmental Commission on Human Rights(AICHR) and the Responsibility to Protect: Opportunities and Constraints, p.8.

现。国家在成员的选送过程中也应通过公正透明的选拔程序，这包括与民间社会团体、非政府组织、国家人权机构进行充分协商以及对男女平等原则的兼顾。[①] 而 AICHR 的成员并没有独立于政府，它是由东盟成员国的代表组成，即使在其被任命后仍然对各自的政府而不是对 AICHR 或东盟负责。[②] 各国政府可以通过对代表国内职位的撤换影响其在 AICHR 的行为表现，如此一来，不仅 AICHR 所规定的成员具有正直公正的品质难以保证，而且其三年的任期也难以确保。AICHR 也规定其组织决策必须在协商和共识的基础上进行，[③] 这也招致了一些批评，认为这将使人权机构退步为一个清谈俱乐部，在人权保护上说得多做得少。在资金支持上，AICHR 规定除了来自东盟成员国以外，也可以接受非东盟成员国，但是这只能用于“人权促进、能力建设和教育普及活动”，[④] 换言之，来自非东盟成员国的资金赞助不能用于人权保护事项。在人员支持上，AICHR 也没有自身的秘书处，只是由东盟为其提供相应的秘书服务。

基于上述对 AICHR 职能原则、成员构成等方面的不满，许多民间社会团体对 AICHR 的成立只表示了谨慎的乐观，更有甚者，对 AICHR 的成立和影响给予了消极甚至负面的评价，称其为“清谈馆”“纸老虎”，显示了东盟对《东盟宪章》中人权承诺的履行缺乏诚意。[⑤] 亚洲人权中心认为充分的证据表明即使对 AICHR 迈出的第一步表示谨慎的乐观都是有待商榷的：这一新的机构实际上可能对该地区的人权保护构成了严重的威胁，因为，在其看来，AICHR

① United Nations Human Rights office of the High Commissioner For Human Rights, “Principles for Regional Human Rights Mechanisms,” http://bangkok.ohchr.org/programme/asean/principles-regional-human-rights-mechanisms.aspx.

② Terms of Reference of ASEAN Intergovernmental Commission on Human Rights, 5.1-5.4.

③ Terms of Reference of ASEAN Intergovernmental Commission on Human Rights, 6.1.

④ Ibid., 8.6.

⑤ The ASEAN Intergovernmental Commission on Human Rights (AICHR) and the Responsibility to Protect: Development and Potential, p.24.

决策的“共识模式（Consensus Model）”将增大少数个别人权记录不好国家（如缅甸）的影响力，在其推动下东盟可能形成一种特殊的区域人权规范和标准，这不仅会降低该地区的人权标准，从而对该地区的人权保护带来严峻挑战，而且甚至会进一步削弱国际社会已形成的人权规范共识。[①] 对于这些指责，东盟官员在草拟 AICHR 的章程条款时就已经预料到了，正如丁萨·猜林帕拉努帕所指出的，东盟人权机构从来就无意成为“独立的监管机构”，指责其“没有牙齿”实质上是“强人所难”了。[②] 确实，正如其名字所显示的，它本质上就是一个“政府间”组织，维护国家政府的利益是其首要职责，其次才是促进人权事宜。

4. 东盟人权宣言

《东盟人权宣言》具体规定了东盟国家在人权问题的详细立场，但是其同样招致了外界的批评。这种批评主要集中在两个方面：第一，《东盟人权宣言》包含了一些字眼蕴含着“主权高于人权”；第二，其草拟过程不公开透明。其中最有争议的条款是第八条：“每个人的人权和基本自由的行使必须顾及他人的人权和基本自由……并在一个民主的社会中适应国家安全、公共秩序、公共健康、公共安全、公共道德和普遍福利的正当需要。”该条款被认为是给予了国家以国家安全为借口忽视或否认甚至侵犯个人权利的可能性，而含糊不清、难以界定的公共道德也可能不利于妇女权益的保护。另外一些条款同样引起了国际人权组织和民间社会团体的不满，如第六条中的“每个人对他人、社区和社会都负有义务，人权和基本自由的行使必须与相应的义务相平衡”，尤其是“人权和基本自由的行使必须与相应的义务相平衡”这种规定即使在同样强调个人责任的美洲和非洲人权保护体系中也不曾出现。第七条中的

---

① Ibid., Yuval Ginbar, “Human Rights in ASEAN-Setting Sail or Treading Water?” *Human Rights Law Review*, Vol.10:3, 2010, pp. 504-518.

② Mr. Termsak Chalermpalanupap, “10 Facts about ASEAN Human Rights Cooperation,” p.4.

"人权的实现必须铭记各国和各区域的情况各有特点，并有不同的历史、文化和宗教背景"，这也再次被认为是东盟对人权普适性和国际标准的否定。《东盟人权宣言》中多次出现附加性条款，即对很多权利的规定都加上了"根据国内法律"的限制条件，如生命权、寻求庇护权以及婚约权，这些条款都被认为是体现了国家法律高于普遍人权的特性。[①]《东盟人权宣言》也没有包含一些基本的人权和自由，如自由结社的权利和免遭强迫失踪的权利。另外，东盟民间团体也多次抱怨了宣言草拟过程的不透明性，缺少民间社会团体的有效参与，AICHR 迟迟不公开会议的内容和文件资料，宣言草案直到 2012 年 9 月份才正式对外公布，也仅仅举行了两次与民间团体的正式协商。

《东盟人权宣言》签署的次日，联合国人权事务高级专员皮莱就认为东盟的第一份人权宣言保留了一些与国际人权标准不符的措辞。[②] 早在此之前，皮莱也表示了对草拟过程缺乏民间社会团体参与的"失望和震惊"，甚至呼吁东盟领导人"推迟签署这一宣言"。[③] 美国国务院认为《东盟人权宣言》包含了"文化相对主义"的概念、国内法高于普遍人权的立场、对权利的不完全界定以及不当的限制条件、集体权高于人权的意涵。[④] 民间团体组织也集体表达了不满，2012 年 11 月 15 日来自东南亚国家、地区和国际社会的 64 个民间社会团体联合呼吁东盟国家推迟东盟人权宣言的签署，11 月 20 日在人权宣言签署后，它们又集体表达了反对的立场。"宣言的人权水准低于欧洲、非洲或美洲的地区标准，东盟的人民不能接受低于

---

① Civil Society Joint Statement 13 September 2012, http://www.iglhrc.org/binary-data/ATTACHMENT/file/000/000/582-1.pdf.

② UN News Center, "UN official welcomes ASEAN commitment to human rights, but concerned over declaration wording," http://www.un.org/apps/news/story.asp?NewsID=43536.

③ Jakarta Post, "ASEAN Human Rights Declaration Fails to Impress UNHRC," http://www.thejakartapost.com/news/2012/11/14/asean-human-rights-declaration-fails-impress-unhrc.html.

④ U.S. Department of State, ASEAN Declaration on Human Rights, http://www.state.gov/r/pa/prs/ps/2012/11/200915.htm.

其他地区的人权保护”。“宣言名不副实，我们不能接受。在我们作为群体进行地区人权保护时将不援引该宣言，在与东盟或东盟成员国的互动中，我们也不援引该宣言，除非对其进行反人权的指责。我们将继续依赖国际人权法文和标准，这与东盟人权宣言不同，它赋予了东盟所有的个人、群体和人民应享有的自由与保护。我们提醒东盟成员国它们在国际法下的义务高于该宣言中的冲突性条款。该宣言也不应成为东盟成员国不履行国际人权条约的借口”。①

综上所述，从《新加坡声明》到《东盟人权宣言》，在东盟人权事项的发展进程中，不论是从东盟机制自身对人权立场的文本阐述中，还是从民间社会团体或其他国际组织对东盟机制的评价和指责中，都可以看出东盟对“主权高于人权”以及不干涉原则的维护，而这一原则反过来也会影响东盟人权机制的制度化发展。

（二）东盟人权政策的现行实践：合作接触

东盟对不干涉基本原则的维护不仅体现在东盟低制度化的机制设计中，而且也体现在东盟人权机制的现行实践中，这包括东盟反对通过制裁等强制方式促使成员国进行改变，而主张通过合作接触的方式促进成员国进行改变。

1. 反对制裁

在面临成员国内的人权问题尤其是人权侵害时，东盟组织经常基于不干涉内政的原则而对此无所作为。诸如东盟在 1991 年东帝汶圣克鲁斯大屠杀（Santa Cruz Massacre）、1999 年利基卡屠杀（Liquica Killings）中的无所作为而受到了强烈谴责。在 1999 年东帝汶磋商地位前后，军事骚乱给这个小国留下死亡和毁灭的痕迹，东盟再次奉行了不干涉政策，正如当时某评论所说：“东盟的名声

① The International Federation for Human Rights (FIDH), “Civil Society Denounces Adoption of Flawed ASEAN Human Rights Declaration,” http://www.fidh.org/Civil-Society-Denounces-Adoption-12462.

不太好。甚至在自家后院上演人间悲剧时，东盟也会因不干涉政策而不采取措施。”①

东盟的“无所作为”表现得最为明显的是在缅甸的国内人权问题上，东盟不仅自身不采取强硬措施，而且在面临西方国家发起的压力和制裁时，东盟基于不干涉内政的原则也采取了不支持的立场。缅甸国内人权问题的重要特征在于：（1）持续性，早在 1998 年联合国缅甸事务高级专员就指出：“人权侵害在过去几年一直大规模地发生，这显示出这并非独立事件或个别低级军官的错误行为，而是一种来自高层的系统性政策，它们对此应负政治和法律责任。”② 2006 年联合国缅甸事务专员再次得出同样的结论：“正如先前报告所提请注意的，在缅甸，人权侵害行为是以一种全面的和体系的方式进行，这显示了它不是个别的中级或低级军官的错误行为，而是一种体制性行为，在该体制内，允许个人或群体进行人权侵害和违法行为，而不予以追究。”③（2）严重性，不可否认在近年来继续改革的背景下，缅甸的人权状况有所改善，但是即便如此缅甸仍然面临严重的人权挑战。根据 2012 年联合国人权状况及特别报告员和代表的报告，缅甸的人权问题涉及良心犯、囚犯的拘留条件和待遇、言论、集会和结社自由、民主过渡和建立法治等。缅甸在受冲突影响的少数民族边境地区持续发生严重侵犯人权的事例，其中包括袭击平民、法外处决、性暴力、任意逮捕和拘留、境内流离失所、土地充公、招募儿童兵、强迫劳动和搬运，以及使用地

① 鲁道夫 · C. 塞韦里诺（RodolfoC.Severino）:《东南亚共同体建设探源：来自东盟前任秘书长的洞见》，第 109 页。

② Patricia M. Wald, Justice Richard J. Goldstone , Sir Geoffrey Nice QC, Judge Pedro Nikken and Hon. Ganzorig Gombosuren, “Crimes in Burma,” a report by International Human Rights Clinic at Harvard University Law School, May, 2009, p.1, http://www.law.harvard.edu/programs/hrp/documents/Crimes-in-Burma.pdf, 2010.12.23.

③ Patricia M. Wald , Justice Richard J. Goldstone , Sir Geoffrey Nice QC, Judge Pedro Nikken and Hon. Ganzorig Gombosuren , “Crimes in Burma,” p.1.

雷。[①]（3）地区性，缅甸国内人权问题不仅影响到本国人民，而且对周边地区其他国家也产生了重要的负面影响。[②]基于缅甸国内的人权问题，加拿大、美国和欧盟对缅甸采取了具体的制裁措施。如美国特别针对缅甸的制裁就包括六部法律文件和五个总统批文。这些制裁措施大体分为以下几类：签证限制、金融限制、禁止进口、禁止新投资以及援助限制。[③]针对西方国家对缅甸采取的这种强制性制裁措施，东盟不仅采取了审慎的态度，而且某些情况下选择了支持缅甸的立场，诸如东盟并没有因为缅甸国内的人权问题而拒绝缅甸的加入，2004东盟同样反对欧盟因为人权问题而拒绝缅甸参加亚欧会议，2005年9月东盟国家在纽约召开会议，请求各个经济部长不要参加当月在鹿特丹预定召开的亚欧会议经济部长会议，因为荷兰拒绝向缅甸的部长发放签证。[④]

总之，作为不干涉原则的核心特征之一的就是东盟反对通过强制性的措施来迫使一国人权政策的改变，包括政治孤立、经济制裁和军事威胁等。在东盟看来，必须谨慎评估这些措施带来的影响，正如东盟前秘书长鲁道夫·C.塞韦里诺所言，制裁通常不起作用，东盟很难建设一个以侵犯人权为理由干涉另一个国家内政的体系，以那些理由试图这样做将使本地区陷入不稳定和动荡。[⑤]

2. **合作接触**

对于东盟方式的“不干涉原则”已经展开了大量的讨论，正如

---

① See United Nations Human Rights office of the High Commissioner For Human Rights, Report of the Special Rapporteur on the Situation of Human Rights in Myanmar，http://ap.ohchr.org/documents/dpage_e.aspx?c=125&su=129.

② John Arendshorst, “The Dilemma of Non-Interference: Myanmar, Human Rights, and the ASEAN Charter,” *Northwestern Journal of International Human Rights*, Vol.8, 2009, p.103.

③ Congressional Research Service, “U.S. Sanctions on Burma,” October 19, 2012, http://www.fas.org/sgp/crs/row/R41336.pdf.

④ 鲁道夫·C.塞韦里诺（RodolfoC.Severino）:《东南亚共同体建设探源：来自东盟前任秘书长的洞见》，第118—132页。

⑤ 鲁道夫·C.塞韦里诺（RodolfoC.Severino）:《东南亚共同体建设探源：来自东盟前任秘书长的洞见》，第135页。

本书也强调东盟国家的人权规范认同具有“不干涉原则”的特征，不过我们同时也应避免对“不干涉原则”过于简单化的理解。有的学者认为“不干涉原则”意味着对他国人权侵害事项的不评论、不批评和不作为，如阿查亚就曾经指出，作为“驱动东盟地区主义最核心的原则”，“不干涉原则”使其成员国有义务不对他国政府对待其人民的行动提出批评，包括违反人权的行动在内。[①] 这种观点认为不干涉原则完全限制了东盟在人权事项上的任何行动，这一认识的自然逻辑就是一旦东盟对成员国的人权事项采取了任何行动，如指责、建议甚或讨论时，就表明东盟对不干涉原则的舍弃，这也正是近年来许多学者主张对不干涉原则进行重新思考的原因所在。这一认识的不足之处就在于对不干涉原则的理解过于僵硬，如上文所述，东盟的不干涉原则意味着东盟反对对成员国国内事务进行强制性的施压或胁迫，但却并不意味着东盟在人权事项上的完全的“无所作为”，任其放任自流。

与不干涉原则相匹配，东盟倡导了一种政府间的“合作接触”原则。东盟不主张通过孤立、威胁或施压的方式迫使一国进行改变，而主张在内部进行沟通交流劝说一国进行改变。东盟内部的讨论和建议（包括反对意见）不应被视为干涉内政。东盟官员丁萨·猜林帕拉努帕（Termsak Chalermpalanupap）就曾经指出，如果一成员国对（他国的）某事持有强烈的意见并希望东盟采取一定的行动，东盟方式意味着该成员国首先不应在媒体面前哗众取宠以获得政治加分，而是应该充分利用外交技巧，私底下解释自身观点并对他国进行劝说。当越来越多的成员国都认为某些行动是适当的并应立即履行时，少数不情愿的成员在同伴的压力下将可能屈服。[②]

① Amitav Acharya, *Constructing a Security Community in Southeast Asia: ASEAN and the Problem of Regional Order* (2nd) (New York: Routledge, 2009), pp. 70-72.

② Termsak Chalermpalanupap, “ASEAN-10: Meeting the Challenges,” http://www.aseansec.org/2833.htm.

诸如在缅甸问题上，东盟并没有“紧缄其口”，正如一位印尼外交部官员所阐释的：“我们用一种东南亚方式，没有任何夸大，也没有任何公开的声明，很温和地告诉缅甸政府：‘请看，你们遇到了麻烦，让我们来帮助你们。但是，你们必须变革，你们不能再这样下去了。’”[①] 东盟在每年召开的部长会议之外，通过与缅甸外交部部长召开的闭门会议，寻求其对国内局势的解释。缅甸学者吴妙丹（Mya Than）就认为，在媒体的镁光灯以外，外长会议可以就各种问题展开开诚布公的交流。[②] 2003 年全国民主联盟领导人昂山素季在缅北开展政治活动时，其支持者与军政府支持者发生流血冲突，造成多人伤亡。随后，缅甸政府拘禁昂山素季等民盟领导人，关闭民盟总部及其分部。此事件在国际上引起了强烈反响，西方国家再次要求东盟对缅甸施压，对此，东盟时任秘书长王景荣（Ong Keng Yong）回应道，“你不能闯进去，告诉你家庭成员说‘你不能做这，你不能做那’”，“我们应该让缅甸政府通过东盟渠道告诉我们到底发生了什么”。2004 年 6 月印尼外交部长针对部分人提出的停止缅甸东盟成员资格的提议，再次表明“东盟的方式不是为了某些目的而施加制裁措施，而是把其作为东盟家庭的一成员与其进行沟通交流”。[③] 2007 年 9 月，缅甸国内爆发了自 1988 年 9 月以来最大规模的反政府示威，缅甸政府对此进行了武力镇压，再次造成多人伤亡。对此，尽管东盟使用了强硬的言辞表示了不满，但是依然没有威胁采取制裁措施或建议取消缅甸东盟成员资格。2008 年 5 月缅甸部分地区遭受强台风袭击，造成 138000 人死亡或失踪，大约有 150 万人失去家园，缅甸政府一开始拒绝接受国际社会的援

① [加拿大]阿米塔·阿查亚：《建构安全共同体：东盟与地区秩序》(王正毅、冯怀信译)，第 153 页。

② Mya Than, *Myanmar in ASEAN: Regional Cooperation Experience* (Singapore: Institute of Southeast Asian Studies, 2005), p.21.

③ See Amitav Acharya, “ASEAN and Burma/Myanmar:Past and Prologue,” Sigur Center for Asian Studies , Policy Brief- April 2012.

助，对此，一些西方国家尤其是法国呼吁实行强制性的人道主义援助，东盟给予了反对，认为不能强制或胁迫缅甸政府接受人道主义援助，东盟对缅甸政府进行了积极的劝说，扮演了国际社会和缅甸之间的中间人角色，最终促成了国际社会人道主义援助的顺利推行。[①] 总之，与西方国家动辄以强制性制裁措施威胁施压相比，东盟的接触政策更加温和、更具有合作性，也更为务实，东盟国家“承担不起西方自我感觉良好的外交，远离该地区的那些国家才会沉湎于此”。[②]

东盟的“合作接触”也表现为东盟积极推动了一些东盟成员国共同关注的具体人权问题，并力求达成地区合作框架。诸如东盟成员国2001年8月签署了《东盟对儿童权利承诺宣言》，2004年6月签署了《东盟消除针对妇女的暴力宣言》,2004年11月签署了《东盟禁止贩卖人口尤其是妇女儿童宣言》，2007年1月签署了《东盟促进和保护移徙工人权利宣言》。2007年7月东盟成立了执行东盟促进和保护移徙工人权利宣言委员会。2010年4月东盟成立了促进和保护妇女儿童权利委员会，与东盟政府间人权委员会相比，该委员会没有政府间的前缀字眼，在职能上也更加兼顾了促进和保护职能的平衡。

综上所述，自20世纪90年代以来，东盟的人权事项取得了一定的进展，但与其他地区相比，其发展程度仍然比较低。以衡量地区人权事项发展的三C标准（Charter、Commission、Court）看，东盟人权宣言仅仅是政治性声明，并不具有公约的法律效力；东盟的人权委员会具有政府间性质，组织自身的独立性大打折扣；东盟目前也并没有创建人权法院。显然，东盟人权机制的制度化程度仍

① Alex J. Bellamy and Mark Beeson, “The Responsibility to Protect in Southeast Asia: Can ASEAN Reconcile Humanitarianism and Sovereignty?” *Asian Security*, Vol. 6, No. 3, 2010, pp. 262-279.

② 鲁道夫·C.塞韦里诺（RodolfoC.Severino）:《东南亚共同体建设探源：来自东盟前任秘书长的洞见》，第135—136页。

然是比较低，何以如此呢？当然这个问题的提出并不必然意味着东盟国家人权意识的淡薄或东盟国家内部人权保护机制的缺位，而意在于表明，东盟国家人权机制建设在区域层次上进程比较缓慢，而这更深层次上折射出东盟区域人权规范认同的特殊性而非人权规范认同的缺失。[①] 东盟地区规范认同的特殊性在于其坚持了不干涉内政的原则：现有的人权建设和努力多为政治性的，而不具有法律强制性特征，多为促进人权，而不是保护人权。正如塞韦里诺所言，在未来，东盟将进一步牢牢固定在普世价值的主流中，但东盟不会抛弃不干涉的政策和实践，东盟只会求助于同侪压力来使成员国遵守这些价值规范。[②]

第三节　非盟和东盟人权规范认同的原因比较

对非盟和东盟的人权规范认同进行比较分析，可以看出二者的人权规范认同存在着一些重叠之处：就人权认同的内容而言，作为发展中国家，二者都强调了人权不仅包括政治、公民权利，也包括经济、社会和文化发展权，二者也都强调了相对于个人人权的集体人权以及相对于权利的责任概念等。但二者的人权规范认同显然同样具有重大的差异：如非盟的人权规范既有促进之意，又有保护之命，而东盟的人权规范只有促进之意，并无保护之命；非盟的人权机制制度化程度较高，而东盟的人权机制制度化程度相对较低；非盟的人权规范建立了完备的三 C 体系，而东盟的人权规范与此仍有

① 人权机制的发展水平与人权意识的强弱之间并无必然的相关性，正如 Sarah V. Percy 对国际社会关于雇佣兵规范的研究发现，强烈的规范意识也可能导致弱法律机制的创建，而强法制化和机制化的形式也并不必然促进规范的传播和发展，参阅 Sarah V. Percy, "Mercenaries: Strong Norm, Weak Law," *International Organization*, Vol.61, spring 2007, pp. 367-397.

② 鲁道夫 · C. 塞韦里诺（RodolfoC.Severino）：《东南亚共同体建设探源：来自东盟前任秘书长的洞见》，第 138 页。

一段距离。这些差异之处本质上反映了双方人权规范认同的不同特征，即非盟的“不漠视原则”与东盟的“不干涉原则”。阿查亚和江忆恩曾指出，对主权的历史敏感性是后殖民国家的典型特征，[①]诚然，非洲国家和东南亚国家都具有强烈的国家主权意识，这体现在双方最初都形成了“不干涉原则”的组织规范，但是在对待人权事项上二者最终走向了不同的发展道路：从非统到非盟，非洲最终形成了实现了从“不干涉原则”向“不漠视原则”的转变，而东盟始终坚持了“不干涉原则”，这该如何解释呢？我们对二者进行具体和深入的分析，以下潜在的自变量值得考虑。

一、成员国内部出现的严重侵犯人权现象

就非盟而言，部分学者认为非洲国家独立后，许多国家领导人以“主权国家内部事务”和“不干涉原则”为幌子，在国内恣意妄为地侵犯人权，正是这种日益严重的罪行促使了非统内部对组织效能和组织使命的反思以及《班珠尔宪章》的出台。如克里斯·麦纳·彼得（Chris Maina Peter）就认为，对许多非洲人来说，尊严在殖民时期受到了严重的侵犯，伴随着民族国家的独立，非洲人赋予了主权国家众多期望，尤其是恢复和重塑对人格和尊严的尊重。但是在刚刚独立的非洲大陆，人权事项面临着两大问题：第一，在殖民时期，被殖民地人民权利的侵犯受到国际社会的关注，在国际舞台上引发了热烈讨论，而独立后，人权侵犯事项降为内部事务，得不到国际社会的监督。第二，非统的宪章第 3 条明文规定了不干涉他国内部事务的原则，这一原则本来旨在于保护刚刚获得独立的主权国家，却逐渐地被部分国家滥用。国家内部虐待、折磨甚至屠杀成千上万的民众，而其他非洲国家却束手无策，任何对这种残暴和不人道行为的

① Amitav Acharya and Alastair Iain Johnston, *Crafting Cooperation: Regional International Institutions in Comparative Perspectiv*, p.18, p.68.

评论都被斥为对他国内部事务的粗暴干涉。[①] 尤其是20世纪70年代非洲大陆上出现了众多独裁政权，如乌干达的阿明（Idi Amin）政权，中非共和国的博卡萨（Jean-Badel Bokassa）政权，赤道几内亚的恩圭马（Macias Nguema）政权等。这些独裁者在国内都进行了严重的大规模侵犯人权现象，但是非统组织对这些发生在非洲大陆和非洲人民身上的事务的反应却是“极度的麻木不仁”和“消极的不作为”。非统组织1975年的政府首脑峰会也被定在乌干达的坎帕拉举行，而阿明甚至也担任了轮值主席一职。非统对国家内部人权事项的这种不干涉立场引起了博茨瓦纳、莫桑比克、坦桑尼亚和赞比亚等国的强烈不满。坦桑尼亚总统尼雷尔称，“非洲面临着拒绝为其人民提供保护的危险，因为这些罪行是由非洲领导人和非洲政府所为”。[②] 换句话说，非统当初为保护那些新独立的国家而确立的民族自决原则和不干涉原则，本身具有一定的崇高性，但其最终效果却是阻碍了人权事业的进展，在此情景下，草拟和制定一份专门保护非洲人权的宪章对国家主权做出一定的限制具有历史的迫切性。[③]

上述解释似乎在一定程度上解释了非盟形成不漠视人权规范认同的缘由，但是这种解释在东盟的案例中却遭到了质疑：东盟内部成员国同样也出现了大规模人权侵犯现象，为何东盟并未形成不漠视的人权规范认同呢？实际上，自从缅甸成为东盟的成员国以来，东盟因为缅甸国内的人权问题在国际社会中承受着很大的压力。缅甸自从独立以来，大多数时期都处于军政府统治之下。联合国人权事务高级专员办事处指责缅甸军政府针对少数群体所犯下的罪行包括法外处决和任意杀害、强奸、酷刑、基于政治原因的任意逮捕、强迫劳动、强迫征兵、抹杀行动自由以及严格限制新闻、宗教、言

---

① Chris Maina Peter, *Human Rights in Africa* (Westport, Connecticut: Greenwood Press, 1990), p.7.

② Claude E. Welch, Jr.,“The OAU and Human Rights: Towards a New Definition,” *Journal of Modern African Studies*, Vol.19, 1981, pp.401-405.

③ Joseph Oloka-Onyango, “Human Rights and Sustainable Development in Contemporary Africa: A New Dawn or Retreating Horizon?” *Human Development Report 2000 Background Paper*, p.5.

论和集会自由等。[①] 而且联合国缅甸事务高级专员保罗·塞尔吉奥·皮涅罗（Paulo Sérgio Pinheiro）称："在缅甸，人权侵害行为是以一种全面的和体系的方式进行，这显示了它不是个别的中级或低级军官的错误行为，而是一种体制性行为，在该体制内，允许个人或群体进行人权侵害和违法行为，而不予以追究。"[②] "缅甸的人权状况是世界上人权记录最差的国家之一。"[③] 缅甸军政府的大规模罪行不仅对本国人民带来了危害，而且其影响也波及到了邻国。基于缅甸国内的人权状况，欧盟、美国和加拿大不仅对缅甸实施了经济制裁，而且对东盟的应对能力也不断指责，缅甸问题也导致东盟内部产生了分歧和矛盾，但是十几年来，东盟在巨大的内外压力下也并未像非盟一样致力于强化人权的国际保护能力并对国家主权做出一定的限制，东盟总体上依然坚持了不干涉原则，并未建构出不漠视原则的人权规范认同。

综上，东盟和非盟的案例比较可以发现，尽管用非盟成员国的人权侵害事项来解释非盟的集体人权规范认同具有一定的解释力，但是显然这种解释并不具有普适性，这也意味着尽管可能具有一定的相关性，但是成员国人权侵害事项并不是人权规范认同的最终解释变量。

二、文化传统因素的影响

非盟和东盟之所以会形成不同的人权规范认同，是否与二者不

① John Arendshorst, "The Dilemma of Non-Interference: Myanmar, Human Rights, and the ASEAN Charter," p. 107; United Nations Human Rights, "Situation of Human Rights in Myanmar," http://ap.ohchr.org/documents/sdpage_e.aspx?b=3&c=125&t=11, 2010.12.23.

② Patricia M. Wald , Justice Richard J. Goldstone , Sir Geoffrey Nice QC, Judge Pedro Nikken and Hon. Ganzorig Gombosuren , "Crimes in Burma," a report by International Human Rights Clinic at Harvard University Law School, May, 2009, p.1, http://www.law.harvard.edu/programs/hrp/documents/Crimes-in-Burma.pdf, 2010.12.23.

③ Ibid., p.18.

同的文化传统有关呢？确实，文化因素和人权规范之间的关系受到了众多学者的重视。人权概念的终极目标是保护人类尊严的不可侵犯性，它具有一定的普适性。但是正如曼弗雷德·欣茨（Manfred Hinz）所言，尽管人权概念和其原则具有普适性，但是不同的文化规范仍然把普世的人权规范置于特定的文化语境中，从而导致了“弱连带主义”或“弱相对主义”。[①] 阿布拉希·安·那依姆（Abdullahi A. An-Na’im）也提到，基于文化对人类行为动机的构成具有持续影响的功能，文化在所有的社会中都深刻地影响了人权的认知表述和践行。[②] 乔舒亚·克巴（Josiah A.M.Cobbah）也直言，我们应该在文化的语境中探讨人权。[③]

现行的国际人权观来源于西方的自然权利观，这反映了西方的个人主义和自由主义政治哲学思想渊源。[④] 传统的自由主义者认为权利和人性之间有着天然的联系，其奠基人物是霍布斯、洛克、卢梭、休谟等。在英国思想家洛克看来，人们生而平等，没有任何人具有高于他人的权力，也没有任何人有权侵害他人。人们生而自由，他们可以自由地安排自己的生活与财产。同时人们的理性也告诉人们，要维持和他人的共存，要建立一个井然有序的秩序，就需要让渡部分自然权利以建立一个国家政权，也就是所谓的“主权契约论”。法国思想家卢梭在《社会契约论》中指出：“主权者既然只能由组成主权者的各个人所构成，所以主权者就没有、而且也不能有与他们的利益相反的任何利益。”[⑤] 也就是说，保障和促进公民的自由和权利是国家主权的最终目的，也是国家主权存在合理性的主

---

① Anton Bösl and Joseph Diescho, *Human Rights in Africa: Legal Perspectives on their Protection and Promotion*, Introduction, vii.

② Abdullahi A. An-Na’im, *Cultural Transformation and Human Rights in Africa* (London: Zed Books Ltd, 2002), p.13.

③ Josiah A.M.Cobbah, “African Values and the Human Rights Debate: An African Perspective,” *Human Rights Quarterly*, Vol. 9, No. 3, 1987, p.310.

④ Ibid., p.312.

⑤ ［法］卢梭著：《社会契约论》（何兆武译），北京·商务印书馆，1980年版，第28页。

要依据。“人权是主权的最终目的”或者说“主权具有人权属性”是西方自由主义思想的自然延伸，也是西方人权观的重要表述。

这种文化和人权之间的关系分析是否意味着以下假设：非盟之所以认同“不漠视原则”的人权规范是因为非盟具有西方这种思想文化传统，而东盟正好相反呢？不过与这种假设正好相悖的是，非盟和东盟都奉行一种与西方个人主义相对的“社群主义”或“集体主义”文化。

对非洲人而言，在世哲学可以归纳为：“我们在，故我在；我们是，故我是。”[①] 非洲的社会生活奉行不同于西方社会的组织原则，非洲人强调群体性、统一性和共同性。不同于西方社会的优胜劣汰和征服自然的理念，非洲人的世界观是集体生存原则以及相互合作、相互依赖以及集体责任感。[②] 在非洲人的意识观念中，个体会生老病死，但是群体作为一个实体将长久不灭，因此非洲人更加重视社群生活和社群主义。人们需要社群，以便自我认同和自我确认，个体是在与他者的关系中而存在，个体生命和存在的意义也只是整个社群生活价值的一种反应，并且来源于后者。如加纳学者理查德·阿莫亚·科巴阿（Richard Amoako Baah）在对加纳阿肯族的研究后就发现，在非洲人的价值观念中，居于首位的是集体权利，其次是经济和社会权利，然后才是公民和政治权利，因此非洲人的权利概念与强调个人权利的《世界人权宣言》人权概念是不同的。[③] 值得一提的是，不仅非洲的社群主义价值观与现行人权规范的个人主义价值观相去甚远，而且非洲社会中的许多传统习俗也与众多人权理念相违背，如男女不平等，对妇女的压迫和歧视，以及对少数

① 原文表述为“I am because we are, and because we are therefore 1 am” in John S. Mbiti, *African Religions and Philosophy* (New York: Doubleday, 1970), p.141.

② Josiah A.M.Cobbah, “African Values and the Human Rights Debate: An African Perspective,” *Human Rights Quarterly*, Vol. 9, No. 3, 1987, p.320.

③ Richard Amoako Baah, *Human Rights in Africa: The Conflict of Implementation* (Lanham, MD: University Press of America, 2000).

反对者和异端者的驱逐和压迫等。[①] 总之，“自由主义也好，人权也好，都不是在非洲大陆的温床上培育的”。[②]

相对于非洲，东南亚地区奉行集体主义文化经常被认为是一个不言自明的事实，这是因为东南亚的社会文化很大程度上受到中国传统文化的影响。而中国传统文化中对个人与社会、个人与自然关系的理解最精简地体现在公元前 4 世纪道家思想家庄子的一个寓言中：

南海之帝为倏，北海之帝为忽，中央之帝为混沌。倏与忽时相与遇于浑沌之地，浑沌待之甚善。倏与忽谋报浑沌之德，曰：“人皆有七窍以视听食息，此独无有，尝试凿之。”日凿一窍，七日而浑沌死。[③]

这首寓言中，“倏”与“忽”代表着事物的分类和本质以及世界的客观法则、法规和原则，通过“倏”与“忽”来消除“浑沌”体现了西方的理性秩序观，但显然寓言中“浑沌”的死亡反映了中国人对这种秩序观的不认同。在中国人看来，世界万物的“浑沌”就是不去假设事物具有本质的特征，或世界有一个先在的决定性法则，来担任秩序的超然源头，万事万物之间的自然的本真的整体性、关系性就是世界最佳的和谐状态，而没有了这种整体性和关系性，事物以及世界都将难以成其自身。中国人对自然事物的理解如此，对人的理解亦然。人并不具有先验的存在特征，而是在与家庭和社会的差序关系中找到自身的角色和作用，从而保持了自身的同一性。

中国传统文化的这种个人与自然以及个人与社会的整体主义观

① Abdullahi A. An-Na"im, *Cultural Transformation and Human Rights in Africa* (London: Zed Books Ltd, 2002), p.4.

② Makau Mutua, “Human Rights in Africa: The Limited Promise of Liberalism,” *African Studies Review*, Vol.51, 2008, p.18.

③ 郝大伟（David L. Hall）、安乐哲（Roger T. Ames）:《中国人的秩序观》，载罗伯特·索罗门、凯瑟琳·希金斯:《从非洲到禅：不同样式的哲学》（俞宣孟等译），上海人民出版社，2003年版，第16页。

影响了东盟，最明显的例证就是东盟国家普遍都高度重视家庭以及家庭的延伸网络，家庭是最基本的社会或经济单位，它最先在“我”和“他”、“我们”和“他们”之间划定了界限。因此印尼的苏查特莫科（Soedjatmoko）在谈到亚洲社会对个人权利和集体责任的理解时，认为亚洲社会的集体主义取向是不言自明的，称“亚洲社会认为西方社会的个人主义既不可取也不可能”。①

综上，非盟自身的案例分析以及与东盟的案例比较都显示了把非洲传统文化作为自变量来解释非盟现行的“人权高于主权”“不漠视”的人权规范认同显然是极度缺乏说服力的。

三、民主政治体制的影响

自由主义、个人主义、政治民主和个人人权这些概念之间具有内在的天然联系，因此通过民主政治来解释非盟和东盟的人权规范认同，在一定程度上也是自由主义思想传统的自然逻辑。毕竟，政治民主是自由主义理念的最典型表现，因此它也就构成了人权理念的道德表述。② 如上文所述，自由主义者强调个人自然权利，尽管洛克只提到了个人是社会中的生命体，但是按照自由主义的哲学理念，个人也是道德世界的核心所在，也是社会道德的终极关怀所在。这种原子个人主义的价值观框定了西方政治社会的发展，形成了现行的人权规范诉求。用马卡·穆图（Makau Mutua）的话说，“在历史的连续统内，自由主义孕育了民主，而民主则对外表征为人权价值形态”。③

这种民主政治体制和人权规范认同正相关关系的分析是否能推

① John E. Walsh, “Cultural Components of The Search for Social Justice in Asean : a Westerner’s View,” in K.S. Sandhu, Sharon Siddique, Chandran Jeshurun, Ananda Rajah, *The Asean Reader* (Singapore: Institute of Southeast Asian Studies,1992), p.165.

② Makau Mutua, “Human Rights in Africa: The Limited Promise of Liberalism,” p.20.

③ Ibid.

测出非盟和东盟人权规范认同的差异在于二者政治体制的差异呢？当然用民主政治这一自变量来解释人权规范认同的现象，其前提是对民主政治需做一概念的界定。按照现有的理解，民主政治描述的是一种具有特定程序特征的政治形态。许多著名的民主政治理论家和倡导者用纯程序化字眼来界定了民主，民主，在一定意义上就是形成一套体系的特定方式。① 塞缪尔·亨廷顿称，民主方式包含两个重要维度：争论和参与，依此，所有的成年人都有资格参与其中，并且候选人通过公正、诚实以及定期的选举来竞选出最强有力的集体决策者。也就是说，公正、自由、开放的选举是民主的本质，是民主必不可少的条件。② 尽管这一概念仍显得有点宽泛，但它还是为我们考察和界定民主概念提供了重要的参考标准。

2008 年《经济学人》对 167 个国家（地区）的民主化情况进行了研究，发表了一份各国民主指数报告，报告对民主的衡量不仅体现了上述民主的基本理念，而且进一步具体化为五个参数（选举进程和多元化、公民自由、政府运作、政治参与、政治文化），通过民主指数来量化各个国家的民主质量。民主指数的分值从 0 分到 10 分，根据分值的不同，民主化情况分为成熟民主（8–10 分）、初步民主（6–7.9）、混合政体（4–5.9）、专制政体（4 分以下）。其中收集到非洲 51 个国家的相关资料，东盟除文莱外其他 9 个国家的相关资料。东盟和非盟的民主化情况分别如图 4–1 所示。

图 4–1 首先表明了总体而言东盟和非盟内部民主发展水平都显现层次不一的多元化特征，既包含有少量的成熟民主，也包含有大量的专制政体，因此把非盟或东盟作为一个群体行为体来考察的话，二者的民主化特征具有相似的多元特征，那么人权规范认同为何会具有差异性呢？其次，上述图甚至在一定程度上反映了东盟的

---

① Makau Mutua, “Human Rights in Africa: The Limited Promise of Liberalism,” p.20.

② Samuel P. Huntington, *The Third Wave: Democratization in the Late Twentieth Century* (Norman: University of Oklahoma Press, 1991), pp.7-9.

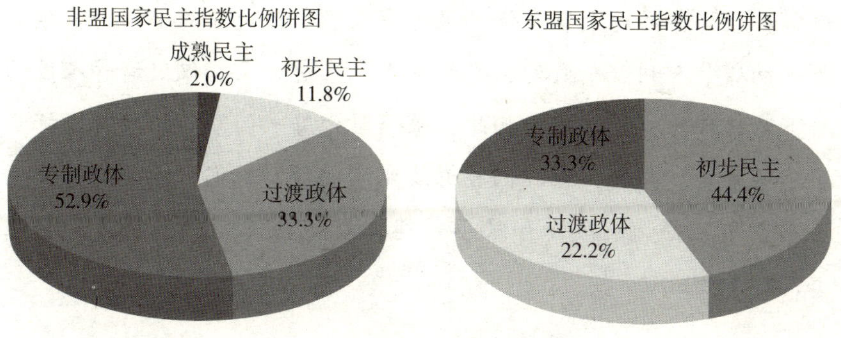

图 4–1　非盟和东盟民主比较

注：资料整理自 *The Economist*, Intelligence Unit's Index of Democracy 2008, http://graphics.eiu.com/PDF/Democracy%20Index%202008.pdf。

民主化略好于非盟，如其中东盟将近一半的国家为初步民主，而非盟一半的国家为专制政体，这一经验数据更是直接驳斥了政体民主化水平和人权规范认同之间的正相关假设。

四、对西方战略利益的考量

非盟和东盟人权规范认同的差异是否源于二者在与西方战略互动中不同战略利益的考量呢？毕竟用利益这一自变量来解释国际政治中的一切行为和一切现象似乎都具有无可辩驳的正当性。国际关系学科的奠基之父汉斯·摩根索曾经在人性的基础上创立了国际政治的现实主义理论，那么在其看来，人性又是什么呢？摩根索曾经借用了乔治·华盛顿的一段话来描述人性：

我们若对人性稍有了解，就会相信对于绝大多数人来说，利益都是起支配作用的原则；几乎每一个人都或多或少受它的影响。基于公德的动机，人们可能在某一时刻或某一特殊情况下遵循纯然无私的原则办事；可是，这种动机本身不足以使人持久地严格遵守和履行社会义务的约束和责任。很少有人能够为大众的福祉而长期牺牲一切从个人利益或好处出发的考虑。在这方面，仅仅谴责人性的卑下是徒劳的；事实就是如此，每一时代每一国家的经验都已证明了这一事实，并且，在我们能够改变它之前，我们必须大大地改变人的素质。任何制度，如果不是建立在这些格言所推断的真理之上，都不会成功。①

在现实主义理论看来，追求利益是人性的基本诉求，因此它是判断、指导政治行为的唯一永存的基本标准。值得注意的是，摩根索同时指出，现实主义认为，利益这一关键概念是普遍适用的客观范畴，但是它并不赋予这个概念一个永久固定的含义。② 由此以来，利益的概念内涵趋向于无限广义，只要国家原则上不会采取有损自身国家利益的行为，那么权力和利益作为自变量就具有永恒的解释力，而且这种解释具有循环论证的倾向。③ 正如东盟和非盟认同不同人权规范认同的原因在于不同的人权规范构成了双方不同的利益诉求，而反过来，双方不同的利益诉求就是不同的人权规范认同，这种解释实质上没有什么科学意义可言。

基于此，本书一方面承认现实主义理论可能对本书的研究问题提供解释性的假设，同时另一方面也对解释性概念作了进一步限制：即非盟和东盟成员国对西方的战略利益考量，而不是泛泛而谈的非盟和东盟成员国的利益诉求和考量。那么非盟和东盟成员国对西方的战略利益考量是否影响了自身的人权规范认同呢？

在非盟成员国与西方国家的互动中，一个重要的互动工具就是"国际援助"。对非洲而言，由于经济落后以及自身发展资金的不

① John C. Fitzpatrick, *The Writings of George Washington* (Washington, DC: United States Printing office), 1931–1941, Vol.X, p.363, 转引自［美］汉斯·摩根索:《国家间政治：权力斗争与和平》(徐昕等译)，北京大学出版社，2006年版，第34—35页。

② ［美］汉斯·摩根索:《国家间政治：权力斗争与和平》(徐昕等译)，第34页。

③ 聂文娟:"对称性与东盟的机制化发展"，载于《世界经济与政治》，2010年第2期，第37页。

足，非洲不仅是世界上“最不发达国家”最集中的地区（联合国认定的 49 个最不发达国家有 34 个在非洲），也是对国际发展援助依赖最深、接受发达国家援助比例最高的地区。[①] 外援已构成非洲国家国民生产总值的主要来源之一，也成为了影响非洲国家经济发展和政策选择的一个不可忽视的因素。[②] 而对西方国家而言，“国际援助”这一外交工具也是服务于自身的政治、经济战略目的。自 20 世纪 70 年代中期以来，西方国家先是给非洲发展援助附加了所谓的“经济条件”，即要求受援国进行以市场化和私有化为方向的经济体制改革。冷战结束以后，又在“经济条件”之外增加了“政治条件”，即要求受援国进行政治改革，在民主、人权、法治和“良治”等方面取得进展。[③] 正如美国时任总统小布什在一次联合国发展筹资会议上所言，“我们必须把发展援助和政治、司法和经济改革联系起来”，发展援助所附加一定的民主条件在以美国为首的西方援助国之间已逐渐成为统一的援助理念。[④] 这种国际援助的条件性就体现在 2001 年非洲国家领导人通过的 NEPAD 行动中，非洲国家将加强民主、消除腐败、减少贫困和解决冲突以换取发达国家的债务减免、扩大援助和贸易投资。[⑤] 从上述对国际援助的民主条件性分析可以初步推出一个简单假设，即非洲国家在与西方国家的互动中，为了实现自身的战略利益（获得西方的发展援助），按照西方的要求在地区组织层面上接受和认可西方式的人权规范，这种人权规范认同实质上是非洲国家为实现自身战略利益而采取的“权益之计”。

东盟国家与西方国家的互动中，“国际援助”同样起着重要的媒介作用。冷战时期，东盟需要美国的介入和各种形式的援助来建

① 贺文萍：《非洲国家民主化进程研究》，北京 · 时事出版社，2005 年版，第 159 页。

② 同上，第 160 页。

③ 贺文萍：《非洲国家民主化进程研究》，第 160—161 页。

④ Roland Rich, “Democratic Conditionality in Development Assistance,” http://dspace.anu.edu.au/bitstream/1885/41813/3/Richpaper.pdf, 2010.12.13.

⑤ Danielle J. Langton, “Africa: U.S. Foreign Assistance Issues,” CRS Report for Congress, January 26, 2006, p.13, http://fpc.state.gov/documents/organization/62657.pdf, 2010.12.13.

立一个“反共产主义”集团，以巩固自身的政治和经济基础来抵御共产主义的威胁。[①] 冷战后，在东盟看来，美国仍是该地区和平与稳定的决定性力量，美国在该地区的存在和介入有助于该地区缓和冲突，保持繁荣。[②] 而对美国而言，冷战后，尤其是进入 21 世纪以来，随着反恐战争的打响，外援与外交、防御一起被列为美国国家安全战略的“外交基石”。美国提高了包括东盟在内的东亚和太平洋地区的军事、经济和发展援助协助其反恐行动的展开。2002 年至 2006 年美国平均每财政年度在该地区的援助资金高达 4.94 亿美元，其中菲律宾和印度尼西亚所接受的援助额都有大幅提高。[③] 尽管反恐的战略因素很大程度上影响着美国的外交政策，但是美国的众多政策制定者仍然坚持需要通过外援的手段促进亚洲建立民主制度和消除贫困行动的展开。[④] 时任总统小布什认为民主有利于全球发展，符合美国的利益诉求，因此应该通过外援手段来促进民主的实现。为了达成这一目标，美国对东盟成员国的援助体现出一定的选择性：缅甸、柬埔寨、印度尼西亚、泰国基于历史的或现有的侵犯人权纪录，在美国的双边援助事项上受到了一定的限制。[⑤] 如 1993 年至 2005 年，美国国会基于对印尼军方侵犯人权事项的担忧，对印尼的军事援助施加了限制，2005 年由于印尼国内司法条件和安全情

---

① K.S. Nathan, “US-ASEAN Relations in the Context of ASEAN’s Institutional Development: Challenges and Prospects,” presented at the ASEAN 40th Anniversary Conference, “Ideas and Institutions: Building an ASEAN Community?” jointly organized by the Friedrich Ebert Stiftung (FES) and the S. Rajaratnam School of International Studies (RSIS), in Singapore on 31 July -1 August 2007, p.1.

② Goh Chok (Tong Prime Minister of Singapore), “ASEAN-US Relations: Challenges,” speech at the ASEAN-United States Partnership Conference New York, 07 September 2000, http://www.aseansec.org/2806.htm, 2010.12.14.

③ Thomas Lum, “U.S. Foreign Aid to East and South Asia: Selected Recipients,” CRS Report for Congress, January3, 2007, p.1, http://projects.publicintegrity.org/militaryaid/documents/CRS-RL31362.pdf, 2010.12.13.

④ Ibid., p.1.

⑤ Ibid., p.1.

况的改善，布什政府才全面恢复了对印尼的军事援助。[①] 另外根据联合国开发计划署的人类发展指数，东盟成员国中柬埔寨在 175 个国家中名列 129 位，其国内的贫穷以及薄弱的基础设施和人力资源不仅阻碍了国内的政治发展，也阻碍了国内的经济发展，但是美国国会对 1997 年洪森首相的上台和其他不民主政治实践的不满导致了美国对柬埔寨的外援设置了很多限制和条件。[②] 上述分析说明了美国对东盟成员国的援助，无论是军事援助或发展援助，都是具有条件的，尤其是带有民主人权的条件性。由此，可以得出结论尽管东盟和非盟在与美国的战略互动中具体的互动方式和侧重点可能有所差异，而且不同的成员国在所需援助的内容和形式上也可能所有不同，但是可以肯定的是，东盟和非盟二者都同样需要美国各种形式的援助和支持，而且美国对各种援助都附加了民主和人权的条件性，那么与非盟不同的是，东盟为何不按照西方的要求在地区组织层面上接受和认可西方式的人权规范呢？东盟国家为何不为实现自身战略利益而采取认同西方式的人权规范这一“权益之计”呢？

综上，本书提出了可能解释非盟和东盟不同人权规范认同的四个自变量：成员国的人权情况、文化传统、民主政治体制以及对西方的战略利益考量，并对这些变量进行了初步的比较分析。按照“穆勒五法”的求异法则，上述比较分析在一定程度上实现了变量控制，即排除二者共有变量的相关性，如表 3–1 所示。

非盟和东盟共有 BCDE 这些变量，但却出现了 X（人权规范认同的“不漠视原则”）和非 X（人权规范认同的“不干涉原则”）的两种结果，那么可以推断出非盟和东盟的差异变量 A 导致了因变量 X 的出现，而这些共有变量和 X 之间并无直接相关性。

同时为了进一步对自变量 A 进行锁定，我们把非盟和东盟作

① Thomas Lum, “U.S. Foreign Aid to East and South Asia: Selected Recipients,” CRS Report for Congress, January3, 2007, p.9.

② Ibid., p.13.

表3–1　人权规范认同变量的求异法则

A B: 成员国内部的严重侵犯人权现象 C: 集体主义的文化传统 D: 多元性民主政治体制 E: 对西方的战略利益考量	X: 人权规范认同的“不漠视原则”
–A B: 成员国内部的严重侵犯人权现象 C: 集体主义的文化传统 D: 多元性民主政治体制 E: 对西方的战略利益考量	-X 或非 X

注：–表示缺省。

为一个认知主体，并借用社会心理学家凯利（H. H. Kelley）的归因模型对非盟和东盟不同人权规范认同的原因进行分析。之所以借用这一归因模型，是因为它有助于在内部归因和外部归因之间做进一步的界定和区分。在这一理论模型中，有三个重要参数：第一，一致性（Consensus）——其他行为体对一个给定的刺激或事件以相同方式反映的程度；第二，一贯性（Consistency）——行为体在其他时间或场合对同一刺激或事件以相同方式反映的程度；第三，区别性（Distinctiveness）——行为体对其他不同的刺激或事件以相同方式反映的程度。根据三个重要参数的不同聚合度，可以得出不同的归因趋向：即高一致性、高一贯性和高区别性即为外部归因；低一致性、高一贯性、低区别性即为内部归因；低一致性、低一贯性、高区别性即为外部归因。

根据该归因模型，我们首先对非盟和东盟的这三个重要参数做一研究设计：

一致性：其他的地区行为体同非盟 / 东盟一样认同人权规范的“不漠视原则” / “不干涉原则”的程度；

一贯性：非盟 / 东盟人权规范认同具有历史延续性的程度；

区别性：非盟 / 东盟在除人权领域以外的其他领域认同“不漠

视原则”/“不干涉原则”的程度；

对非盟而言，其他的行为体并非都在人权规范领域认同“不漠视原则”；而非统自从保护人权和民族权利的《班珠尔宪章》出台以来，非统的人权规范向“不漠视原则”发展和转换呈现出稳定和连续的特征，非统向非盟组织的更迭不仅延续了这一趋势，而且明确和强化了这一趋势，所以说非盟的人权规范认同具有高度的历史延续性；值得一提的是，非盟成员国对待人权领域和其他领域的区别性也比较低，以上文提到的相互审查机制为例，成员国在民主和良治领域、经济管理领域、公司管理领域、社会发展领域都将接受来自相互审查机制的监督和评估。根据这三个参数的聚和情况，非盟呈现出低一致性、高一贯性、低区别性的特征，可以推出非盟在人权规范认同上奉行“不漠视原则”很大程度上是内部原因或内部变量导致的。对东盟而言，显然其他地区行为体同东盟的一致性比较低；而且东盟在“不干涉原则”上的历史连续性比较高；东盟在除人权领域以外的其他领域也都严格奉行“不干涉原则”，也就是区别性比较低，因此从东盟的低一致性、高一贯性、低区别性的特征，可以推出东盟在人权规范认同上奉行“不干涉原则”很大程度上同样是内部原因或内部变量导致的。

本书正是从非盟和东盟的内部变量切入，并按照溯因推理的逻辑模式（见绪言），提出了历史怨恨情感影响了行为体的人权规范认同，也就是说，非盟对特定事项的怨恨情感作为 A 变量导致了非盟的人权规范认同，而东盟并无非盟的这种怨恨情感，所以没有形成非盟的人权规范认同，或者理解为东盟具有不同于非盟的怨恨情感，所以形成了不同于非盟的人权规范认同。

第4章

历史怨恨情感：非盟和东盟案例研究

本书第二章曾指出，理解怨恨情感的生成和其本质特征离不开对生理反应、认知因素和社会文化因素的考察，并且根据这一特征，设置了两个重要参数：重大创伤性事件和集体语言文学表达来衡量行为体的怨恨情感，当然这一衡量的范围集中在行为体是否有怨恨情感以及怨恨情感的目标物是什么这一定性范围之内。[①] 下文将依此对非盟和东盟的历史怨恨情感做一研究。

第一节　非盟的历史怨恨情感

今天，奴隶船这种令人生畏和生离死别的幽灵已不再来缠磨我们非洲。

戴上镣铐的兄弟们的痛苦哀鸣也不会再来打破海岸炎热的寂静。

① 参阅本书第二章。

但是，往日苦难时代的号哭与呻吟却永远回响在我们的心中。

谢姆宾 · 乌斯曼 [①]

一、重大创伤性事件

非洲的历史中有两大标志性事件：奴隶贸易和殖民主义，[②] 这两大事件对非洲大陆来说，都是灾难性的。其中奴隶贸易在一定程度上甚至就是非洲历史独特性的标签。它不仅改变和调整了非洲大陆正常的政治、经济、社会、文化的发展进程，[③] 更重要的是如上述这首诗所表述的，它对非洲人民社会心理产生了巨大影响，而这种心理影响的持续将更久远。

非洲奴隶贸易是从 15 世纪中期至 19 世纪延续了 400 多年，它的基本形式就是西方殖民主义国家为了向美洲殖民地种植园和矿山提供劳动力，把一代又一代身强力壮的非洲人挑选出来贩运到美洲各地，作为奴隶卖给当地的种植园主、矿主或其他白人。奴隶贸易在非洲历史上所起的作用是极为复杂的、是带有悲剧性的。正如著名的黑人知识分子杜波依斯所言："奴隶贸易造成了人类历史上史无前例的经济、社会和政治灾难……它满足了美洲和欧洲的需要，榨干了整个非洲的血液，将非洲拒之于文明之外。"[④]

以人口数据为例，1860 年在西非和中非被贩卖为奴隶的黑人占

① ［苏］斯 · 尤 · 阿勃拉莫娃：《非洲：400年的奴隶贸易》（陈士林等译），北京 · 商务印书馆，1983年版，第1页。

② Nathan Nunn, "Historical Legacies: A Model Linking Africa's Past to Its Current Underdevelopment," *Journal of Development Economics*, Vol.83, 2007, p.158.

③ Joseph E. Inikori and Stanley L. Engerman, *The Atlantic Slave Trade: Effects on Economies, Societies, and Peoples in Africa, the Americas, and Europe* (Durham: Duke University Press, 1992); Joseph E. Inikori, "Africa and the Trans-Atlantic Trade," in Toyin Falola, *Africa: African History Before 1885* (North Carolina: Carolina Academic Press, 2000), pp.389-411.

④ ［苏］斯 · 尤 · 阿勃拉莫娃：《非洲：400年的奴隶贸易》（陈士林等译），第303页。

整个黑人人口比例高达18.64%，[①] 而在这400年间，从非洲大陆被运送到美洲的黑人至少有1300万人（具体资料见下图所示），因“猎奴战争”互相残杀，从内地到沿海途中折磨致死的，以及在横渡大西洋被抛弃海底等而死亡的奴隶更远远地超过运送到美洲的数目，目前甚至无法统计出这一准确数字。[②] 同时参考现有的一份联合国人口统计报告，在1750至1850年这整整100年间，非洲的人口只增长了500万，而当时增长最多的亚洲高达3亿人；非洲在全世界的人口比率降低了4.6个百分点，而输入大量非洲黑人的北美洲和拉丁美洲在全世界的人口比率却分别提高了1.8和1个百分点，奴隶贸易对人口版图的影响可见一斑。具体资料如表4–1、4–2所示。

表4–1　奴隶贸易预估数据

重要港口	运送奴隶数额
塞内冈比亚，塞拉利昂	2000000
Windward 海岸	250000
象牙海岸	250000
黄金海岸	1500000
奴隶海岸（今达荷美的阿德拉等地区）	2000000
贝宁至卡拉巴尔沿线	2000000
喀麦隆/加蓬	250000
卢安果(今刚果共和国)	750000
刚果/安哥拉	3000000
莫桑比克/马达加斯加	1000000
总额	13000000

注：该表整理自Hugh Thomas, *The Slave Trade: The History of the Atlantic Slave Trade 1440-1870* (London: Picador, 1997), p.806。

① Patrick Manning, *The African Diaspora: A History through Culture* (Columbia: Columbia University Press, 2009), p.163.

② 关于奴隶贸易的确切数字一直以来都充满争议，甚至后期演化成了一个政治化的议题，参阅Richard J. Reid, *A History of Modern Africa: 1800 to The Present* (Malden: Willey-Blackwell Publishing, 2009), pp.24-25。

表 4-2　18 世纪中期至 19 世纪世界人口版图

各大州 \ 年份	人口数量（单位：百万）			人口比率（单位：%）		
	1750	1800	1850	1750	1800	1850
非洲	106	107	111	13.4	10.9	8.8
亚洲	502	635	809	63.5	64.9	64.1
欧洲	163	203	276	20.6	20.8	21.9
拉美和加勒比海	16	24	38	2.0	2.5	3.0
北美洲	2	7	26	0.3	0.7	2.1
大洋洲	2	2	2	0.3	0.2	0.2

注：该表整理自 United Nations Population Division: "The World at Six Billion," http://www.un.org/esa/population/publications/sixbillion/sixbillion.htm, 2010.12.22。

奴隶贸易进行过程中的野蛮性和残酷性更是非言语所能形容，1845 年，西吉斯蒙德·克勒（Sigismund Koelle）对来自弗里敦和塞拉利昂的奴隶进行了一个抽样调查，发现 64.8% 的奴隶是被绑架、捕捉或在战争中被俘后被贩卖为奴隶的，[①] 这些冷冰冰的数据后面反映的又是怎样的历史现实呢？苏联学者斯·尤·阿勃拉莫娃在《非洲：400 年的奴隶贸易》一书中曾经对劫掠奴隶的方式进行了详细的描述：

……捕捉俘虏是根据事先向奴隶贩子达成的协议进行的。例如，某个奴隶贩子买主提出，它需要的奴隶大概是多大的年龄，男的多些还是女的多些，同时事先还谈妥要不要小孩，如果要，是什么样年岁的，等等。武装部队包围了村庄，向村庄里正在酣睡的居民猛扑过去，迅速地“用眼估计一下”，把能出卖的人全部劫走，剩下的人全部杀死。另外一种情况，就是将村庄包围起来，放火焚

① Nathan Nunn and Leonard Wantchekon, "The Slave Trade and the Origins of Mistrust in Africa," National Bureau of Economic Research Working Paper, Issued in March 2009, No. 14783, p.8, http://www.nber.org/papers/w14783.pdf, 2010.12.17.

烧。武装人员埋伏在四周，捕获从烈火中向外逃跑的人们。老人、病人和幼儿被就地杀死，其余的人被捆绑起来带去出卖。[①]

……一些人则藏在稻田旁边，捕捉前来看地和赶鸟的人。还有些人躲在水源附近，守候着前来喝水和打水的人。……更常见的是这些人躲藏在乡村小径两旁高高的草丛中。见有行人来，他们便猛扑过去，抓起来带走。[②]

而来自19世纪英国下院委员会的报告里，曾经这样描写了英国奴隶贩子船舶“普通跑买卖的情况”：“黑人的手脚被拴到一条链子上。奴隶们挤满了船舱，每个人所占的地方还不到一英尺半宽。人们把奴隶塞进船舱，就像把鲱鱼塞进桶里一样。他们中间流行着斑疹伤寒和其他一些致命的病症。每天早晨前来检查的人往往发现在成群的奴隶中有一些已经死亡。他们把尸体从锁链上解下来，以便把死难者同那些仍然活着的难友分开。[③] 难怪在非洲历史学家看来，“奴隶贸易这个题目是与非洲和美洲文献有关的最老的题目之一，同时也是最容易使人感情冲动的题目之一”。[④]

这一切苦难又源于何处呢？孟德斯鸠在《论法的精神》一书的著名章节中曾专门讨论了人们有何权利把黑人变为奴隶的问题，[⑤] 更何况，“不论在什么时候，奴隶贸易也不是有天良的人所能干的勾当，因此，需要为之辩解。这样，黑人就变成了半牲畜，变成了一种商品”。[⑥] 需要补充说明的是，从世界历史的早期直至奴隶

---

① ［苏］斯·尤·阿勃拉莫娃:《非洲：400年的奴隶贸易》（陈士林等译），第97页。

② 同上，第99页。

③ Ingram, *History of Slavery and Serfdom* (London: Adam and Charles Black 1895), p.152,转引自威·爱·伯·杜波依斯著:《非洲：非洲大陆及其居民的历史概述》（秦文允译），北京·世界知识出版社，1964年版，第218—219页。

④ ［苏］斯·尤·阿勃拉莫娃:《非洲：400年的奴隶贸易》（陈士林等译），第297页。

⑤ ［法］孟德斯鸠:《论法的精神》（上册）（张雁深译），北京·商务印书馆，1959年版，第291—291页。

⑥ 威·爱·伯·杜波依斯著:《非洲：非洲大陆及其居民的历史概述》（秦文允译），第234页。

贸易初期，非洲黑人并未被看成劣等人。[1] 随着奴隶贸易的兴起，尤其是 18 世纪随着禁止奴隶贸易斗争的开始，西方殖民主义臆造出了为奴隶贸易辩护的种族主义理论，其核心就是“非洲黑人比白人低劣”。[2] 1735 年瑞典著名的自然学家卡尔·林奈乌斯（Carl Linnaeus）把人类分为欧洲人、美印第安人、亚洲人和非洲人，在他看来，欧洲人“睿智、有创新性和规律性”，而黑人“懒惰、懈怠和反复无常”。[3] 紧接着德国人类学家约翰·弗雷德里克·布鲁门巴哈（Johann Friedrich Blumenbach）在 1776 年出版的《人类的自然种类论》中再次强调了白人是最原始的、最美丽的人种，其他人种都是白人的派生或变异。[4] 不管是有意还是无意，这些自然学家和人类学家的研究都为白人优越（White Supremacy）的种族主义提供了支持，非洲人甚至从人类被贬低为类人猿或半类人猿的地位，非洲人的黑皮肤被白人认为是“不纯的”、低贱的，当然也是劣等的种族。[5] 黑肤色的人无权享受人的尊严，对他们可以任意进行侮辱和欺凌。也就是说，奴隶贸易具有理所当然的“正当性”，“非洲人之所以称为奴隶，不是因为被劫掠为俘虏和被卖为奴隶，而是因为他只配当奴隶”。[6] 显然白人的这种苍白辩解掩盖不了最基本的历史事实：所谓白人优越的种族主义的提出为了使奴隶贸易的继续进行合法化，是为了在美洲殖民地确立对非洲人的奴隶制度。正如恩克鲁玛称：“奴隶制不是种族主义的产物，恰恰相反，种族主义是奴隶制的产物。”[7] 种族主义者把奴隶制建立在对非洲人黑皮肤和非

---

① George M. Fredrickson, *Racism: A Short History* (New Jersey: Princeton University Press, 2002), pp.17-47.

② 需要补充说明的是，种族主义是一个广义的概念，也有着多种表现形式，如反犹主义等，本书特指对待非洲黑人的种族主义。

③ George M. Fredrickson, *Racism: A Short History*, p.56.

④ Ibid., pp.56-57.

⑤ 威·爱·伯·杜波依斯著：《非洲：非洲大陆及其居民的历史概述》（秦文允译），第 173 页。

⑥ [苏] 斯·尤·阿勃拉莫娃：《非洲：400 年的奴隶贸易》（陈士林等译），第 311 页。

⑦ 同上，第 137 页。

洲人人格的歧视上，这构成了非洲历史发展过程中挥之不去的“心理阴影”。“直到现在，大多数人只要一提到‘奴隶’一词，就会联想到非洲黑人的形象。”[①] 因此相对于奴隶贸易对非洲社会的各种灾难性后果而言，种族主义是奴隶贸易最严重的后果，种族主义是奴隶贸易时代最丑恶的遗产。[②]

非洲历史中另外一件标志性事件就是从1885年持续到1960年的殖民主义。[③] 非洲大陆在经过几百年的奴隶贸易后，在19世纪总算见到了“解放”的曙光。1807年，英国通过了禁止在非洲或从非洲到任何其他地方的运输过程中，以任何方式买卖奴隶的法案。美国于1808年、瑞典1813年、荷兰1814年、法国1818年都制订了类似的法令。葡萄牙在1815年、西班牙在1817年也分别颁布了一些法律，规定贩奴船只能在赤道以南的海上活动。尽管这些正式的法律文件并未完全禁止奴隶贸易，而是开启了19世纪走私贩卖奴隶的时代，但毕竟奴隶贸易在社会舆论中受到了普遍的谴责，尤其是部分废奴主义者提出了“白色”人种和“黑色”人种的平等。到了19世纪80年代，美洲输入奴隶最多的古巴、巴西宣布了禁止奴隶贸易和解放奴隶的法令。尤其是在1885年柏林会议（1884—1885）和1890年布鲁塞尔国际会议上，西方国家又通过了反对奴隶贸易的总决议，这样，长达4个世纪、惨绝人寰的世界性奴隶贸易总算逐步地被废止。但是历史有时是带有“戏剧性”的：也正是在这届柏林会议上，英、法、德、比、葡、意等15个国家以协议形式对非洲进行了瓜分。到第一次世界大战前，整个非洲大陆只有

① ［苏］斯·尤·阿勃拉莫娃：《非洲：400年的奴隶贸易》（陈士林等译），第311页。

② ［苏］S.U.亚布拉莫瓦：《非洲奴隶贸易的意识、义旨、哲学、宗教和政治》，转引自联合国教科文组织专家会议报告和文件：《15至19世纪非洲的奴隶贸易》，北京·中国对外翻译出版公司，1984年版，第22页。

③ 殖民主义概念有广义和狭义之分，广义的概念指的是在资本主义发展的各个时期资本主义国家采取军事、政治和经济手段，占领、奴役和剥削弱小国家、民族和落后地区，将其变为殖民地、半殖民地的侵略政策；狭义的殖民主义特指的是西方资本主义列强在帝国主义时期构建帝国殖民主义体系的行为，本书是在狭义的范畴使用了殖民主义这一概念。

利比里亚和埃塞俄比亚还保持名义上的独立，其余的国家和地区全部沦为西方列强的殖民地或半殖民地。

从废奴主义再到殖民主义，历史发展似乎有些让人困惑：难道废奴主义不是要实现黑人和白人种族之间的平等吗？那殖民主义又到底意味着什么呢？其实二者之间并不冲突。在 19 世纪的废奴主义者看来，反对输出奴隶的最有效的措施是发展所谓合法贸易以便取代奴隶贸易所带来的商品和利润。在那个发达的资本主义时代，废奴主义者开始议论在非洲建立贸易站、向非洲人购买当地产品以及向非洲输入欧洲国家工业品的问题。他们大讲特讲等待白人去开发的非洲自然资源。假如欧洲帮助非洲禁止了奴隶贸易，非洲对欧洲的经济将会有很大帮助——这就是 19 世纪中期废奴主义者著作的主题。[①] 如 1839 年，在英国成立了"取缔非洲奴隶贸易和促进非洲文明协会"，其协会的目标和宗旨就是：渗入到非洲内陆中，传播基督教，向非洲人介绍欧洲文明的成就，从而帮助非洲取缔奴隶贸易并促进非洲人文明的发展。[②] 显然，不仅废奴运动的精神和理念在一定程度上鼓励了随后的殖民主义，而且废奴运动在非洲活动的展开在一定意义上也为西方大国随后的殖民主义活动奠定了基础，随之而来的殖民主义打着"帮助非洲"，把非洲带入"现代化"和"文明化"的口号进入并瓜分了非洲。当时英国不仅第一个禁止了奴隶贸易，而且第一个在其殖民地废除了对非洲人的奴隶制度，它在废奴运动中走在了前列。当时，在西非，尤其是在东非，非洲人已把"英国"和"英国人"这样的字眼同反对奴隶贸易的斗争和摆脱奴隶制的概念联系在一起。后来在开始瓜分非洲的时候，这种情况就加速了英国掠夺和建立殖民地的过程。[③] 英国从废奴主义的

---

① ［苏］斯·尤·阿勃拉莫娃：《非洲：400年的奴隶贸易》（陈士林等译），第228页。

② Prospectus of the Society For the Extinction of the Slave Trade and the Civilization of Africa, http://www.pdavis.nl/Society.htm, 2010.12.24.

③ ［苏］斯·尤·阿勃拉莫娃：《非洲：400年的奴隶贸易》（陈士林等译），第198页。

国际中心也转变成为了殖民主义的中心。因此，不得不说，支持奴隶贸易也好，支持废除奴隶贸易也好，对西方列强而言，不同的政策倾向实质上反映了对自身经济利益和政治战略利益的考量，而真正实现黑人和白人之间的平等，消除“白人优于黑人”的种族主义仍然还有很长的一段路要走。正如斯·尤·阿勃拉莫娃所言，如果在19世纪初，需要用种族主义来维护新大陆的奴隶制度和使奴隶贸易合法化，那么在19世纪后半期，则需要用种族主义来证明殖民掠夺的不可避免性和管理非洲人、并使其“吸收”欧洲文化的必要性。[①] 对非洲人而言，殖民主义就是白人对黑人的统治，同样具有种族主义的本质特征，相对于奴隶贸易而言，殖民主义意味着非洲人依然当奴隶，只不过是在自己的土地上而已。

查哈（Zahar）曾经很精辟地概括了殖民主义和种族主义的关系：殖民状态的最典型特征是种族主义，而种族主义使殖民制度得以巩固。[②] 津巴布韦著名的民族主义领导人西托莱也曾经这样评价了殖民主义：它虽然给非洲带来了一定的积极作用（部落之间的融合、社会沟通的增强、经济模式的改善和新的社会阶层的出现），但即使具有一定的积极作用，殖民主义对非洲社会所造成的断裂性和破坏性作用也是难以原谅的。[③] 对大多数非洲人而言，殖民主义奉行的“白人至上”的哲学和政策，实质上就是欧洲白人拒绝赋予非洲人在自己国家作为一个完整的人应享的基本权利。[④] 他在《非洲民族主义》一书中曾经引用了这样一段话，来描述殖民主义者眼中的非洲原住民：

当我们西方人称他们为“原住民”时，我们意指的是一种文化共

① ［苏］斯·尤·阿勃拉莫娃:《非洲：400年的奴隶贸易》（陈士林等译），第256页。

② Renate Zahar, Frantz Fanon: *Colonialism and Alienation*, translated by Willfried F. Feuser (New York: Monthly Review Press, 1974), p.19.

③ Ndabaningi Sithole, *African Nationalism* (London: Oxford University Press, 1968), pp.95-101.

④ Ibid., p.137.

识。在我们看来，他们就是会移动的树木，或出没于这片领土上的一群野兽，而我们也恰好来到了这片土地。实际上，我们觉得他们就是当地植物群和动物群的一分子，而不是像我们一样拥有情感。他们只是类人猿而已，我们自然也理当认为他们不具备基本的人权。[①]

当把原住民降格为一种自然事物，一种可动产，欧洲人就能既坚持西方民主的理念，同时又能以非人道的方式剥削和掠夺这些原住民了。而对这些受压迫的原住民而言，生活中的每件事也都向他重复着他甚至连生存的权利都没有。[②] 总之，“种族主义是西方殖民主义历史的最显著特征之一，如果在殖民主义的历史叙述中没有给予种族主义相应的重要性，那可能是种族主义这个话题太丑恶了，或者也可能是这一历史事实太明显了，具有不言自明的特征”。

综上，在非洲人看来，殖民主义和奴隶贸易一样，都意味着白人对黑人的歧视，都具有种族主义的本质特征。而这几百年来的种族歧视也无疑给非洲人民带来了巨大的心理压力和心理创伤，根据美国马里兰大学医学院伊莱贾·桑德斯（Elijah Saunders）、加利福尼亚大学医学院雪莉·布朗（Shirley Brown）以及丹尼尔·戈尔曼（Daniel Goleman）等学者的研究，对种族歧视的愤怒是美国黑人出现高血压生理病症的首要原因。[③] 而对于非洲大陆上的人民来说，这种心理和生理不适感和挫败感经过长期的积累，最终形成了一种社会集体层面上的深刻、持久而强烈的情感体验：即对白人种族主义和种族歧视行为的历史怨恨情感。正如黑人学者杜波依斯在其著作《非洲：非洲大陆及其居民的历史概述》曾经这样非常直白地描

① Ndabaningi Sithole, *African Nationalism* (London: Oxford University Press, 1968), pp.136-137.

② Renate Zahar, Frantz Fanon: *Colonialism and Alienation*, p.19.

③ Elijah Saunders, *Hypertension in Blacks: Epidemiology, Pathophysiology, and Treatment* (Chicago: Year Book Medical Publishers, 1985); Daniel Goleman, “Anger over Racism Is Seen as a Cause of Blacks High Blood Pressure,” *New York Times*, 24 April, 1990; Joseph E. Inikori and Stanley L. Engerman, *The Atlantic Slave Trade: Effects on Economies, Societies, and Peoples in Africa, the Americas, and Europe* (Durham: Duke University Press, 1992,) p.16.

述了非洲黑人的怨恨情感体验：

黑人世界在白人的脚下挣扎，无力地愤怒着，阴沉地仇恨着：
我恨他们，啊，我是多么恨他们！
我恨他们，主啊！我恨他们像恨地狱！
如果我是神，我就在今天，
给他们敲丧钟！①

二、集体文学语言表达

非洲人民对奴隶贸易和殖民主义这两大创伤性事件的情感反应和情感体验同时也系统地表现在他们的文学语言中，如黑人文学的雏形——奴隶歌曲。黑人奴隶歌曲是一种口头文学，是奴隶们在劳动时用歌声来抒发自己的悲痛和哀怨，控诉惨无人道的蓄奴制，并号召同胞为自由而战。如《不再有拍卖台拍卖我了》、《没有人知道我所经历的苦难》、《哦，没有人，没有人，没有人再能阻挡我了》等，其中比较有代表性的如圣歌《自由啊》：

自由啊自由！
我要完全的自由！
我不情愿当奴隶！
宁肯进坟墓长眠，我也要享受自由。
留在上帝身边。②

奴隶歌曲以通俗易懂的方式表达了对奴隶制的怨恨和愤怒情感，奴隶出身的黑人领袖道格拉斯曾经这样评价奴隶歌曲："现在

① 威·爱·伯·杜波依斯：《非洲：非洲大陆及其居民的历史概述》(秦文允译)，第234页。
② 施咸荣："美国黑人奴隶歌曲"，载于《美国研究》，1990年第2期，第132—133页。

我写着关于那些歌曲的回忆，仍抑制不住我的热泪和激情。我当时对奴隶制度灭绝人性的性质之所以能有模糊的初步认识，应该归功于那些歌曲的作用。那些歌声至今还伴随着我，加深我对奴隶制度的痛恨，增长我对仍套着奴隶枷锁的弟兄们的同情。”[①] 而除了奴隶歌曲外，黑人奴隶纪实文学和黑人诗歌小说等都充分表达了非洲人这几百年来对种族歧视的怨恨情感，在此不加赘述。[②]

需要强调的是，甚至近代非洲思想意识的发展脉络都是在对种族主义和种族歧视的怨恨情感体验中而展开的。非洲问题研究学者张宏明指出，近代早期非洲思想的发展轨迹是明晰可辨的，其主脉或核心始终是围绕着“非洲意识”这一高亢的主旋律而展开的，其表现形式是以种族意识的觉醒为特征。[③] 18 世纪是近代非洲思想的萌发时期，尽管该时期非洲知识分子的思想还很不成熟，他们对奴隶贸易、奴隶制度和种族主义的批评还仅仅停留在一些表象上，“但重要的是这种反应始终带有捍卫黑人人格和尊严的色彩，有时甚至带有为非洲辩护的色彩”。而这正是非洲近代思想的主题，从而为近现代非洲思想的发展做了有益的铺垫。[④] 19 世纪非洲思想意识沿着 18 世纪的思想轨迹继续发展，具有明显的连续性，因而驳斥种族主义理论、捍卫黑人种族尊严和权益依然是 19 世纪非洲知识分子关注的问题。[⑤] 非洲革命理论家弗朗兹·法侬（Frantz Fanon）称，黑人面临的任务就是“不惜一切代价向白人世界证明

---

① Benjamin Quarles, ed., *Narrative of the Life of Frederick Douglass, an American Slave*, Written by Himself, The Belkrah Press of Harvard University Press, 1960, Chap.2，转引自施咸荣：《美国黑人奴隶歌曲》，第129页。

② 参阅 William L. Andraws, *To Tell a Free Story: The First Century of Afro-American Autobiography 1760-1865* (Urbana: University of Illinois Press, 1986); Charles T. Davis, Henry Louis Gates, *The Slave's Narrative* (New York: Oxford University Press,1991); Frances Smith Foster, *Witnessing Slavery: The Development of Ante-bellum Slave Narratives* (Madison: The University of Wisconsin Press, 1979)。

③ 张宏明：《近代非洲思想经纬：18、19世纪非洲知识分子思想研究》，北京·社会科学文献出版社，2008年版，第66页。

④ 同上，第66页。

⑤ 同上，第155页。

黑人文明的存在”。[①] 非洲黑人文化的杰出代表利奥波德·塞达·桑戈尔（Léopold Sédar Senghor）称，黑人文化传统“不是别的，就是黑人的本真性”。[②] 所谓本真性，就是一种内在的本质、本能或灵魂，其外在的表现则是殖民地时期之前的黑非洲文化，这种黑人的本真性正是黑人文化认同（Negritude）的本质所在。[③] 黑人，曾经被奴役，曾经被殖民，曾经被凌辱，而现在他们自豪地崇尚那些被殖民主义的意识形态所不齿的种族特质：黑肤色。正如著名的莱昂·达马斯的诗《郁闷》所描述的：

还给我
我的黑木偶
那样的玩具才与我的本性相合
……
我再一次变成我自己
重新变成我自己
变成那个从前的我
回到从前
　回到单纯的从前
　　回到从前
　　　回到那个背井离乡的时刻之前
他们决不会了解我心中的愤懑
总是迟迟看不到我戒备的目光
他们夺走了本该属于我的一切[④]

① 张宏明:《近代非洲思想经纬：18、19世纪非洲知识分子思想研究》，北京·社会科学文献出版社，2008年版，第118页。

② Léopold Sédar Senghor, “Authenticité Négritude,” *Zaire Afrique*, Vol.102, 1976, p.82.

③ Renate Zahar, *Frantz Fanon: Colonialism and Alienation*, p.65.

④ 杰奎琳·特里米尔（Jacqueline Trimier）:《本真性的神话：人格、传统文化与非洲哲学》，载罗伯特·索罗门、凯瑟琳·希金斯:《从非洲到禅：不同样式的哲学》（俞宣孟等译），第243—244页。

非洲人通过树立自身的种族意识，强调黑人的文化和自然特征，尊崇黑人文化独有的本真性，来证明黑人和白人之间的文明、种族以及人格的平等。正如查哈所言，黑人文化认同是殖民种族主义的反命题（Antithesis），它只能作为对殖民主义白人至上的种族主义的回应来理解。殖民主义者曾经歧视被殖民者的种族，而现在这种种族和肤色被视为高尚的、具有自身独特的价值意义，这就是对殖民主义“白人至上”的种族主义和种族歧视的直接回应。[①]

总之，西方的种族主义和种族歧视激发了非洲黑人对所谓“非洲黑人比白人低劣”理论的怨恨情感，正是在这种怨恨情感体验中，非洲黑人充满了对种族平等、人格平等、自由和尊严的情感诉求。这种情感状态经过几百年的历史沉淀，已经融进了非洲这块大陆的血液之中，它不仅勾勒出了近代非洲思想意识发展的脉络图，也深刻影响了非洲现代各种思想意识的发展，不管是非洲本真性，非洲个性，黑人文化认同，或者是非洲复兴等各种理论思想都萌生于这种历史愤懑情感，而这正是我们试图理解非洲这块大陆时必须记住的一点。[②]

第二节　东盟的历史怨恨情感

一、重大创伤性事件

东南亚位于亚洲东南部，处于太平洋和印度洋、亚洲和大洋洲之间的“交汇路口”，区域内的马六甲海峡是欧洲、非洲、中东及

---

① Renate Zahar, Frantz Fanon: *Colonialism and Alienation*, pp.61-64.

② Samuel M. Makinsa, and F. Wafula Okumu, *The African Union: Challenges of Globalization, Security, and Governance* (London: Routledge Press, 2008), p.14.

南亚地区通往东亚的一条主要海运通道，也是亚洲、非洲、欧洲、大洋洲之间相互往来的海上枢纽，交通位置十分重要，有“东方的直布罗陀”之称。东南亚重要的地理位置不仅具有重大的经济价值，也具有重要的政治战略价值，这一重要性深深牵动着世界强国的政治神经，从而也导致了东南亚历史中挥之不去的“大国阴影”，既包括远古时期的东方大国，也包括近代时期的西方大国。大国与小国的互动模式构成了该地区政治历史的重要特征，根据历史发展的顺序，我们将分别分析东南亚与东方大国、西方大国互动的特征以及这种互动对东南亚造成的影响和后果。

在古代，东南亚这一地区邦国林立，风云变幻，兴衰往替者，多达数十百个，这一现象与东南亚地区复杂的民族构成有着密切的关系，如现今的印度尼西亚就拥有 100 多个民族，菲律宾、越南、缅甸则分别拥有 90 多个、50 多个和 30 多个民族。[①] 不过在古代东亚乃至世界地区格局中，东南亚国家多为小国，尤其是与该地区的中华帝国相比，其实力悬殊存有天壤之别。中华帝国通过创建古代海上丝绸之路，将东南亚以及南亚广大地区星罗棋布的邦国织在一起，构建了一个以中国为核心的海上贸易网。这一海上丝绸之路形成于秦汉时期，发展于三国隋朝时期，繁荣于唐宋时期，转变于明清时期，是已知的最为古老的海上航线。根据《汉书 · 地理志》卷二十八记载并经学者们的考证，其大致的路线是经今天越南、柬埔寨、泰国，进入暹罗湾，在缅甸东岸登陆，走一段陆路以后，再乘船沿江而下，进入孟加拉湾；又西航至印度次大陆东岸，最后到达

① 梁英明、梁志明:《东南亚近现代史》(上册)，北京 · 昆仑出版社，2005年版，第9页。有的学者对东南亚民族构成统计的数字更多，如东南亚问题研究学者韦民在东南亚各国基本情况的介绍中，则指出印尼拥有200个以上的民族，缅甸拥有50多个民族，而老挝500多万人也拥有68个民族，东南亚地区拥有的民族总数则高达400至500个，见韦民:《民族主义与地区主义的互动：东盟研究新视角》，北京大学出版社，2005年版，第146—149页。

斯里兰卡，由那里回航。[①] 当然，随着中华帝国国力的不断强盛，尤其是到了隋唐时期，贞观大治，开元全盛，这条东南亚海上航线不仅进一步延伸到波斯湾、红海地区，船舶人员往来也日益繁忙，中国生产的丝绸、陶瓷、香料、茶叶等物产借此运往欧洲和亚非其他国家。海上丝绸之路的开通与繁荣，强化了中华帝国与东南亚诸国之间的互动频率，东南亚的国际秩序也逐渐形成。正如对"华夷秩序"颇有研究的国内学者何芳川教授所言，海上丝绸之路开通以后，重要的汉朝的使节前往南亚、东南亚，要不断换乘"蛮夷贾船"，而这些"蛮夷"之国，又都遣使来华"献见"。中华与"蛮夷"之间，逐步发展起一种古代类型的国际关系体系，即所谓"华夷秩序"。[②]

从汉朝（公元前 202 年至公元 220 年）华夷秩序的逐步确立到 15 世纪末 16 世纪初西方殖民者入侵所导致的华夷秩序逐步消解，华夷秩序在东南亚地区的主导地位维持了长达一千多年。无疑，这一千多年的漫长历史将会对华夷秩序社会功能的方方面面都会做一显微镜似的剖析，东南亚国家一方面享受了华夷秩序所带来的和平"红利"，另一方面，也对华夷秩序的负面因素积生了怨恨情感。因此对华夷秩序的本质内涵做一简要梳理，在很大程度上将有助于我们理解华夷秩序对东南亚国家所造成的"心理创伤"。

何为华夷秩序？华夷秩序的本质内涵是什么？正本清源，所谓华夷之说，缘起于我国上古华夏族体的形成时期。所谓"华"即指华夏族体，所谓"夷"，即"南夷北狄""夷狄"的"夷"，它即可

---

① 《汉书·地理志》卷二十八的原文如下：自日南障塞、徐闻、合浦船行可五月，有都元国；又船行四月，有邑卢没国；又船行可二十余日，有谌离国；步行可十余日，有夫甘都卢国。自夫甘都卢国船行可二月余，有黄支国，民俗略与珠崖相类。其州广大，户口多，多异物，自武帝以来皆献见。有译长，属黄门，应募者俱入海市明珠璧、琉璃、奇石异物，赍黄金杂缯而往。所至国皆廪食为耦，蛮夷贾船，转送致之。亦利交易，剽杀人。又苦逢风波溺死，不者数年往还。自黄支船行可八月，到皮宗；船行可八月，到日南、象林界云。黄支之南，有已程不国，汉之译使自此还矣。参阅汉·班固：《汉书·十六史》，第426页，http://www.lzhedu.net.cn/book/pdf/10/ts010007.pdf。

② 何芳川："'华夷秩序'论"，载于《北京大学学报（哲学社会科学版）》，1998年第6期，第35卷，第32页。

泛指在华夏族体周围活动的所有边远的少数民族群体，也可特指东南部滨海而居的古代族体。不过需要指出的是，华夷秩序不仅仅是一种族体、地理的区别和划分，它同时包含有身份地位的排序，甚至带有贬斥的内涵。正如孔子在《论语·八佾》中所言，"夷狄之有君，不如诸夏之亡也"，[①] 何以如此？显然，在孔子看来，夷狄者，蛮也。《汉书·萧望之传》也谈到华夷的区别："圣王之制，施德行礼，先京师而后诸夏，先诸夏而后夷狄。"[②] 因此所谓的华夷秩序，也就是"自古帝王临御天下，中国属内以制夷狄，夷狄属外以奉中国"，夷狄和华夏之间是一种"以臣事君"和"以小事大"的关系，一种"制"与"奉"、"抚驭"与"事大"的关系，一种对高度发达的中华文明怀有"向化"之心，"慕圣德而率来"，以至终于被"导以礼义、变其夷习"的关系。[③] 华夷秩序的最直接表现形式就是中国作为宗主国，周边的其他小国作为藩属国，二者之间维系着一种宗藩体制或朝贡体制的关系形式。历史上东南亚的菲律宾、寮国、柬埔寨、泰国、缅甸、印尼及马来西亚，都曾经与中国保持了这种朝贡关系。[④]

对于东南亚国家而言，华夷秩序在很大程度上是基于中国的军事实力，[⑤] 它包含了中国的唯我独尊以及大国主义的强权意识，尤其是当这种秩序通过武力方式维持时，就更加强化了东南亚国家的"弱国意识"。以越南为典型，早在公元前 3 世纪，越南的早期政体就受到来自中国的影响。公元前 111 年中国汉朝的汉武帝出兵歼灭当时的"南越国"，并在其地设"交趾部"，分为九郡。其中三郡"交趾"、"九真"和"日南"相当于现今越南之北部和中北

① 李泽厚:《论语今读》，北京·三联书店，第 90 页。

② 汉·班固:《汉书·十六史》，第 90 页，http://www.lzhedu.net.cn/book/pdf/10/ts010007.pdf。

③ 何芳川:"'华夷秩序'论"，第 30—45 页。

④ 顾长永:《东南亚政治学》，台北·巨流图书公司，2005 年版，第 24 页。

⑤ YU Insun, "Vietnam-China Relations in the 19th Century: Myth and Reality of The Tributary System," *Journal of Northeast Asia History*, Vol.6, 2009, p.84; Acharya, Amitav, "Will Asia's Past Be Its Future?" *International Security*, Vol.28, Winter 2003/04, p.154.

部地区。从那时起越南第一次正式被纳入中国的版图；而在越南也将此历史称为第一次“北属（中国统治）时期”。[①] “就越南以及西方学者而言，当时的中国就是帝国主义”。[②] 越南民族经过长期的发展、奋斗，终于在公元 968 年由丁部领统一越南，建立“大瞿越南国”，从而结束了将近 11 个世纪的“北属（中国统治）”时期。公元 1174 年，宋朝才正式册封李英宗（天佐）为“安南国王”。自此，越南在华夷秩序中的国家身份得以确立。然而，中国对越南的强权政治乃至武力胁迫仍时有发生，明朝时期，公元 1406 年，朱棣就曾发动对安南的讨伐战争，前后长达 20 年，曾一度再次将其划入中华帝国的版图，设十五府、三十六州、一百八十县以治之。中国对越南 1000 多年的统治以及某些朝代“以大压小”“以强压弱”的军事武力政策无疑将导致越南的不满和怨恨，这种历史怨恨情感也将进一步引发对未来中国类似行为的防范和担忧。

需要说明的是，尽管华夷秩序包含着不平等和强权政治的要素，但是正如何芳川教授所指出的，华夏对夷狄“绝未发展到近代资本主义那种系统的种族歧视”，[③] 它更多地被表征为民族或国家之间的不平等，而不是种族之间如白人和黑人之间的不平等，何以如此呢？这与以下两个重要社会事实有着密切的关系：第一，华夷秩序很大程度上就是中国传统的“家庭式”社会关系理念的缩影。处于封建社会的中国，家庭是其最基本的社会单位，家庭关系的处理模式在很大程度上也影响了如何“治国”和“平天下”的策略理念，即“家国同构”理念。“家国同构”指的是家庭、家族和国家在组织结构方面具有共同性，如“修身、齐家、治国、平天下”的个人理想，就反映了中国传统文化对“家”与“国”之间具有同质

---

① 蒋为文：“从汉字文化共同体到民族国家：台湾（地区）和越南之比较研究”，载于宋镇照、魏玫娟：《台湾（地区）与东南亚之历史、社会和文化研究》，台北·五南出版社，2007年版，第285页。

② 顾长永：《东南亚政治学》，第22页。

③ 何芳川：“‘华夷秩序’论”，第31页。

性的理解。而在家庭关系模式中，“礼”、“孝”占据着核心的地位。具体表现为在最核心的家庭内部，“父为子纲，夫为妻纲”，当家庭的范围扩展，如叔侄关系、远亲关系，关系模式则具体表现为“朝贡体制”，即逢年过节晚辈应携带丰厚礼品拜访年老的长辈，而长辈则可酌情回礼，这种往来模式的社会功能意义主要在于表达晚辈对长辈的“孝顺和尊重”以及对这种比较远的亲情关系的维持，虽然长辈和晚辈之间的往来具有一定的不平等性，但是这种不平等性更多的是礼仪上的不平等，不仅是可容忍的，而且它在很大程度上甚至是合理和必要的。华夷秩序，对中国而言，实质上也是通过朝贡体制维持中国和夷狄之国之间相对比较远的“君臣”关系。东南亚国家派遣他们的族长、酋长、苏丹或代表，携带当地的特产及珠宝，向中国的皇帝表达尊敬或感谢，就其朝贡的物品而言，其政治象征意义远远大于其商品意义，通过朝贡体制体现了中国作为“上国”和“中央之国”的威严，因此中国认为朝贡乃是政治臣属的象征。[①] 当然华夷秩序和朝贡体制更深层次上是基于中国特有的“天下观”，即“天下一家”“王者无外”“溥天之下，莫非王土。率土之滨，莫非王臣”等理念，因此在中国看来，夷狄之国尽管具有次等性，但是这种次等性是基于身份地位乃至文明的差异和悬殊，而不是人种以及生理的差异性，毕竟其在很大的程度上类似于天朝的“远亲”，换言之，所谓的夷狄的次等性更多地代表了与天朝关系的“亲疏”之别。[②]

第二，人种的亲缘性也削弱了中国对东南亚国家进行种族歧视的合理依据。萨德赛（D.R. SarDesai）曾经指出，就像西藏是大陆

① 萨德赛（D.R. SarDesai）:《东南亚史》(蔡百铨译)，台北·麦田出版社,2001年版，第23页。

② 赵汀阳在《天下体系》一书中也谈到了中国的“内外”意识，所谓“内”，即王畿，乃天子所直辖的“千里之地”，“外”即诸侯领地，围绕着王畿按五百里一圈的比例向外排开，这种“内外”意识说明的是一种亲疏有别的远近关系，表达的是一种文化差异而不是设立作为不可共存的对立面或异端的他者，而且这种“内外”意识可能在后来发展成为所谓“华夷之辩”的意识。参阅赵汀阳:《天下体系》，南京·江苏教育出版社，2005年版，第53页。

东南亚主要河流的发源地，华南与西藏东部乃是其区域人口的来源。[①] 如今东南亚最大的种族乃是棕色皮肤的马来族，定居在马来西亚、文莱、印尼、菲律宾，而马来族的原居地就是华南，在历史上曾经分成两批向南迁移至东南亚。第一批是古马来族（Proto-Malays），掺有蒙古族人的血统，他们大约在公元前2500年从中国云南往南迁徙至东南亚。在东南亚诸岛中，马来半岛的耶昆人（Jakun）、苏门答腊的巴达克人（Batak）、缅甸Mergui群岛上的摩肯族（Moken）、马六甲与新加坡海峡的海民或海峡人（Orang Laut/Orang Selat）以及婆罗洲的达雅人（Dayak）就是原始马来人的后裔。[②] 第二批是新马来族，他们大约在公元前300年移入东南亚，首先来到岛屿东南亚的菲律宾，再从那里开枝散叶地陆续移入苏拉威西（Sulawesi）、婆罗洲，之后再往苏门答腊和爪哇岛迁移。[③] 新马来族大多数分布在沿海地区，是目前马来西亚与印尼大多数人口的祖先。[④] 除此之外，孟族（Mon）、高棉族（Khmer）、京族（Kihn）和其他的南亚语族，也纷纷从中国西南方迁入大陆东南亚。[⑤] 而到了近代，如从17世纪到19世纪后半期，大批华人移民至东南亚国家，不仅在新加坡成为优势多数，在其他各国也是重要的少数民族。[⑥] 尤其值得一提的是，这些华人移民大都聪明勤奋，从中国沿海省份跨海而来时身无分文，经过兴衰起伏，最终在大多数东南亚国家占有最高经济地位。这些杰出的海外华人不仅扩展了中国与东南亚国家的联系，而且增强了他们彼此的相互认同和情感

---

① 萨德赛（D.R. SarDesai）:《东南亚史》（蔡百铨译），第16页。

② 林开忠:“东南亚历史：史前时期到19世纪”，载于李盈慧、王宗仁主编:《东南亚概论》，台北·五南出版社，2008年版，第3页；萨德赛（D.R. SarDesai）:《东南亚史》（蔡百铨译），第16页。

③ 林开忠:“东南亚历史：史前时期到19世纪”，载于李盈慧、王宗仁主编:《东南亚概论》，第4页。

④ 萨德赛（D.R. SarDesai）:《东南亚史》（蔡百铨译），第16页。

⑤ 林开忠:“东南亚历史：史前时期到19世纪”，载于李盈慧、王宗仁主编:《东南亚概论》，第5页。

⑥ 萨德赛（D.R. SarDesai）:《东南亚史》（蔡百铨译），第19页。

纽带，再加上人种固有的同根性或亲缘性都大大排除了中国对东南亚地区进行种族或人种歧视的可能性。

综上，在东南亚国家与中国这一东方大国一千多年的互动中，不可否认，会对中国的强权主义以及华夷秩序中的不平等因素产生怨恨情感，但是这种不平等更多地体现为国家或民族之间的不平等，而不是人种或种族的不平等。

东南亚国家历史中，另外一件重大的且同样给东南亚国家带来创伤性的事件就是西方大国在东南亚国家的殖民主义。在很大程度上，西方列强的殖民主义政策就是国家互动模式中大国强权主义和主权侵害的极端表达形式，因此东南亚人民对此的怨恨情感体验也更为强烈。从 15 世纪末 16 世纪初开始，东南亚各国逐步沦为西方国家的殖民地，从此，处在西方国家的殖民统治之下长达三四百年。第一批到达东南亚的西方殖民者是葡萄牙人和西班牙人。接踵而至的是荷兰人、英国人和法国人。西方的殖民活动可以分为两个时期：16—18 世纪是第一时期，19 世纪以及 20 世纪初是第二时期。在第一时期，西方殖民活动主要是以在东南亚国家沿岸建立商馆和兵站为其目标，除西班牙人开始深入菲律宾群岛的内陆外，其他殖民国家的势力均未进入东南亚国家的腹地。该时期它们所建立的殖民地仅具有商业殖民地的性质。它们的贸易、航运和殖民制度都一一打上了商业资本的印记。以荷兰、英国的东印度公司为代表的殖民垄断公司是这一时期的主要殖民工具。东南亚大多数国家的社会形态并未发生质的变化。[①] 在第二时期，欧洲殖民者商业扩张转化为领地扩张，他们不断征服当地居民，进行一系列殖民战争和政治欺骗与收买，其势力日益深入东南亚内地。英、法逐步取代了葡、荷，成为东南亚主要的殖民国家。殖民国家对东南亚殖民领地的政治统治体制也逐步确立。东南亚国家的社会形态发生了质的变

① 梁英明、梁志明:《东南亚近现代史》(上册)，第17页。

化。[①] 截至20世纪第二次世界大战前夕，除暹罗（今泰国）以外，东南亚国家均已沦为西方列强的殖民地、保护国，整个东南亚地区已被瓜分完毕。[②] 西方殖民活动是以赤裸裸的暴力掠夺为特征的，因此无疑殖民史也是一部东南亚人民的“血泪史”。

西方列强三四个世纪殖民式的掠夺使东南亚国家在政治、经济、社会文化、社会心理等各个方面都蒙受了沉重的损失。不过值得注意的是，西方殖民主义对东南亚国家人民所造成的心理创伤最首要和最基本的表现形式是对大国的强权政治以及国家民族之间弱肉强食的悲愤和怨恨，其次才是对种族人种之间尊贵卑贱的愤懑。这是基于以下两个重要事实：

首先，西方列强早期在东南亚的殖民主义活动主要是以掠夺和抢劫商品为主，而不像在非洲大陆主要以奴隶的人肉交易为主。美洲新大陆的开发对劳动力的需求促使了西方列强在非洲进行奴隶贸易，而促使西方列强在东南亚进行探险的直接原因则是寻找黄金和香料。由于欧洲冬季气候严寒，牲畜难以生存，因而人们往往在入冬前将大批牲畜屠宰，用盐和香料腌制保存。他们使用的重要香料是印度尼西亚马鲁古群岛出产的丁香、胡椒和肉豆蔻等。[③] 另外，东南亚重要的地理位置也蕴藏着巨大的经济收益，如当时的马六甲海峡作为商品集散地，不仅汇聚着马鲁古群岛等地的香料，还有爪哇的大米、苏门答腊的黄金、中国的瓷器、珍珠和丝绸、印度的棉布以及中东各国的毛织品等，这些都是西方垂涎欲滴的财富。正如研究东南亚殖民主义史的著名学者梁志明教授所言，“殖民主义者

---

① 梁英明、梁志明：《东南亚近现代史》（上册），第18页。

② 二战前，西方国家统治东南亚的具体情况如下：英国占有缅甸、马来亚、文莱、沙捞越、沙巴和新加坡，面积共101万平方公里；法国占有越南、老挝、柬埔寨，建立法属印度支那联邦，面积共74万多平方公里；荷兰占有印度尼西亚群岛，建立荷属东印度，面积共190余万平方公里；葡萄牙占有东帝汶，面积为1.8万平方公里；美国占有菲律宾群岛，面积为29.9万平方公里。暹罗虽在政治上保持相对独立的地位，但19世纪末英法通过协议，以湄南河河谷为界，划分了双方在暹罗的势力范围。

③ 梁英明、梁志明：《东南亚近现代史》（上册），第72—73页。

口头上常以文明传播者自诩，但追求经济利益却是它们更为实际的需求。吸引他们到海外扩张的动力首先是东方的财富”。[①] 部分东南亚学者对此观点也表示了认同。[②] 东方的丰富物产正如非洲廉价的奴隶一样都给西方列强带来了巨额的利润。因此在一定意义上并不排除西方列强在东南亚地区同样具有所谓的“白人优越感”以及对有色人种的种族歧视，[③] 但是该地区的人民并未像非洲的奴隶一样被降格为“商品”，该地区的人口在西方殖民时期仍有增长趋势，而同时国家民族财富的外流、主权的丧失却对东南亚国家人民造成了极大的心理创伤。

其次，从华夷秩序宗藩体系到西方列强殖民体系逐渐转换的过程中，中国政府尤其是晚清政府自身的历史遭遇以及其牺牲东南亚小国利益而对西方列强所采取的合作妥协政策，更加强化了东南亚国家对国家间关系“大国政治”、“弱肉强食”以及自身“任人宰割”命运的认知，这些认知最终都促发了对国家弱小、主权沦落的愤懑情感。如英国在1824年、1852年和1885年曾经对缅甸发动了三次侵缅战争，对此缅甸方面一方面积极组织抗争，另一方面也对宗主国清政府发去了求援文书，“我缅国恭顺天朝数十代，原为藩属。……万望各位大人念我等国破君亡，百姓无依，英兵时常攻打，如在水火之中，即速奏明大皇帝，或发兵救援恢复，或派大臣前往议和。如蒙允准，俾缅国得存，皆天朝所赐予，我等缅民感戴恩德万代矣”。[④] 但是清朝政府并未对缅甸人民提供任何帮助，其在

① 梁志明:《殖民主义史·东南亚卷》，北京大学出版社，1999年版，绪言。

② Gilbert Khoo, *A History of South-east Asia Since 1500* (Oxford University Press, 1974), p.2.

③ 参阅Katrina Chludzinski, “The Fear of Colonial Miscegenation in the British Colonies of Southeast Asia,” pp.54-64, http://digitalcommons.calpoly.edu/cgi/viewcontent.cgi?article=1008&context=forum, 2011.2.15; Paul A. Kramer, “Race-Making and Colonial Violence in the U.S. Empire: The Philippine-American War as Race War,” *Diplomatic History*, Vol. 30, No. 2 , April 2006, pp.169-210。

④ 中国第一历史档案馆藏:《军机处录副奏折》外交类，第392号;《岑襄勤公奏稿》卷26，第34—35页。转引自余定邦:《中缅关系史》，北京·光明日报出版社，2000年版，第246页；景晓强：《身份危机、面子与对外政策：19世纪末清政府与英、法、日争端比较研究》，外交学院2007级博士研究生学位论文，第4页。

缅甸问题上的基本立场一方面是息事宁人，防止战事扩大；另一方面就是对自身作为“宗主国”身份地位的关注，1886年在与英国所签订的外交条约中，除了确保缅甸政府对清政府“十年一贡”的惯例外，清政府几乎拱手把缅甸让给了英国。[①] 缅甸案例一方面揭示了清朝政府对藩属国利益的漠视，另一方面更深层次上也揭示了清政府自身作为宗主国实力衰落的无奈和尴尬，毕竟自从鸦片战争以来，清政府在本土上也被一系列的割地赔款、丧权辱国的国际条约困扰着，因此“割让”或“转让”藩属国似乎也不难于理解。但对于东南亚国家而言，这种国际体系的转换使得国际政治的丛林法则也昭然若揭：弱小国家在很大程度上就是大国政治博弈的牺牲品，而一个国家只有依靠自助的方式才能求得生存。伴随着这些对丧权辱国的怨恨情感以及对国际政治本质的认知，国家意识、民族意识也逐渐在东南亚人民心中扎根。

综上，东南亚国家在与东方大国和西方大国的互动中，不管是华夷秩序的宗藩体系，还是西方列强的殖民体系，其重要特征都是大国和小国之间的不平等互动以及大国的强权主义政治。这种持续了两千年的国家间不平等互动模式必将给东南亚国家造成重大的心理创伤，这种心理创伤比那些物质的、有形的创伤更加久远也更为深刻，而东南亚国家持续两千年的民族忧患意识以及对大国强权政治的怨恨情感所激发的对主权平等的追求也将像“胎记”一样铭刻在东南亚人民的群体特征中。

二、集体文学语言表达

东南亚国家与东方大国和西方大国在互动中所产生的怨恨情感

① 关于清政府对英缅战争的具体反应，可进一步参阅余定邦：《中缅关系史》，北京·光明日报出版社，2000年版；肖一山：《清代通史》(下卷)，上海·商务印书馆，1927年版；王婆楞：《中缅关系史》，北京·商务印书馆，1941年版。

体验也反映在他们的文学作品中，如古代的神话传说和历史史籍都存有反抗和抗争中国侵略的记载，而近代的文学作品中对反抗帝国主义和殖民主义侵略的记载更是不计其数。

缅甸的神话历史故事“那拉底哈勃德王与中国之战”以及越南著名的神话故事“圣董天王传”都以朴素直白的形式描述了中国与其国家发生冲突的情况，而泰国和柬埔寨以及马来地区的神话传说中也有对中国人负面的描述。[①] 除神话故事外，东南亚地区的史籍记载从另外一个角度也反映了东南亚各国古代对中国的形象认知和情感体验，其中东南亚大陆地区最具代表性的是缅甸史籍《琉璃宫史》和《华人莅缅各地记》。其中，“国内外学者一致认为《琉璃宫史》是一部研究缅甸历史文化的重要史籍，对东南亚历史的研究具有里程碑的意义”，[②]《琉璃宫史》的历史重要性由此可见一斑。而根据学者张旭东的统计，《琉璃宫史》中涉及中国与缅甸发生战争（战斗）描述的有 15 小节，占《琉璃宫史》中涉及中国全部描述 38 小节的 39.47%，可见近五分之二的有关中国的描述是与战争或者战斗有关的。而且在所有涉及中国与缅甸战争（战斗）的 15 小节中，缅甸几乎一直处于正义的一方，只有 1 小节似乎缅甸是主动方，而在这所有的战争（战斗）中，缅甸方面明确胜利的有 4 次。[③] 在《华人莅缅各地记》的 37 小节中，描述中国与缅甸冲突的小节有 18 小节，共 8 次中国与缅甸的冲突，约占总数的 48.65%，几乎占到一半。[④] 值得注意的是，《琉璃宫史》和《华人莅缅各地记》中

① 张旭东:《东南亚的中国形象》，北京・人民出版社，2010年版，第5—54页；张玉安、陈岗龙等著:《东方民间文学概论》，北京・昆仑出版社，2006年版；万承华编译:《泰国民间故事选译》，北京・民族出版社，2007年版；张玉安主编:《东南亚古代神话传说》，北京大学出版社，1999年版；李艾编译:《吴哥的传说：柬埔寨民间故事》，北京・新华出版社，1985年版。

② 张旭东:《东南亚的中国形象》，第56页。李谋、姚秉彦等译:《琉璃宫史》，北京・商务印书馆，2007年版，出版说明。

③ 张旭东:《东南亚的中国形象》，第63—64页。

④ 同上，第69页。

许多对中国的描述在中国的史籍中并没有找到对应的记载，[1] 因此其准确性仍需存疑，但是东南亚国家对历史叙述的“以自我为中心”的社会建构特征恰恰进一步反映了东南亚国家集体意识中努力构建一种独立平等的“自我”形象，这也从另一侧面折射出东南亚国家的人民对大国主义的怨恨情感以及对自身国家历史命运的愤懑情感。

与东南亚国家集体文学作品中对中国的描述相比，对西方殖民主义的描述则更为丰富、批判也更为尖锐和更为深刻，这体现在各国近代大量的文学作品中，无须赘述。值得强调的是，东南亚国家现代的民族主义意识形态和主权国家概念体系正是在反对帝国主义和殖民主义的斗争中逐渐成型和完善的。西方列强对东南亚的侵略，打断了东南亚各国自身历史的正常发展，使东南亚国家作为资本主义的原料生产地和商品倾销市场被强行并入了西方世界体系和市场体系发展的轨道，其间的侵略和剥削行为也间接刺激了东南亚民族国家政体的发展和民族主义的普及。

西方的殖民主义在促进东南亚国家民族主义的产生中所起到的作用主要分为两类：第一，反向的刺激作用，即“哪里有压迫，哪里就有反抗”。面临着西方殖民主义的压迫，东南亚殖民地、半殖民地民族意识受到激励而觉醒，首要的问题就是如何抵御帝国主义列强，锻造一个具有主权意识的民族国家。然而，殖民地国家的“民族”概念是模糊不清的，民族国家的建构也不可能照搬西方的经验，只有在反殖和反帝的历史命运中才有可能缔造。[2] 尤其是 19 世纪末 20 世纪初新兴的民族资产阶级走上历史舞台，他们大多数接受过西方式的教育，信仰西方资产阶级民主政治思想的理念，因此他们举起了民族民主革命的两面大旗，不但对外反对帝国主义、殖民主义的侵略行径，同时在内部宣传西方民主和政治理念，组建

---

① 张旭东：《东南亚的中国形象》，第66—73页。

② 凌彦：“民族主义与东盟的形成”，载于《东南亚研究》，2007年第4期，第30页。

民族主义政党，提出建立君主立宪或民主共和的政治纲领，现代意义上的民族国家理念以及主权国家理念逐步确立起来。[①] 因此正如有的学者所总结的，"反殖反帝斗争不仅把东南亚各民族发动起来，它也构成了民族主义形成的历史途径，其核心就是追求民族独立和民族平等。而国家主权的现代概念，通过民族解放和独立的革命运动内化成普遍的社会意识，加速了其民族国家的现代化进程"。[②] 第二，正面的暗示效应。西方列强以民族国家的政体形式统治了东南亚地区，这也给东南亚人民传递了一个"启示"，即特定的民族国家政体形式是财富和权力的来源，因此东南亚也应该建立起西方式的民族国家政体。[③] 如作为西方列强之一的美国，不仅树立了成功摆脱殖民主义统治的榜样，而且代替西班牙统治了菲律宾，成为新的帝国主义列强，这在一定程度上就表明了独立的民族国家形式是取得现代进步的必经之路。[④] 而另外一个列强荷兰作为现代历史上第一个在反抗殖民主义战争中取得胜利的国家，同样为印度尼西亚的民族主义提供了榜样，包括苏加诺（Bung Sukarno）和哈达（Mohammad Hatta）在内的领导人在讲话中都以荷兰的爱国行动作为榜样强调自身摆脱荷兰殖民统治以及争取自由的权利。[⑤] 总之，不管是直接地或间接地，有意地或无意地，西方列强的殖民主义活动在客观上都大大促进了东南亚国家民族主义意识的觉醒、民族国家政体以及主权国家概念体系的形成和发展。而如果说种族意识的觉醒是非洲对殖民主义的回应的话，那么显然民族意识的觉醒则是东南亚对殖民主义的回应，而这种政治理念和思潮不仅系统地、深

① Gilbert Khoo, *A History of South-east Asia Since 1500*, p.3；梁英明、梁志明：《东南亚近现代史》（上册），第342—343页。

② 凌彦："民族主义与东盟的形成"，第30页。

③ Wang Gungwu, "Nation and Heritage," in Wang Gungwu, *Nation-Building: Five Southeast Asian Histories* (Singapore: Institute of Southeast Asian Studies, 2005), p.254.

④ Ibid., pp.254-255.

⑤ Wang Gungwu, "Nation and Heritage," in Wang Gungwu, *Nation-Building: Five Southeast Asian Histories*, p.256.

刻地表述了东南亚国家对西方列强的强权政治和侵略行为的不满和怨恨情感，而且它在更长远的意义上也对东南亚地区的政治生活起到了重大而深远的影响。

综上，比较而言，奴隶贸易和殖民主义使非洲对“非洲黑人比白人低劣”“白人优于黑人”的种族主义和种族歧视产生了怨恨情感；而华夷秩序的宗藩体系和西方列强的殖民体系使东盟对大国与小国的不平等互动模式尤其是大国的强权主义产生了怨恨情感。进一步讲，前者的怨恨情感属于人权侵害事项，后者的怨恨情感属于主权侵害事项。这是因为就权利主体而言，前者的单位是超越国家范围的个人，而后者的单位是国家；就权利内容而言，前者反映了对人权基本内涵“人人生而自由，在尊严和权利上一律平等”的诉求（具体详见下文），毕竟种族主义是人权精神原则的公然违背，种族主义和种族歧视构成了对于基本人权的否定，[①] 后者反映了对现代意义上主权原则“主权平等”“不干涉内政”“不使用武力威胁”的诉求，毕竟强权政治、强权主义是对国家基本权利的公然践踏。

① 参阅:《消除一切形式种族歧视国际公约》, http://www.ohchr.org/Documents/Publications/FactSheet12ch.pdf。

第5章

历史怨恨情感和人权规范认同：非盟和东盟比较研究

历史怨恨情感和人权规范认同之间是否存在相关性呢？如果是，具有什么样的相关性呢？相关机制又是什么呢？前文已经通过理论演绎，描述了怨恨情感和通过规范认知这一中介影响行为体规范认同的因果关系。根据相关的研究假设，怨恨情感影响了行为体规范认知过程中的信息收集、信息加工、信息判断以及最终的行为决策。自此，下文将通过非盟和东盟的案例研究对上述研究假设进行经验验证。

第一节　非盟的历史怨恨情感与人权规范认同

一、非统（非盟）的注意偏向

1963年5月22日至26日，31个非洲独立国家在埃塞俄比亚首都亚的斯亚贝巴举行首脑会议，决定成立非洲统一组织，自此，非统组织作为一个地区行为体活跃在国际政治的舞台上。当时的国际形势异常复杂，东西方对立阵营逐步明确化的同时，各个阵营内部也出现了一定程度的分裂，各种政治力量在经历着微型的分化、再整合以及重组的过程，而对于非洲大陆来讲，部分国家人民的民族解放事业仍未完全结束，而那些新独立的国家在摆脱殖民统治后，承继的是一个千疮百孔的国家形态：建立在部族（甚至部落）基础上的民族国家、不发达和单一畸形的殖民地经济结构和以传统村社为基础的二元社会结构，[1] 面对着如此错综复杂的内外形势，非统的组织资源应该如何分配呢？或者说，非统应该注意哪些事项呢？非统作为非洲大陆的地区组织，该地区的历史怨恨情感是否影响了非统组织的注意偏向呢？

根据本书的研究假设 I–1，行为体一旦对特定目标产生怨恨情感，则倾向于收集与该目标物相关的信息，那么可以初步推测出非统组织在处理外界纷繁复杂的信息时，倾向于注意和收集那些与种族主义、种族歧视相关的信息。对此，我们以非统历届国家元首与政府首脑会议（简称首脑会议）所通过的决议对此加以验证。之所以选择首脑会议的决议为样本，是因为首脑会议是非统组织的最高决策机构，其议题和决议显然最能代表非统组织资源的分配和流向。

1963 年，在亚的斯亚贝巴召开的非洲独立国家第一次首脑会议上，南非白人对黑人的种族歧视和种族隔离问题被明确地列入了会议议程。各国领导人声称，“各国一致意识到，为中止南非政府非法的种族隔离政策和清除各种形式的种族歧视，国家间展开协调合作的必要性和迫切性”。该首脑会议还具体提出了各国间展开合作的具体措施，如呼吁仍同南非政府保持外交、领事和经济关系的各国中断这种关系，并停止任何其他有助于种族隔离的政策，各国

① 贺文萍：《非洲国家民主化进程研究》，北京·时事出版社，2005年版，第58页。

间展开对南非制裁措施的协调工作，派出外交部长代表团（利比里亚、突尼斯、马达加斯加、塞拉利昂）通知联合国安理会南非国内的严峻形势，等等。[①]

1964 年，在开罗召开的首脑会议上，种族歧视和种族隔离问题再次被列入会议的重要议程表。各国领导人深度关切南非对国际社会舆论的置若罔闻以及对联合国安理会和联合国大会的相关决议拒不履行的态度，强调各国应该进一步加大和强化对南非政府的制裁措施。各国呼吁南非政府释放关押和拘禁的包括纳尔逊·曼德拉（Nelson Mandela），沃尔特·西苏鲁（Walter Sisulu），曼格里撒·索布维（Mangalisso Sobukwe）等在内的爱国人士，继续外交部长代表团在联合国安理会的努力，呼吁石油生产国作为紧急状态情势停止对南非的石油产品供应，要求所有的非洲国家对南非的商品进行制裁并停止对南非原材料和矿产品的供应。会议甚至决定在非统秘书处下面成立一个专门的机构，负责协调各国对南非的制裁事宜，确保对南非的制裁措施得到最严格的执行。[②]

1965 年，在加纳阿克拉召开的非统首脑会议上，种族问题同样被列入了该届会议的重要议程。各国领导人一方面对联合国和国际社会所做出的相关努力给予了关注，另一方面也指出部分大国仍同南非政权在经济、政治和军事领域的合作以及对经济制裁措施的反对和抵制鼓励了南非政权继续执行这种危险的政策。各国意识到南非的局势持续恶化，这对国际社会的和平与安全也将构成越来越严重的威胁。各国重申支持非统在南非种族隔离和种族歧视问题上所采取的措施，紧急呼吁各国严厉禁止向南非运输武器和其他军事用品，尤其是法国应该遵守联合国安理会的相关决议，停止对南非

① Resolutions Adopted by The First Conference of Independent African Heads and of State and Government Held in Addis Ababa, Ethiopia, from 22 to 25 May 1963, http://www.au.int/en/decisions/assembly.

② Resolutions Adopted by The First Ordinary Session of The Assembly of Heads and of State and Government Held in Cariro, UAR, from 17 to 21 July 1964, http://www.au.int/en/decisions/assembly.

军事用品的供应。特别呼吁与南非有经济往来的国家，尤其是英国、美国、日本、联邦德国、意大利和法国中断与南非的经济合作。并建议南非进行解放运动的各种政治力量协调政策，继续努力争取完全的平等，各国应给予解放运动事业提供道德上的和物质上的支持。[①]

自此以后，在南非种族隔离制度正式废除之前（1991 年南非各方展开政治谈判，1994 年南非种族隔离制度正式结束），非统首脑会议分别在 1978 年、1983 年、1986 年、1987 年以及 1991 年都出台了专门针对南非种族隔离和种族歧视问题的相关决议，在此不一一列举。而除了这些专门决议外，非统首脑会议在谈到罗得西亚（今津巴布韦）、纳米比亚问题时，同样也大量涉及了南非问题。正如部分学者所言，非统组织在 20 世纪 70 年代和 80 年代紧密追踪了南非，该组织大多数与自由解放相关的活动背后都有南非种族隔离问题的影子。可以这么说，奉行种族隔离政策的南非就像一个“不请之客”，以一种间接的方式帮助非统设定辩题和锁定议程。[②]因此，即使我们在一定程度上无法得出南非种族主义问题到底占用了非统多少注意资源的量化指标，也仍然可以确信的是，非统组织在运作的过程中呈现出了对种族主义和种族歧视问题高度的注意偏向。况且，基于非洲对殖民主义具有种族主义本质特征这一认知，非统组织对殖民主义问题的注意同样也表达了对种族问题的关注。

另外一个不容忽视的事实是，非统组织在对南非种族问题持续关注的同时，也多次涉及对南非内政事务的干涉，这显然违背了该组织“不干涉他国内政”的组织原则。非统宪章中明确指出成员国之间的行为应该遵守以下原则：（1）国家之间主权平等；（2）不干

① Resolutions Adopted by The Second Ordinary Session of The Assembly of Heads and of State and Government Held in Accra, Ghana, from 21 to 26 October 1965, http://www.au.int/en/decisions/assembly.

② Samuel M. Makinsa, and F. Wafula Okumu, *The African Union: Challenges of Globalization, Security, and Governance* (London: Routledge Press, 2008), p.12.

涉他国内部事务；(3) 尊重各国的主权和领土完整以及不可剥夺的独立自主权。[①] 非统组织如此重视主权平等和不干涉他国内政原则，那么非统为什么要干涉南非的内政事务呢？如上文所提到的不断对南非内部事务给予指责和干涉，非洲解放运动协调委员会而且还帮助南非内部政治力量训练军事人员，提供各种各样的军事和金钱援助，等等。换言之，非统的组织资源和注意资源为什么违背章程规定而出现了这种异常偏向呢？显然正是南非的这种种族隔离和种族歧视政策在导向非统的注意偏向中了起了核心的作用。这种政策唤醒了非统对种族主义和种族歧视的历史怨恨情感，而这种负性情感信息容易占用行为体的注意资源，因此非统自然会对南非问题给予更多的注意，甚至不惜违背最初的关于组织注意资源分配的文本规定。

综上，非统组织对种族主义和种族歧视的历史怨恨情感引导了非统组织对种族问题的注意偏向，而对此问题的注意和相关信息的收集在一定程度上就为非统组织对人权规范的认知和加工提供了“素材”。

二、非统（非盟）人权规范的信息加工

非统成立伊始，一方面要维护主权平等和不干涉内政原则，承认各国对内部事务具有管辖权，另一方面又不能对国家内部的种族隔离政策和种族歧视问题持漠视态度和“不作为”反应，那么非统如何协调二者之间的内在矛盾，从而保持整个认知过程的一致性呢？基于种族歧视问题属于人权范畴，上述矛盾更深层次上也反映了非统如何处理人权和主权的关系，而其中非统的历史怨恨情感又将起到什么样的作用呢？

① OAU CHARTER, Article II, http://www.au.int/en/sites/default/files/OAU_Charter_1963_0.pdf.

根据本书的研究假设 I–2，认知图式化是行为体加工和整理外界信息的重要方式，认知图式构成了行为体理解和解释外在世界社会意义的认知框架，因此认知图式的不同会造成行为体对外界信息认知的差异，而怨恨情感限定了认知图式的内容构成，并在一定程度上强化了认知图式的稳定性，那么就非统而言，怨恨情感、认知图式和人权规范信息三者之间是否具有上述相关性呢？换句话说，非统以及后来非盟对人权与主权关系的理解是否与非统的怨恨情感和认知图式具有相关性呢？

非洲的历史怨恨情感在很大程度上影响了非统信息加工过程中认知图式的内容构成。如上所述，非洲历史中两大标志性事件 400 多年的奴隶贸易和紧随其后 70 多年的殖民主义都激发了非洲对“白人优于黑人”这种种族主义和种族歧视的历史怨恨情感，在这种历史怨恨情感的支配下，近代非洲思想意识的发展脉络是围绕着种族主义和种族歧视而展开，而捍卫黑人的人格和尊严也构成了非洲近代思想的主题，换言之，非洲的历史怨恨情感构成了非洲思想和认知的规范性框架，它深刻影响甚至主导了非洲对各种社会现象的认知过程。从信息认知和加工处理的角度看，也就是非洲对针对黑人的种族主义和种族歧视的历史怨恨情感影响了非洲认知过程中认知图式的形成，这种认知图式具有明显的人权特征，即“人权认知图式”。

“人权认知图式”是围绕人权概念而组织起来的一组有序列的知识。这一认知图式具有以下特征：第一，人权是该图式的核心概念。在非洲的认知进程中，人权主要被表征为人的平等权和尊严权，非洲对黑人平等权和尊严权的强调体现了对人权的诉求，这是因为平等权、尊严权和人权之间存在着内在的本质性联系。[①] 人权是什么呢？顾名思义，人权是“人”这一自然属性而衍生出来的权

① 关于人的尊严和人权之间关系的进一步分析，参阅 Paul J. Magnarella, “Assessing the Concept of Human Rights in Africa,” *Human Rights & Human Welfare*, Vol.1:2, 2001, p.26.

利，是人之所以为人的权利。人权尽人皆有，而且是平等的，就是人人平等享有的权利。人权的内容要素是自由，人权的形式要素是平等。因此，人权也称平等的自由权，离开了自由和平等就谈不上人权。当然人权的内容是多重的，除了自由平等权，还包括尊严权，尊严权是人生存的最基本需要，也是人的权利的最起码要求。尊严是人最尊贵的价值——人的信仰、信念的反映；是人的自尊心和自爱心不受伤害、个人价值不遭贬低的权利、是每个人的自由得到尊重的权利；是每个人所应有的最起码的社会地位并受到最起码的尊重；是每个人都应被当成目的来尊重，而不能被当成手段和工具而遭到忽视或蔑视。因此，尊严是一个人的自尊意识、自主意识、个人价值至上的意识，它是人区别于野兽的根本标志。在人权的等级中，生命尊严权以及平等自由权皆为目的性人权或绝对人权，任何个人、组织、国家机构都不得侵犯。

非洲对黑人平等权和尊严权的重视和诉求集中反映在非统对种族歧视和种族隔离进行批驳的依据中："种族歧视是对人尊严的冒犯"，"种族隔离制度的存在对整个人类来说，都是一种公然冒犯，尤其是对于那些饱受奴隶制、殖民主义和种族主义之苦的非洲人和全体黑人而言，更是如此。"① "种族隔离制度的消除，有利于维护每个人的尊严，而不论他的肤色、种族和性别如何。"② 非洲人权宪章在其前言部分也重申了"自由平等、正义与尊严是非洲各国人民合法愿望的主要目标"。宪章第五条明确规定了每一个人都具有固有的尊严权和对其固有法律地位取得承认的权利。对人权各种形式的剥夺和侵害，特别是奴隶制、奴隶贸易、酷刑和其他残忍、不人道或有辱人格的惩罚方式都应予以禁止。③ 而"只要种族隔离制度存

① Resolutions Adopted by The Twenty-seventh Ordinary Session of The Assembly of Heads and of State and Government Held in Abuja, Nigeria, from June 3-5, 1991, http://www.au.int/en/decisions/assembly.

② Ibid.

③ African Charter On Human and People' Rights, Article5.

在，非洲各国人民就无法获得自由平等，尊严以及和平的目标，这进而深刻影响到非洲的稳定与发展”。[①] 因此，如果说在历史早期非洲主要是从道德和良知的角度谴责白人的歧视、呼吁黑人的尊严和平等的话，那么 20 世纪这种道德的呼吁进一步提升为对尊严权和平等权的法理呼吁，非统以及非盟主要借助于人的基本权利这一法理基石对种族歧视和种族隔离进行了严厉的谴责。

从非洲特有的历史怨恨情感到对黑人尊严权和平等权的强调再到人权的诉求，三者紧密联系，相辅相成，前者促发了后者，而后者再现了前者。正如几百年历史所遗留下来的怨恨情感已经融入到非洲这块大陆的血液中一样，对平等尊严权和人权的诉求也融入到了非洲这块大陆的思想认知图式中，它构成了非洲大陆认知活动中重要的不容忽视的“背景知识（Context Knowledge）”。

第二，在“人权认知图式”中，非洲这一认知主体不仅重点强调了人权这一核心概念，而且从这一核心概念出发延伸出人权与主权的主从关系，或者说通过人权的视角和路径对人权和主权的关系进行了认知加工。因此，非统以及后来的非盟在对主权以及人权和主权关系的认识上，有两大特征：

一方面，非洲国家同大多数发展中国家如东盟一样高度重视主权，强调主权的“对外独立自主权”和“对内最高管辖权”的概念内涵。在非统宪章中，明确地表示了国家间行为应遵循主权平等、不干涉他国内部事务以及尊重各国的主权和领土完整以及不可剥夺的独立自主权的原则。[②] 非盟宪章第 4 条的第（a）款和第（g）款同样明确标示了主权平等和不干涉他国内政的原则。[③] 非洲国家同大多数发展中国家一样都曾遭受了外来殖民统治、列强干涉、丧失

---

① Harare Declaration: Declaration of the OAU Ad-hoc Committee on Southern Africa on the Question of South Africa, Harare, Zimbabwe, 21 August 1989.

② OAU Charter, Article III.

③ Constitutive Act of the African Union, Article4.

主权的悲惨历史，经过多年的抗争才取得国家的独立，因而独立后非洲国家同样深谙主权、独立与国家间和平相处的珍贵，同样认为“不干涉内政”原则构成了国家间行为的基本原则。[①]

另一方面，值得说明的是，尽管非洲国家同其他大多数国家一样高度重视主权原则，但是不同的是，非洲国家是通过“人权认知图式”来理解和阐释国家主权的概念内涵的，人权构成了非洲国家主权认识的认知框架。在非洲国家看来，人权具有最高的目的属性，主权国家具有人权保护的历史使命和法律义务，唯有如此，主权国家的正当性和合法性才能得以建立，换言之，主权具有人权的属性。正是基于对主权和人权关系的这种认知，早在非洲国家刚刚独立之初，1961 年来自 23 个非洲国家的近 200 位法学家就在尼日利亚的拉各斯召开了“非洲法治大会”，提出了建立“非洲人权法院”的构想。[②] 也正是基于此，在非统组织的成立大会上非统组织就对南非国家主权的正当性和合法性提出了质疑。到了 20 世纪 70 年代，非统组织成立后的第二个十年，乌干达、中非共和国以及赤道几内亚等国家内部出现了严重侵犯人权的现象，正是由于非洲内部存在“人权高于主权”“主权具有人权的属性”这些根深蒂固的认知理念，非统组织的“不作为”在非洲大陆上才遭到了自上至下的众多谴责。博茨瓦纳、莫桑比克、坦桑尼亚和赞比亚四国联合抵制了 1975 年在乌干达坎帕拉召开的非统领导人峰会，其理由就是阿明“对生命尊严的漠视”。学者们更是对非统组织面临着人权侵害事项继续奉行“不干涉原则”进行了批评，如 Welch 所总结的，非统组织的成员国领导人“对于罪行，不看、不听也不说”。[③] 自 20 世纪 70 年代以来，非洲大陆在道德规范和法律法规的维度都从

① Nsongurua J. Udombana, “Toward the African Court on Human and Peoples’ Rights: Better Late Than Never,” p.56.

② Ibid., p.58.

③ Paul D. Williams, “From Non-intervention to Non-indifference: The Origins and Development of The African Union’s Security Culture,” *African Affairs*, Vol.106, 2007, pp.268-269.

主权向人权倾斜。[1] 对于非统而言，这些人权侵害事件也激发了深刻的反思，1979 年非统领导人峰会决定召开专家会议草拟非洲人权和民族权宪章，两年之后该宪章出台。该宪章前言中就明确了人权源于人类的自然属性，这构成了人权国际保护的法律依据。《非洲人权和民族权宪章》成为非洲人权保护历史的一个转折点，在此之前，人权被认为是内部管辖事项，可是当历史事实证明了国家也可能是人权侵犯者时，非统组织在人权与主权孰轻孰重的关系上逐渐明确了立场：尽管主权弥足珍贵，但人权具有最高的目的属性。非统的组织原则也逐渐开始从“不干涉原则”向“不漠视原则”方向演化，最终促成了非洲人权法院超国家司法管辖权和非盟大会制裁管辖权的出台。值得注意的是，非统以及非盟之所以能够进行这一历史的转变与上述国家侵害人权的历史事实密切相关，但更受制于其先前“人权认知图式”的认知结构，正是这种特有的内在认知结构赋予了历史事实于特定的社会意义。当然相对于西方社会通过“契约论”来理解“人权高于主权”（国家是由个人组成的，国家的权利来自于个人自然权利的转让，因此个人在逻辑上先于国家，个人的权利在逻辑上也先于国家的权利，个人权利是本，国家权利是末），非洲对“人权高于主权”的理解相对比较朴素，几百年来对黑人的歧视让非洲大陆愤懑不堪，对黑人的平等权和尊严权的诉求在非洲人的政治、生活以及文化生活中都具有非常重要甚至压倒一切的重要性，这种认知模式和精神诉求已经构成了非洲的历史意识之流，而在这种历史潮流中，国家主权确立起来，那么它的历史使命只能是更好地维护非洲黑人的平等权和尊严权，而不是相反，在此意义上说，国家具有保护人权的历史责任，人权是第一位的，主权是第二位的，主权具有人权的属性。

综上，非洲基于特有的历史怨恨情感形成了“人权认知图式”，

① Rachel Murray, *Human Rights in Africa* (Cambridge: Cambridge University Press, 2004).

基于该认知图式，非统不断阐释和梳理着主权的概念内涵以及人权和主权的关系谱图。简单而言，非统以及非盟高度认同国家主权的独立自主理念内涵和国家间关系的不干涉内政原则，但是上述原则建立在国家对人权保护的前提和基础之上，一旦国家成为人权侵害的主体，非统以及非盟都有义务对国家主权进行干涉，从而对人权进行国际保护。基于此，非统组织成立之初就对南非国内问题表示关注自然也就不难以理解。尤其是 20 世纪 70 年代，当众多国家发生大规模侵犯人权现象时，非统组织最终不仅明确标示了主权的人权属性这一理念，而且出台了专门的法律文件和成立了专门的制度机构对人权进行国际保护。人权规范的“不干涉原则”认同向“不漠视原则”认同这一历史的转变离不开非洲大陆固有的认知图式，而就该认知图式而言，它不是对外界信息一种客观地、“冷冰冰”地整理和组合，而是源自于非洲大陆一种特定的历史怨恨情感，以及这种怨恨情感所蕴含的道德价值判断，因此该图式具有较高的稳定性，对非统和非盟认知活动的指导性也更强和更持久。

三、非统（非盟）人权规范信息的概率判断

非统组织收集到关于人权侵害事项的信息，并按照“人权认知图式”对其进行加工和处理，这些认知活动为进一步的认知判断奠定了基础。那么非洲大陆对人权侵害事项的历史怨恨情感将促使非统以及非盟的认知判断呈现哪些特征呢？

在 1965 年召开的非统国家首脑会议上，关于南非的种族隔离和种族歧视问题，各国认为，“南非的局势持续恶化，这对国际社会的和平与安全也将构成越来越严重的威胁”。[①] 随后非统不断地强调南非当局顽固坚持种族隔离政策，是造成南非国内和整个南部非

① Resolutions Adopted by The Second Ordinary Session of The Assembly of Heads and of State and Government Held in Accra, Ghana, from 21 to 26 October 1965, http://www.au.int/en/decisions/assembly.

洲地区冲突和动乱的根源。确实，自 1948 年代表南非阿非利卡人右翼的国民党上台后，白人当局把南非历史上一直存在的种族歧视推行到极致，即施行种族隔离制度，根据一个人的肤色来决定其政治、经济、社会等权利，这引发了南非国内黑人甚至整个非洲大陆人民的强烈反对。尤其是考虑到南非当局对纳米比亚、津巴布韦、安哥拉、赞比亚、博茨瓦纳、莫桑比克、塞舌尔以及莱索托等国家的侵略行径，奉行种族主义的南非当局确实对南部非洲大陆的和平与稳定构成了严重的威胁。但是，这一切动荡和冲突因素都仅仅来自于南非的种族主义政权吗？这个问题实质上就属于条件概率判断问题，也就是在南部非洲冲突和动乱已经发生的情况下，对南非的种族主义政权作为原因事件的概率判断。对此本书根据概率判断的贝叶斯公式展开分析。

正如本书第二章所述，在进行概率判断的过程中，条件确定性概率和先验概率都是后验概率判断中不可忽视的重要参数。其中，条件确定性概率就是现有的南非种族主义政权导致南部非洲冲突和动乱的相关证据的概率。关于条件确定性概率，其概率值比较高，以南非对安哥拉的侵略活动为例，仅在 1981 年上半年，南非对安哥拉就进行过数以百计的侦察飞行、空袭以及空投部队，还数十次进行炮击、地面袭击和陆地侦察活动，打死打伤数百人，破坏了一些经济设施、村庄和公路。而 1981 年 8 月 24 日，南非种族主义政权派出机械化部队，在 100 多辆装甲车、坦克和战斗机的掩护下，悍然入侵安哥拉国土。到 8 月 31 日，南非军队已占领了安哥拉南部库内内省首府恩杰瓦和尚贡戈等 9 个城镇，在安哥拉境内纵深一二百公里。[1] 南非的侵略活动在联合国安全理事会的档案都有大量的记录，都是对条件确定性概率的有力佐证。

先验概率是在总体南部非洲的冲突和动乱中南非种族主义政权

① 《人民日报》网络版1981年8月24日，http://past.people.com.cn/GB/historic/0824/2768.html，2011年1月10日。

作为条件出现的相对概率。就先验概率参数而言，这一相对概率值并不高。这是基于以下重要原因：包括南非在内的南部非洲一直以来都是西方大国的殖民地，南非自身种族主义政权的维持以及国内政治形势的变化很大程度上都取决于大国政治战略的考量，也就是说，大国之间的政治博弈才是该地区政治安全形势的主导性因素。在南非这块土地上，1652 年荷兰人开始入侵并发动了多起殖民战争，19 世纪初英国开始入侵，并在 1899 至 1902 年与荷兰移民后裔布尔人发动了英布战争，1910 年 5 月成为英国的自治领地，1961 年 5 月 31 日，南非才退出英联邦，成立了南非共和国。① 显然南非共和国在独立前作为政治大国的附属品是无法主导该地区的政治安全形势，而独立后也难以摆脱美苏冷战的结构性制约。对超级大国美国和苏联而言，对南非政策，包括对种族主义的政策，都是其整个冷战战略的一部分。尤其是到了 20 世纪 70 年代中期，美苏在非洲的对抗进入了一个新阶段，非洲成为东西方争夺的一个重要阵地。南非由于其重要的地缘政治地位、丰富的矿产资源和非洲最为发达的工业，在美国的非洲战略，特别是南部非洲战略上具有举足轻重的地位。② 因此美国为维持自身在该地区的战略利益，防止共产主义向该地区渗透，对南非长期采取纵容和支持的政策。美国虽然在国家社会的舞台上对南非的种族隔离政策也进行了口头的谴责，但其在联合国内长期否决对南非实行经济制裁的决议，即便对南非实行了军事禁运，美国的军事装备与技术还是通过各种途径进入南非。③ 正如美国学者自身的研究所指出的，尽管美国的南非政策存在着人权与地缘政治的冲突，但是美国的“建设性参与”政

① Roger B. Beck, *The History of South Africa* (Connecticut: Greenwood Press, 2000).

② Shaun Johnson, *South Africa: No Turning Back* (Bloomington: Indiana University Press, 1989), pp.309-311.

③ Ibid., pp.304-305.

策对南非的破坏地区稳定的政策起到了纵容和支持作用。[①] 历史的发展也证明，纳米比亚和安哥拉等热点问题的解决离不开美苏之间政治大环境的影响，甚至南非的种族主义政权（1948—1994）也几乎与冷战（1947—1991）同始同终，这些都反映了在该地区和平与稳定进程中大国的主导性因素，而南非在该地区冲突与动乱中具有附庸性质和边缘特征，其作为原因事件的相对概率并不高。

上述的先验概率和条件确定性概率的分析虽然没有得出一个明确的概率值，但是通过贝叶斯的数学计算公式，我们仍然可以初步估计，南非的种族主义政权作为南部非洲冲突和动乱的原因事件概率至多在 50% 左右，而大国因素作为该原因事件的概率同样维持在 50% 左右。那么非统组织在把南非的白人政权作为原因事件的同时为何并没有给予大国相应的和足够的考量呢？当然，不排除归因过程中存在着多重的复杂因素，但是值得强调的是，不能忽视对南非少数白人执政以及对其种族隔离政策的怨恨情感在其中起到的重要作用。这种怨恨情感强化了某些信息的易得性，换言之，正如南非就像非统组织的“不请之客”一样，与南非白人政权相关的信息在非统的认知过程中总容易被唤起，这导致了非统组织对该地区的冲突进行原因判断时不仅首先归咎于南非而且过分强调了南非因素而相对忽视了其他因素。另一方面，对南非白人政权的怨恨情感也强化了非统组织的行为动机，即夸大南非对地区安全与和平的破坏作用，唯有如此，才能更好地动员国际社会的力量去关注和解决南非问题。因此，考虑到非洲历史上对种族问题的怨恨情感，那么非统内部成员国集体对南非种族主义政权的“口诛笔伐”也就不足为过了。

① P. H. Kapp and G. C. Olivier, eds., *United States/South Africa Relations: Past, Present and Future* (Cape Town Press, 1987); A.M. Thomas, *The American Predicament: Apartheid and United States Foreign Policy* (Milwaukee: Brookfield Press, 1997).

四、非统（非盟）人权事项的行为决策

上文分析了由于非洲大陆对以种族主义为代表的人权侵害事项持有历史怨恨情感，非统组织在运作的过程中，对南非的种族隔离和种族歧视问题给予了高度的关注，并逐渐形成了“人权高于主权”、“不漠视原则”的人权规范认同，同时也高度估计了南非白人政权对地区和平和稳定的破坏性。这一系列人权规范信息的收集、加工和判断最终都在一定程度上外化为非统以及后来非盟对人权事务所采取的行为决策，当然后者也是建立在前者的基础上。那么非统以及非盟人权事项的行为决策又呈现出哪些特征呢？非洲的历史怨恨情感会促使非统和非盟在人权相关事项上呈现出风险偏好的特征吗？

实际上，非统组织为了纠正和终止南非政权的种族隔离和种族歧视政策，不惜动摇了作为非统组织“奠基石”的“不干涉内政原则”，对南非国内的解放运动提供各种各样的支持，这在一定程度上就反映了非统组织在人权事项上的风险偏好特征。而随着 21 世纪新的政治经济形势的出现，非统组织在人权行为决策中的投入成本也越来越大。

20 世纪 80 年代，非统内部人权保护机构非洲人权委员会成立以后，非统保护人权的事项迅速开展起来。该委员会 1996 年至 1997 年在塞内加尔、毛里塔尼亚、苏丹和尼日利亚展开了人权监测和评估的工作，随后又在多哥、津巴布韦、马里、莱索托和博茨瓦纳展开相似的人权保护和促进工作。[①] 1999 年 4 月，该委员会又在安哥拉、刚果民主共和国、坦桑尼亚、赞比亚监测和评估难民、回返者和无家可归者的生活状况。该委员会还任命了特别报告员关

① Nsongurua J. Udombana, “Toward the African Court on Human and Peoples’ Rights: Better Late Than Never,” p.65.

注人权的具体事项，与包括联合国教科文组织在内的各种国际组织举办学术会议，会议的议题涵盖了社区工作、经济、社会和文化权利、非洲监狱内犯人的艾滋病问题以及非洲妇女权益问题。① 尽管非洲人权与民族权委员会做了这些具体且务实的努力，但是其仍然备受诟议，被认为是“显然，其不能，也不愿意有效地保护非洲人民的基本权利”。② 也正是在此基础上促发了非洲人权法院的创建，非洲人权法院确立了在人权问题上的超国家司法管辖权，尽管其对利比亚、肯尼亚相继开出了“罚单”，但显然执行情况不容乐观，而非洲联盟的国际干预权同样基于多重因素的制约也难以对此提供最终的执行保证。③

为了更好地保护人权以及预防人权侵害的发生，非统 / 非盟也做了一系列的相关性工作，而且这一外围性努力不断扩展。20 世纪 90 年代初，非统组织逐渐意识到不断增多的内部冲突带来的大规模人权侵害问题，如莫桑比克、安哥拉、苏丹、利比里亚、卢旺达、埃塞俄比亚和索马里国内的冲突导致了大量的人流离失所成为难民，犯罪横行，经济瘫痪等，人权状况日益严峻，因此非统组织在 1993 年成立一个冲突管理机制，即冲突预防、管理和解决机制。该机制展开了一系列新的活动，其中一项就是成立由外交官、学者、议员、法学家和名人组成的非洲选举观察团，其工作宗旨就是确保民主的成功转型，民主，也就是自由公正的选举，被认为是预防冲突的内在环节。它所观察的选举形式各种各样，如关于民族自决的全民公决、宪法公投、制宪议会选举、立法和总统选举

① Nsongurua J. Udombana, “Toward the African Court on Human and Peoples’ Rights: Better Late Than Never,” p.65.

② Ibid., pp. 66-76.

③ See Dan Juma, “Provisional Measures Under The African Human Rights System: The African Court’s Order Against Libya,” *Wisconsin International Law Journal*, Vol. 30, No. 2, 2012, pp.344-373.

等。[①] 不仅如此，在该机制的框架下还成立了专门负责真相调查和协调的特派团，以观察各国内部政治的真实情况。并且非统通过该机制向部分国家部署了军事人员，如布隆迪、卢旺达等。卢旺达的冲突爆发后，非统组织和其邻国就共同努力帮助冲突各方于 1993 年 8 月达成了《阿鲁沙协议》。随即，非统组织向卢旺达部署了一个中立的军事观察团以对卢旺达政府和卢旺达爱国阵线之间的非军事区进行监测。尽管非统组织的努力暂时取得了一定的成效，但随着卢旺达国内形势的发展，很快《阿鲁沙协议》被撕毁，卢旺达内部的冲突在 1994 年进一步恶化为种族大屠杀。这一事件震惊了国际社会，而非统在震惊之余，组织内部酝酿着重大调整：决定强化其冲突解决机制、成立和平基金、展开关于成立非洲快速反应机动部队的谈判甚至成立非盟取代非统等。[②] 与非统一样，联合国内部也进行了沉痛的反思，时任秘书长布特罗斯·布特罗斯–加利和继任科菲·安南从 20 世纪 90 年代开始倡导一系列改革，其重要目标之一就是强化联合国对人权的"国际保护能力"，但是非统与联合国不同的是，前者的规划大多数都在制度上都得以实现，而后者虽然激起了一定的反响，但最终并未被大多数成员采纳，从而不了了之。

21 世纪起，非统在人权保护事项上的目标进一步向国家行为体内部的政治体制和政府运作方式领域扩展。20 世纪末，非统认为应对人权侵害的根源进行重新评估，并应进一步改善现有的促进和保护人权战略，因此 1999 年 4 月 12 日至 16 日非统在毛里求斯召开了第一届关于人权与民族权的部长级会议，并发表了《毛里

---

① Cedric de Coning, "Role of the OAU in Conflict Management in Africa," Published in Monograph No. 10, Conflict Management, Peacekeeping and Peace building, April 1997, http://www.iss.co.za/pubs/monographs/No10/DeConing.html, 2011.1.13.

② The Experience of the OAU in Resolving Conflicts, http://www.bujra.com/Publications/The%20Experience%20of%20the%20OAU%20in%20Resolving%20Conflicts.pdf , 2011.1.13.

求斯宣言和行动计划》。[1] 根据法学家吉诺·纳尔迪（Gino J. Naldi）的观点，该宣言应该放在一个更广阔的背景下来理解，即在世纪之交非洲人民希望全面地享受人权，因此该宣言强调了对人权的保护和促进构成了非洲事务的首要之项。[2] 该次会议希望借此难得的机会对非洲的人权保护机制展开全面的分析和反思，以促进未来人权的加速发展。[3] 该宣言强调了对人权的尊重是维护地区和国际和平与安全以及消除冲突不可缺少的环节，也是可持续发展的重要基石，[4] 意识到非洲大陆正在发生的民主化进程以及非洲人民对法治的追求，法治尤利于所有人人权和基本自由的实现，而不论他的性别、种族、出身、宗教、社会地位、文化背景或政治观点如何。[5] 该宣言依此确认了以下事项：（1）人权是普遍的，不可分割的，相互依存和相互关联的，敦促各国政府在政策上给予经济、社会和文化权利和公民权利和政治权利以同等的重视；（2）发展权、普遍满意的健康环境权、国家和国际和平安全权利都是普遍的、不可剥夺的权利，都是人权的基本构成部分；（3）良治、法治、民主和发展之间具有相互依依赖性；（4）法治、民主和人权的发展要求有一个独立、开放、可及的和公正的司法机关……；（5）人权所基于的核心价值，尤其是尊重人类生命和尊严的神圣性、容忍差异性、追求自由、秩序、公正、繁荣和稳定，都具有文化的普遍性……。[6] 该

---

① Gino J. Naldi, “Future Trends in Human Rights in Africa: The Increased Role of The OAU?” In Malcolm D. Evans and Rachel Murray, *The African Charter on Human and Peoples' Rights: The System in Practice, 1986-2000* (Cambridge: Cambridge University Press, 2002), p.17.

② Gino J. Naldi, “Future Trends in Human Rights in Africa: The Increased Role of The OAU?” In Malcolm D. Evans and Rachel Murray, *The African Charter on Human and Peoples' Rights: The System in Practice, 1986-2000* (Cambridge: Cambridge University Press, 2002), p.18.

③ Grand Bay (Mauritius) Declaration and Plan of Action, http://www.africanreview.org/docs/rights/grandbBay.pdf p.1.

④ Ibid.

⑤ Ibid.

⑥ Grand Bay (Mauritius) Declaration and Plan of Action, http://www.africanreview.org/docs/rights/grandbBay.pdf, pp.1-2.

宣言首次列出了人权侵害的缘由:(1)现代形式的奴隶制;(2)新殖民主义，种族主义和宗教冲突;(3)贫困，疾病，愚昧和文盲;(4)导致难民外流和国内人口流离失所的冲突;(5)结构化调整和改革带来的社会混乱;(6)债务问题;(7)管理不善，不良治理和腐败;(8)公共事务管理中透明度的缺乏;(9)权力的垄断;(10)不良的传统实践活动;(11)司法系统缺乏独立性;(12)缺乏独立的人权机构;(13)新闻结社自由的缺乏;(14)环境恶化;(15)非统宪章的领土完整原则、殖民时期边界的不可侵犯原则以及自决权的践行不力;(16)不符合宪法的政府更迭;(17)恐怖主义;(18)裙带主义;(19)民族性的歪曲。[①] 总之，针对人权侵害来源的多样化，非统需要一个全面的、综合的战略来完成非统促进和保护人权的使命。

诚然,《毛里求斯宣言》在一定程度上体现了作为《非洲人权与民族权宪章》重要特征之一的综合性，即非洲人权不仅包括政治、公民权利，还包括经济、社会和文化权利等等，但是显然，该宣言不是一个简单的重复，它的字里行间透露着非统对人权保护新的理解，即强调了国内政治体制和政府运作方式对人权保护的重要性，为了更有效地促进、提升和保护人权，民主、良治、法治这些目标理念进入了非统的政治议程。正如一年之后，在多哥洛美召开的非统第36届国家领导人会议特别发表了一份《关于非统应对非宪制政府更迭方式的框架性宣言》,[②] 该宣言的精神随后直接转换为非盟宪章第3条的（g）款和第4条的（p）款。[③]

非盟成立以后，人权使命几乎渗透到了非盟的各个组织议程和活动项目之中，从政治、经济到军事、文化各个领域，正如本书第

① Grand Bay (Mauritius) Declaration and Plan of Action, http://www.africanreview.org/docs/rights/grandbBay.pdf, p.2.

② Declaration on the Framework for an OAU Response to Unconstitutional Change of Government, http://www.africanreview.org/docs/govern/govchange.pdf.

③ Constitute Act of The African Union, Article3, 4.

三章所提到的 NEPAD、《非洲民主、选举和治理宪章》、《非洲联盟预防和打击腐败公约》等。随着使命的不断扩展，非盟也越来越触及到非洲社会中的一个痼疾：军事政变。军事政变在非洲政治中具有一定的普遍性，根据帕特里克·麦高恩（Patrick McGowan）的研究统计，在 1956—2001 年，撒哈拉以南的非洲共发生了 80 次成功的军事政变，108 次未遂军事政变以及 139 次政变预谋。其中，62.5% 的国家至少发生了一次成功的政变，而 37.5% 的国家甚至出现了多次政变。48 个国家中，41 个国家都发生过政变或未遂政变，只有 6 个国家完全免于这三种军事干涉行动。[①] 非盟成立以来，在 2002 至 2005 年的三年间，中非共和国（2002）、几内亚比绍（2003）、多哥（2005）、毛里塔尼亚（2005）国内发生了成功的军事政变，而就未遂军事政变而言，毛里塔尼亚 2004 年发生了两次，刚果民主共和国 2004 年也发生了两次，赤道几内亚 2004 年发生了一次。[②] 显然，军事政变发展的势头仍然强劲，而就其形成因素而言，涵盖了政治、经济、社会各方面的因素，因此要完全消除这一痼疾并非易事，而当非盟的组织触角伸展到这一领域，显然蕴含着巨大的风险。

综上，可以看出，短短的几十年间，从对种族隔离问题的关注到人权状况的观察再到冲突的管理最终到民主法治的维持甚至经济社会的发展，非统和非盟的人权保护所涉及的领域越来越广泛，而且在每个领域内部组织的制度化也在迅速强化，这些都是其他国际组织难以比拟的。而随着人权保护事项的广度和深度的不断增强，非统以及非盟组织行为所承担的风险性也在急速增加。这种高风险性主要来源于这一内在矛盾，即组织使命的“越走越远”和组织能

① Stefan Lindemann, “Civilian Control of the Military in Tanzania and Zambia: Explaining Persistent Exceptionalism,” *Crisis States Working Papers Series* No.2, September 2010, p.1.

② Valery Besong, “Coup d’etats in Africa: The Emergence, Prevalence and Eradication,” Summer 2005, http://www.stanford.edu/class/e297a/Coup%20d”esats%20in%20Africa%20-The%20Emergence,%20Prevalence%20and%20Eradication.doc, 2011.2.6.

力的“力不从心”，诸如财政预算就是非盟组织目前不得不面临的严峻问题，对非盟而言，即使是规模很小的非武装的军事观察团行动，非盟自身的预算或非洲和平基金都难以负担，非盟不得不依赖捐助资金来支撑自身组织的和平行动，尤其是主要的捐助大国都不是非洲国家，而是美国和欧盟，因此无疑资金缺乏将会对非盟的组织能力形成极大的制约。① 非盟组织能力在现实中一旦屡次受挫，非盟人权保护机制的执行能力将会削弱，整个非盟人权保护体系的基础也会动摇。

第二节　东盟的历史怨恨情感与人权规范认同

一、东盟的注意偏向

1967 年 8 月，东南亚国家联盟成立，而此时东南亚地区的国际形势正是“阴云密布”。美国自从 1965 年 2 月空袭了北越以后，在越南的军事卷入不断升级。同时基于美国和日本、菲律宾以及泰国都存有某种形式的军事同盟关系，这三个亚洲国家分别向美国提供了军事基地，从而也间接卷入了美国在越南的军事行动中。与此同时，该地区的另一个大国中国自从 1966 年起开始在国内发动一场全民性的“无产阶级文化大革命运动”，在部分西方人看来，毛泽东发动这场运动旨在激发人民的革命热情，尤其是反对美越战争的革命激情。② 大国之间的角力使得该地区上空的政治气氛异常严重，而该地区内部的政治动荡和不安也风起云涌：20 世纪 60 年代

① Cedric de Coning, “Peace Operations in Africa: the Next Decade,” Norsk Utenrikspolitisk Institutt [721]Working Paper, June 2007, p.12, http://english.nupi.no/Publications/Working-Papers/2007/Peace-Operations-in-Africa-the-Next-Decade, 2011.2.6.

② Yoshiyuki Hagiwara, “The Formation of Asean,” in K.S. Sandhu, Sharon Siddique, Chandran Jeshurun, *The Asean Reader* (Singapore: Institute of Southeast Asian Studies, 1992), p.35.

初菲律宾和印尼为一方，马来西亚为一方，双方曾围绕着沙巴的主权问题争执不下，印尼苏加诺政府也曾执行全面对抗马来西亚的政策，使得刚刚成立的地区合作组织东南亚联盟（the Association of Southeast Asia）很快陷入夭折；另外一个国家新加坡在脱离马来西亚后也正遭受着亲共的社会主义阵线党（Barisan Sosialis）所奉行的街头议会“打了就跑（hit-and-run）”策略的困扰；除此之外，对于刚刚摆脱殖民统治的各国而言，贫穷问题以及所引发的社会问题也对各国政治带来了很大的不确定性。[①] 在此动荡不安的历史背景下，东南亚国家联盟成立，那么该组织将履行什么样的历史使命呢？其组织资源又将呈现出什么样的注意偏向呢？

根据本书的研究假设，行为体一旦对特定目标产生怨恨情感，则倾向于收集与该目标物相关的信息，那么可以初步推测出东盟组织在运行的过程中，倾向于注意和收集那些与强权主义以及其他主权侵害事项相关的信息。在东盟看来，区内所发生的比较严重的主权侵害事件是 1978 年 12 月越南对柬埔寨的侵略事件，[②] 那么东盟是否对该事件给予了持久的和较集中的注意呢？或者说在该事件上呈现出一定的注意偏向呢？对此，我们以东盟历届部长级会议所通过的联合声明对此加以验证。之所以选择部长级会议而非首脑会议，是因为东盟在成立后的很长一段时间内，每年定期召开的年会是部长级会议（外交部长），而在其第一个 25 年的时间里总共才举行了四次峰会，直到 1992 年各国领导人才同意将过去不定期召开的首脑会议改为每三年举行一次，2001 年以后才将首脑会议调整为每年举行一次，因此本书原则上将外长会议作为基本参考文本对东盟组织的注意偏向做一研究。

---

① Yoshiyuki Hagiwara, “The Formation of Asean,” in K.S. Sandhu, Sharon Siddique, Chandran Jeshurun, *The Asean Reader* (Singapore: Institute of Southeast Asian Studies, 1992), p.35.

② 值得注意的是，相对于20世纪60年代末的越南侵略战争，东盟并未把美越战争定义为主权侵害事项，在早期的外长会议中对此也并未涉及。

1978年，越南经过长时间准备和计划，于12月25日以突然袭击的方式对柬埔寨发动了战争。越军在20天内便占领了首都金边、各主要城镇、沿海岛屿和交通干线，推翻了原来的波尔布特（Pol-Pot）政府，建立了以韩桑林（Heng Samrin）为首的傀儡政府。自此，越南对柬埔寨的占领长达十余年，该侵略事件是对主权原则的公然违背，是自东盟创立以来对东盟所构成的最严重的安全挑战，因此东盟对该事项给予了持久的和密切的关注。

1979年1月9日，东盟外长第一次发布了针对越南侵略的集体声明，敦促地区内所有国家“尊重各国的独立、主权、领土完整和政治体制”，“禁止干涉其他国家的内部事务，禁止直接或间接地进行针对其他国家的颠覆性活动”。[①] 1979年1月12日，东盟外长又就当时的政治形势召开了一次特别会议，会后的声明简洁、明确地再次表达了东盟的立场：（1）东盟外长重申1月9日声明中所包含的立场；（2）“对军事干涉柬埔寨的独立、主权和领土完整的行为表示极度震惊”；（3）“坚持柬埔寨人民享有自主决定权以及免于外部大国干涉的权利”；（4）“为此，东盟外长呼吁外国军队立即和彻底地从柬埔寨领土上撤走”；（5）“东盟外长欢迎联合国安理会就印支半岛形势立即展开磋商，强烈建议安理会采取必要的和适当的措施以恢复该地区的和平、安全和稳定”。[②] 1979年6月份的外长年会联合声明中，也专门把印支半岛形势（Situation in Indochina）列为重要议程，并发表了6点声明。除了对1月9日的声明再次进行重申外，该次外长会议对印支半岛形势的继续恶化表示了严重的关切，尤其是越南军队在泰—柬边境的存在以及印支半岛流离失所者、非法移民和难民问题对该地区各国安全和稳定所带来的隐患。

---

① ［加拿大］阿米塔·阿查亚：《建构安全共同体：东盟与地区秩序》（王正毅、冯怀信译），第82页。

② Joint Statement The Special ASEAN Foreign Ministers Meeting On The Current Political Development In The Southeast Asia Region, Bangkok, 12 January 1979, http://www.aseansec.org/1257.htm, 2011.2.20.

会议重申了支持柬埔寨人民反对越南和其他外国势力对本国内部事务的干涉，东盟外长将和国际社会一道支持柬埔寨人民的自主决定权和其存在免于干涉、颠覆或胁迫的权利。[①]

1980 年在吉隆坡召开的外长会议上，各方依然对越南的侵略行为给予了关注，并发表了关于印支半岛形势的 8 点声明。外长们详细讨论了柬埔寨形势以及越南军队在泰—柬边境进入泰方领土的严重形势，对越南并没有给予东盟和国际社会的和平努力以积极回应表示失望。外长们强调阿富汗问题和柬埔寨问题的共同点都在于外部大国公然违背国际法，通过军事武力把自身的意志强加于弱小的独立国家身上，他们呼吁各方尊重柬埔寨和阿富汗的主权、领土完整和政治独立，认为现有危机的出路在于柬埔寨和阿富汗分别创建一个独立的、中立的、不结盟的以及免于外部势力干涉的政府。外长们重申他们将继续承认民主柬埔寨政府（the Government of Democratic Kampuchea），支持其在联合国的代表权。外长们坚决认为外国军队没有任何理由推翻合法的民主柬埔寨政府，这种行为侵犯了国际上公认的国家间关系准则。外长们也反对任何为越南在柬埔寨的持续存在以及承认韩桑林政权而辩护的借口。[②] 显然，这是针对越南的辩解主张而言，在其看来，韩桑林所领导的柬埔寨"救国阵线"派别推翻了实行种族灭绝的波尔布特政权，而其调动军队到柬埔寨就是要支持掌权的韩桑林政府，同时越南也把柬埔寨放在更为广泛的地缘政治中来讨论，称其所采取的军事行动是一种对抗中国扩张主义威胁的防务行动，[③] 而不管越南诉诸于哪种辩护理由，东盟外长都对越南的这种侵犯他国主权的行动给予了谴责。外长们认为只要是外国占领部队所建立的政权，不管其多么具有貌

① Joint Communique of the Twelfth ASEAN Ministerial Meeting, Bali, 28-30 June 1979, http://www.aseansec.org/1242.htm, 2011.2.20.

② Joint Communique of the Thirteenth ASEAN Ministerial Meeting, Kuala Lumpur, 25-26 June 1980, http://www.aseansec.org/1243.htm. 2011.2.20.

③ Stephen J. Morris, *Why Vietnam Invaded Cambodia* (California: Stanford University Press, 1999).

似的合法性，都是对联合国宪章的一种侵犯。东盟各国对民主柬埔寨政权的支持是基于不干涉他国内政这一基本原则，而改变对民主柬埔寨政权的承认无异于对越南军事干涉行动的纵容。[①]

1981 年东盟外长在马尼拉召开第 14 届外长会议，东盟各方对印支半岛问题的关注有增无减，不仅专门讨论了印支半岛的形势，发表了 14 点声明，而且还专门讨论了印支半岛的难民问题，发表了 5 点声明。外长们一如既往地谴责了越南对柬埔寨的侵略，称其是对联合国宪章和国际法的公然冒犯。外长们强调了柬埔寨 1981 年 3 月至 5 月召开的所谓选举实质上就是试图赋予越南支持的韩桑林政权以合法性。他们坚决认为这是一次舞弊的选举，没有体现柬埔寨人民真实的意志，因为它是在 20 万越南军队压境的情况下展开的。只要越南占领部队继续留在柬埔寨，柬埔寨人民就不能实现他们的国家利益或组成自由选举的政府。外长们认为召开一个柬埔寨问题的国际会议对整个国际社会来说是至关重要的，尤其是对那些小国而言，它们最有可能面临着如何保卫自己领土免受邻国强大政权的侵略、占领和渗透的困境。外长们重申了对民主柬埔寨政府的支持，并呼吁联合国成员国一起捍卫“不干涉原则”，支持民主柬埔寨政府在联合国的代表权。他们认为一个真正代表民意的政府只能由柬埔寨人民自己来决定，因此欢迎目前柬埔寨的爱国人士就建立一个联合阵线而展开协商，以便尽快成立一个摆脱外国占领和统治的民主柬埔寨联合政府。他们相信柬埔寨冲突的全面解决对建立一个和平、自由和中立的东南亚地区是至关重要的，而只有和平、自由和中立才能确保该地区各国的独立和主权。[②]

自此以后，在柬埔寨冲突达成全面的政治解决方案以前，东盟

① Joint Communique of The Thirteenth ASEAN Ministerial Meeting, Kuala Lumpur, 25-26 June 1980, http://www.aseansec.org/1243.htm. 2011.2.20.

② Joint Communique of The Fourteenth ASEAN Ministerial Meeting, Manila, 17-18 June 1981, http://www.aseansec.org/1244.htm, 2011.2.21.

的外长会议每年都围绕着印支半岛的形势这一重要议程展开讨论，并发表了多条集体声明，其中 1982 年的新加坡会议发表了 11 条声明，[①] 1983 年的曼谷会议发表了 14 条声明，[②] 1984 年的雅加达会议发表了 16 条声明，[③] 1985 年的吉隆坡会议发表了 16 条声明，[④] 1986 年的马尼拉会议发表了 15 条声明，[⑤] 1987 年的新加坡会议发表了 10 条声明，[⑥] 1988 年的曼谷会议发表了 8 条声明，[⑦] 1989 年的斯里巴加湾会议发表了 5 条声明，[⑧] 1990 年的雅加达会议发表了 8 条声明，[⑨] 1991 年的吉隆坡会议发表了 7 条声明，[⑩] 1992 年的马尼拉会议发表了 8 条声明，[⑪] 具体内容在此不一一列举。总之，针对越南对印支半岛的侵略行为，东盟外长不仅第一时间内做出了集体回应，而且每年都把此问题列为一项重要议题展开了讨论。正如戴维·马丁·琼斯（David Martin Jones）和迈克尔·史密斯（Michael L.R.Smith）在回顾东盟走过的 40 年历史时指出，在第二

① Joint Communique of The Fifteenth ASEAN Ministerial Meeting, Singapore, 14-16 June 1982, http://www.aseansec.org/1245.htm, 2011.2.21.

② Joint Communique of The Sixteenth ASEAN Ministerial Meeting, Bangkok, 24-25 June 1983, http://www.aseansec.org/1246.htm, 2011.2.21.

③ Joint Communique of The Seventeenth ASEAN Ministerial Meeting, Jakarta, 9-10 July 1984, http://www.aseansec.org/1247.htm, 2011.2.21.

④ Joint Communique of The Eighteenth ASEAN Ministerial Meeting, Kuala Lumpur, 9 July 1985, http://www.aseansec.org/1248.htm, 2011.2.21.

⑤ Joint Communique of The Nineteenth ASEAN Ministerial Meeting, Manila, 23-28 June 1986, http://www.aseansec.org/1249.htm, 2011.2.21.

⑥ Joint Communique of The Twentienth ASEAN Ministerial Meeting, Singapore, 15-16 June 1987, http://www.aseansec.org/1250.htm,

⑦ Joint Communique of the 21st ASEAN Ministerial Meeting, Bangkok, Thailand, 4 - 5 July 1988, http://www.aseansec.org/771.htm, 2011.2.21.

⑧ Joint Communique of The 22nd ASEAN Ministerial Meeting, Bandar Seri Begawan, 3 - 4 July 1989, http://www.aseansec.org/794.htm, 2011.2.21.

⑨ Joint Communique of The 23rd ASEAN Ministerial Meeting, Jakarta, 24-25 July 1990, http://www.aseansec.org/1058.htm, 2011.2.21.

⑩ Joint Communique of The 24th ASEAN Ministerial Meeting, Kuala Lumpur, 19-20 July 1991, http://www.aseansec.org/956.htm, 2011.2.21.

⑪ Joint Communique 25th ASEAN Ministerial Meeting, Manila, Philippines, 21-22 July 1992, http://www.aseansec.org/1167.htm, 2011.2.21.

个十年中，东盟在印度支那半岛冲突的解决中发挥了积极的外交作用，[①] 而加拿大学者肖恩·纳林（Shaun Narine）更是直接地用“越南时期（Vietnam period）”来概括东盟特定的历史发展阶段，这也进一步凸显了越南问题在东盟政治议程中的重要性。[②] 曾经多次参与东盟外长会议的泰国前任外长他纳·科曼（Thanat Khoman）也曾指出，“越南在印支半岛以及泰国东北部的侵略野心使得东盟越来越专注于柬埔寨等热点问题，而经济事务则几乎完全被忽略或弃之”。[③] 总之，由上我们可以得出一个结论，即东盟在70年代末到90年代初对越南问题所给予的注意偏向是显著的。

东盟对越南问题给予了高度的注意偏向，这一事实在一定程度上与我们的推论相符：东盟对主权侵害事项持有怨恨情感，则倾向于注意和收集那些主权侵害事项相关的信息。不过为了增强说服力，本书将继续对东盟的历史怨恨情感和东盟的注意偏向之间的相关性做出进一步的分析，毕竟就东盟的注意偏向而言，安全利益因素似乎也能提供出合理的动力解释。东南亚问题研究学者阿查亚曾经指出，东盟把越南的侵略作为一种严重违背不干涉原则的行为进行了批评，[④] 上文的历史追踪也证明了这一点。东盟外长会议多次强调越南的军事行动侵犯了柬埔寨以及泰国的独立、主权和领土完整，而东盟对韩桑林政权的反对以及对民主柬埔寨政权的支持就是

① David Martin Jones and Michael L.R.Smith, “Making Process Not Progress ASEAN and the Evolving East Asian Regional Order,” p.148.

② 根据加拿大学者Shaun Narine的划分，东盟的历史发展阶段分为五个阶段：早期（1967—1975/1976），越南时期（1975/1976—1991），后冷战时期（1991—1992），亚洲金融危机时期（1997—1998），后危机时期（1998—　），见the conference paper in the Political Science Department of the University of Freiburg in 2007, “40 Years of ASEAN: Performance, Lessons and Perspectives,” http://www.google.com.hk/search?client=aff-cs-360se&forid=1&ie=utf-8&oe=UTF-8&hl=zh-CN&q=40%20YEARS%20OF%20ASEAN, 2011.2.21.

③ Thanat Khoman, “Asean Conception and Evolution,” in K.S. Sandhu, Sharon Siddique, Chandran Jeshurun, *The Asean Reader*, XIX.

④ ［加拿大］阿米塔·阿查亚：《建构安全共同体：东盟与地区秩序》（王正毅、冯怀信译），第82页。

基于不干涉他国内政这一基本原则，东盟甚至指出，只要是外国占领部队所建立的政权，不管其多么具有貌似的合法性，东盟各国都不会对该政权给予外交承认和支持，[①] 显然东盟在“不干涉他国内政”这一原则上立场是异常坚定的。换言之，东盟对越南问题的关注就是因为越南干涉他国内政这一事实的形式本身，而非这一事实的社会后果。这在很大程度上反映了对东盟而言，与其说“不干涉原则”是一种现实安全和利益的考量，更不如说是一种规范和价值的诉求，作为一种规范和价值诉求，只有放在更广阔的东盟历史语境中才能得以理解，而东盟的历史怨恨情感就是其中不可缺少的环节，因此无疑东盟的历史怨恨情感和注意偏向之间存在着一定的相关性。

综上，由于东盟持有对主权侵害事项的怨恨情感，因此在长达十余年的发展进程中都对越南问题呈现出了高度的注意偏向，而这种大量的信息收集工作必将在很大程度上对东盟人权规范信息的认知加工产生更深远的影响。

二、东盟人权规范的信息加工

东盟对越南占领金边、推翻波尔布特政府的行为给予了高度的关注并做出了强烈的回应，与此同时却对波尔布特政府在 1975—1978 年所施行的种族灭绝行动保持了沉默，尤其是自 20 世纪 80 年代末 90 年代起，当人权问题越来越引起国际社会的关注时，东盟对成员国的人权事项却并未给予适当的关注。1986 年 2 月菲律宾国内爆发了反对独裁专制的马科斯政权的示威运动，东盟对“人民力量（People’s Power）”的革命行动采取了忽视的态度，同时对 1992 年 5 月泰国军事镇压亲民主示威者也未作出回应，尤其是

① 参阅 Joint Communique of The Thirteenth ASEAN Ministerial Meeting, Kuala Lumpur, 25-26 June 1980, http://www.aseansec.org/1243.htm, 2011.2.20.

1997 年 7 月无视国际社会对缅甸政权合法性的关切，而接纳缅甸成为其成员国，东盟在人权事项上的行为反应遭致了国际社会的众多批评。[①] 泰国学者曾指出：“民主和人权，本质上都是东盟地区讨论议程中所回避的事项。”[②] 那么东盟为何在主权侵害事项和人权侵害事项上呈现出如此不同的注意偏向呢？东盟作为一个认知行为体，是如何处理主权和人权之间的关系呢？东盟的历史怨恨情感在其中又将起到什么样的作用呢？

正如上文所述，在信息认知加工的过程中，认知图式起着重要的媒介性作用，它框定了认知行为体的认知视角，限定了行为体的认知理解，而不同的行为体，具有不同的历史怨恨情感，则会形成不同的认知图式。就东盟而言，它在两千年的历史发展长河中不论是与东方大国的互动还是与西方大国的互动，都在很大程度上损害了东盟国家的主权权利，因此东盟国家对强权主义和主权侵害事项充满了历史怨恨情感，这种历史怨恨情感也进一步引发了东盟国家的“主权认知图式”的形成。而与非盟的“人权认知图式”相比，东盟的“主权认知图式”则具有以下特征：

第一，主权是该图式的核心概念。主权，即国家主权，是国家的最重要属性，是国家在国际法上所固有的独立处理对内对外事务的权利，主权原则包括国家之间互相平等，互相尊重主权与领土完整，互不侵犯以及互不干涉内政等原则。东盟在历史发展中曾经遭受了严重的主权侵害，因此独立后格外珍视主权，不过需要强调的是，尽管东盟国家高度重视国家在国际体系中所享有的主权权利，但是关于国家主权的概念体系并非东盟首创，早在东盟成立之前，该概念体系发展得已经相当完善。如新加坡东南亚研究所

---

① 参阅［加拿大］阿米塔·阿查亚：《建构安全共同体：东盟与地区秩序》(王正毅、冯怀信译)，第82页。

② Dr Sriprapha Petcharamesree, “The Human Rights Body: A Test for Democracy Building in ASEAN,” *International Institute for Democracy and Electoral Assistance 2009*, p.12.

（Institute of Southeast Asian Studies）的高级研究员约翰·芬斯顿（John Funston）就曾经指出："其实关于亚洲的不干涉原则并无特殊之处。它源自西方，是现代威斯特伐利亚国际体系的产物，该体系为欧洲主权国家之间的秩序奠定了基础。不干涉原则、主权和国家平等，一直都被视为明确的'国家间可接受的和可预期行为'的三条基本规则。……正如霍尔斯蒂（K.J. Holsti）所言，如果不干涉原则、主权和国家平等原则'不能得以理性地遵守，那么国际体系的结构和国家间关系的本质都将发生颠覆性的改变。'"[①] 确实如约翰·芬斯顿所认为的，联合国、非盟以及美洲国家间组织等许多国际组织都同东盟一样明确标示了国家间关系的不干涉原则，但是重要的是，在不干涉原则应用范围的认同和理解上，东盟和国际社会并非完全雷同，如东盟和非盟关于该原则的理解就存有差异，而这恰恰反映了他们在整个国家主权概念体系上的不同认知。东盟前任秘书长鲁道夫·C. 塞韦里诺曾经深入分析了东盟和非盟以及美洲国家间组织在不干涉原则上的差异，对后者而言，尽管标示了不干涉原则，但是其宪章也明确了特定的国家间共有价值准则以及对成员国国内的政治和社会体制安排做出了某些规定甚至允许重要的价值规则受到侵犯时，地区组织具有干预的权利。如非盟有权对战争罪行、种族灭绝罪行和反人类罪行以及政权的非宪制更迭进行干预，而东盟成员国之间并无就一国内部政治安排或国家与公民之间的关系形成共有的价值规范，他们的共识恰恰是以不干涉他国内政为特征的国家间关系准则。[②] 显然，东盟和非盟对不干涉原则的重视程度是不同的，对非盟而言，不干涉原则是共有价值框架内的国家间关系法则，并不具有第一性的地位，而对东盟国家而言，不干涉原

---

① John Funston, *ASEAN and the Principle of Non-Intervention: Practice and Prospects* (Singapore: Institute of Southeast Asian Studies, 2000), pp.1-2.

② Rodolfo C. Severino, *Southeast Asian in Search of an ASEAN Community: Insights From the Former ASEAN Secretary- General* (Singapore: Institute of Southeast Asian Studies, 2006), pp.88-94.

则在很大程度是国家间关系的第一法则，正如东盟在人权规范认同上也坚持“不干涉原则”，东盟和非盟的这种差异性恰恰反映出东盟对国家主权的第一性和首要性的认可。

其实，早在东盟成立伊始，《东南亚国家联盟成立宣言》就反映了东盟在主权问题上的异常敏感性。在《东南亚国家联盟成立宣言》中，对东盟的宗旨和目标做出了以下概括:（1）以平等与协作精神，共同努力促进本地区的经济增长、社会进步和文化发展；（2）遵循正义、国家关系准则和《联合国宪章》，促进本地区的和平与稳定;（3）促进经济、社会、文化、技术和科学等问题的合作与相互支援;（4）在教育、职业和技术及行政训练和研究设施方面互相支援;（5）在充分利用农业和工业、扩大贸易、改善交通运输、提高人民生活水平方面进行更有效的合作;（6）促进对东南亚问题的研究;（7）同具有相似宗旨和目标的国际和地区组织保持紧密和互利的合作，探寻与其更紧密的合作途径。[①] 显然，该宣言把经济增长和经济合作放在了首位，而且“没有一处明确表明东盟成员国将在政治领域展开合作”，[②] 这似乎有点让人费解，毕竟当时国际体系正处于美苏的冷战中，而且20世纪60年代后半期东南亚地区甚至“热战正酣”，这也与非统的章程形成了鲜明的对比，非统的宪章明确鼓励成员国之间在政治领域展开合作，[③] 那么东盟章程何以对政治合作竟采取了忽视的态度呢？亲身参与东盟创建这一历史进程的泰国前任外交部长他纳·科曼也曾经指出:“我们当时所信奉的原则是应该在非军事领域展开合作。关于一些人提出的成立军事联盟的建议，我们予以拒绝，我们英明地、明智地下定决心排除

① Bangkok Declaration, http://www.aseansec.org/1212.htm.

② Khaw Guat Hoon, “The Evolution of Asean,” in K.S. Sandhu, Sharon Siddique, Chandran Jeshurun, *The Asean Reader*, p.38.

③ OAU CHARTER, Article II.

军事领域的纷扰而专注于经济领域。”[①] 尽管随后国际形势的发展尤其是印支半岛的冲突迫使东盟成员国不得不在政治领域展开了广泛的合作，但是该宣言章程中对政治合作的有意忽略实质上反映出东盟国家在主权问题上的异常谨慎态度，基于政治、军事合作事项与国家主权的紧密相关性，东盟成员国为了防止主权受到他国的干涉和侵害，因此把其排除于组织使命之外。对东盟创始成员国而言，东盟的使命在于加强成员国之间的经济合作从而增强国家的自主性，[②] 同时又要尽可能地排除他国对本国主权事务干涉的任何可能性，包括邻国在内。[③] 东盟成员国对主权原则的重视同样反映在东盟组织决策程序的规范原则中，东盟的决策程序基于相互协商和广泛共识，带有非正式性和渐进性的特征，这都保证了成员国在免受他国干涉的情况下，具有最大限度的主权行动自由权。显然，东盟成员国的这种坚定捍卫主权的态度在所有展开地区合作的国家中都是极少见的。

第二，在“主权认知图式”中，东盟这一认知主体不仅重点强调了主权这一核心概念，而且进一步通过主权的视角和路径对主权与人权的关系进行认知加工。

首先，在东盟国家看来，人权是主权国家内部事项，也就是说它是国内多种因素综合发展的结果，而不是外部因素推动的结果。东盟秘书处负责对外关系以及项目协调的官员丁萨・猜林帕拉努帕在谈到东盟成员国的“民主（democratic）”和“不怎么民主（not so democratic）”的问题时，曾经表达了下述观点：

---

① Thanat Khoman, “Asean Conception and Evolution,” in K.S. Sandhu, Sharon Siddique, Chandran Jeshurun, *The Asean Reader*, XIX.

② Michelle Staggs Kelsall, “The New ASEAN Intergovernmental Commission on Human Rights: Toothless Tiger or Tentative First Step?” p.3.

③ Rodolfo C. Severino, *Southeast Asian in Search of an ASEAN Community: Insights From the Former ASEAN Secretary- General*, p.93.

把东盟成员国分为“民主”或“不怎么民主”两种类型的做法毫无意义。而且这种任意的划分也没有考虑到一个基本的社会事实，即每个国家政治的发展取决于其内部自身的动力机制。在东盟成立后的32年中，一些成员国的政治体制发生了很大的变化，如菲律宾，在马科斯专政时期也并未像现在这样自由和民主，泰国1991—1992年素金达将军和其派系军事统治时期也并不民主，而印尼最近也发生了暴乱。如果历史可以借鉴，我们完全可以认为，在未来的30年中将会有更多的变革发生。但是这些变革更有可能是其内部因素发展的结果而不是外部施压的产物。[①]

丁萨·猜林帕拉努帕的观点基本表明了东盟对其成员国内部民主和人权发展的态度，它很大程度上也认可民主政治和人权发展的重要性，但是它更认为这是一国内部历史发展的结果，这一观点得到了部分学术研究的佐证。有学者对马来西亚和新加坡的人权问责机制进行比较研究发现，在马来西亚，精英内部的冲突导致了国家人权事项的机制化，从而能对政府权力的集中化进行制衡，精英内部的冲突也给非政府组织批评和指责政府在人权事项上的不良记录留下了越来越大的空间。与此相反的是，在新加坡，政府内政治精英的一致性使其执政党人民行动党（People's Action Party）通过强调现行的精英领导体制的优势从而遏制了关于政府不良人权记录的讨论。在新加坡，高官们可以联合抵制他们所标榜的人权“狂热者”的影响，而“狂热者”就是那些“当自身对人权进行定义时，总是假定这种定义代表了其他的所有人”。[②] 显然，两国内部的政治发展模式很大程度上影响了政府在保护人权事项上的决策过程以及

① Termsak Chalermpalanupap, “ASEAN-10: Meeting the Challenges,” http://www.aseansec.org/2833.htm, 2011.2.25.

② Garry Rodan, “Accountability and Authoritarianism: Human Rights in Malaysia and Singapore,” *Journal of Contemporary Asia*, Vol.39, issue 2, 2009, p. 197; Michelle Staggs Kelsall, “The New ASEAN Intergovernmental Commission on Human Rights: Toothless Tiger or Tentative First Step?” p.3.

人权促进和保护事业的发展，人权事项更深层上仍受限于一国内部各种因素之间的交错互动。

其次，在东盟国家看来，人权的发展离不开对一国主权的尊重，主权是人权发展的保障和基础，主权相对于人权来说具有第一性的地位，而人权自然也具有主权的属性。正是基于这种认识，东盟在促进人权提升的同时，充分考虑到各国特定的文化、社会、经济和政治发展的特殊性，并高度尊重国家的主权、领土完整和不干涉内政的原则。[①] 东盟并不认可西方动辄就以“孤立”或“制裁”的强硬方式对他国的人权侵害事项进行回应，这不仅无助于问题的解决，反而可能带来进一步的人道灾难，因此在东盟看来，就促进缅甸人民生活水平的提高和权利的提升而言，西方的制裁以及避免与缅甸接触的方式，最好也就是无效，而最坏则是适得其反。[②] 与西方相反，东盟并不寻求通过对他国内政进行干涉的方式来促进人权事业的发展，而以一种耐心的和宽容的态度以及建设性接触的方式来对待成员国内部的人权发展，而这正是东盟接纳缅甸为其成员国的重要原因之一。[③] 正如东盟外长会议所强调的：“我们意识到缅甸正在努力解决这众多复杂棘手的问题，我们将继续与缅甸保持建设性接触，以共同建设一个‘友爱和共享（caring and sharing）’的地区共同体。”[④]

综上所述，东盟国家的历史怨恨情感促使东盟在认知过程中形成了“主权认知图式”，在该图式中，主权构成了其核心概念，而人权围绕着主权进行了有序的排列，简言之，主权具有首要性特征，而人权具有主权的属性。

---

① Joint Communique of the Twenty-Sixth ASEAN Ministerial Meeting, Singapore, 23-24 July 1993, http://www.aseansec.org/2009.htm, 2011.2.25.

② Rodolfo C. Severino, *Southeast Asian in Search of an ASEAN Community: Insights from the Former ASEAN Secretary- General*, pp.146-147.

③ Ibid., p.134.

④ Joint Communique of the 40th ASEAN Ministerial Meeting (AMM):“One Caring and Sharing Community,” Manila, 29-30 July 2007, http://www.aseansec.org/21785.htm, 2011.2.27.

三、东盟人权规范信息的概率判断

东盟收集到关于主权侵害事项的信息，并按照"主权认知图式"对其进行加工和处理，这些认知活动必将对进一步的认知判断产生重大影响。那么基于对主权侵害事项所持有的历史怨恨情感，东盟在涉及人权事项上的认知判断会呈现哪些特征呢？在此，本书以人权框架下的难民问题（包括流离失所者和非法移民）对地区安全的影响为例，具体分析东盟的历史怨恨情感对其概率判断的影响。

一直以来，促进和维护区域的和平、安全和稳定都是东盟的核心目标，而在东盟看来，越南侵略柬埔寨对东南亚地区的和平与稳定构成了威胁。[①]1979 年 6 月召开的外长会议称，东南亚的地区形势骤然变得严峻，其原因在于：一方面是印支半岛的军事冲突，另一方面就是大量难民涌入了邻国。[②]在难民问题对地区安全和稳定的影响上，东盟给予了高度的重视和充分的肯定："外长会议高度关切印支半岛急剧涌出的非法移民 / 流离失所者（难民），这一数额已经达到了警戒水平，并引发了东南亚国家的政治、社会经济和安全问题，对该地区的稳定带来了不利的影响。""东盟外长强调对非法移民 / 流离失所者（难民）提供临时住所已经成为东盟国家的一个沉重负担，已经接近于东盟国家的可承受水平，他们将不再接受新到人员。他们重申，东盟国家将对此采取坚定和有效的措施。"[③]从1979年起，东盟的历届外长会议都关注了印支半岛的难民

① Joint Statement The Special ASEAN Foreign Ministers Meeting On The Current Political Development In The Southeast Asia Region, Bangkok, 12 January 1979, http://www.aseansec.org/1257.htm, 2011.2.27.

② Joint Communique of The Twelfth ASEAN Ministerial Meeting, Bali, 28-30 June 1979, http://www.aseansec.org/1242.htm, 2011.2.27.

③ Ibid..

问题，并以“印度支那难民问题（Indochinese Refugees）”为议题，发表了多条声明，在 1980 年的吉隆坡会议发表 7 条声明，1981 年的马尼拉会议发表了 5 条声明，1982 年的新加坡会议发表了 6 条声明，1983 年的曼谷会议发表了 7 条声明[①]，1984 年的雅加达会议发表了 9 条声明，[②] 1985 年的吉隆坡会议发表了 8 条声明，[③] 1986 年的马尼拉会议发表了 9 条声明，[④] 1987 年的新加坡会议发表了 5 条声明，[⑤] 1988 年的曼谷会议发表了 7 条声明，[⑥] 1989 年的斯里巴加湾会议发表了 10 条声明，[⑦] 1990 年起，外长会议的议题改为“印度支那政治避难者（Indochinese Asylum Seekers）”，雅加达会议对此发表了 7 条声明，[⑧] 1991 年的吉隆坡会议发表了 6 条声明，[⑨] 1992 年的马尼拉会议发表了 2 条声明。[⑩] 到了 1993 年，难民问题不再被专门列为一项议程，1994 年的外长会议不再涉及难民问题。尤其是随着印支半岛冲突的解决，难民问题也逐渐淡出了外长会议的议程。

值得注意的是，尽管随着印支半岛冲突的解决，东盟对难民

① Joint Communique of The Sixteenth ASEAN Ministerial Meeting, Bangkok, 24-25 June 1983, http://www.aseansec.org/1246.htm, 2011.2.21.

② Joint Communique of The Seventeenth ASEAN Ministerial Meeting, Jakarta, 9-10 July 1984, http://www.aseansec.org/1247.htm, 2011.2.21.

③ Joint Communique of The Eighteenth ASEAN Ministerial Meeting, Kuala Lumpur, 9 July 1985, http://www.aseansec.org/1248.htm, 2011.2.21.

④ Joint Communique of The Nineteenth ASEAN Ministerial Meeting, Manila, 23-28 June 1986, http://www.aseansec.org/1249.htm, 2011.2.21.

⑤ Joint Communique of The Twentieth ASEAN Ministerial Meeting, Singapore, 15-16 June 1987, http://www.aseansec.org/1250.htm, 2011.2.21.

⑥ Joint Communique of the 21st ASEAN Ministerial Meeting, Bangkok, Thailand, 4 - 5 July 1988, http://www.aseansec.org/771.htm, 2011.2.21.

⑦ Joint Communique of The 22nd ASEAN Ministerial Meeting, Bandar Seri Begawan, 3 - 4 July 1989, http://www.aseansec.org/794.htm, 2011.2.21.

⑧ Joint Communique of The 23rd ASEAN Ministerial Meeting, Jakarta, 24-25 July 1990, http://www.aseansec.org/1058.htm, 2011.2.21.

⑨ Joint Communique of The 24th ASEAN Ministerial Meeting, Kuala Lumpur, 19-20 July 1991, http://www.aseansec.org/956.htm, 2011.2.21.

⑩ Joint Communique 25th ASEAN Ministerial Meeting, Manila, Philippines, 21-22 July 1992, http://www.aseansec.org/1167.htm, 2011.2.21.

问题的关注度大幅降低，自从1997年以来，截至2010年，东盟的外长会议几乎再未提及难民问题，但是难民问题在东南亚地区的政治社会中并未得以全面解决，它仍然为该地区的和平与稳定带来了众多隐患。以缅甸的难民问题为例，多年来，缅甸的国家和平与发展委员会（the State Peace and Development Council）为了打击和镇压少数民族的叛乱分子，一直奉行一种“四切断（four cuts）政策”，即切断叛乱分子的食品、资金、情报以及招募的源头。作为“四切断政策”的重要环节之一就是军队对村庄的摧毁。[①]根据国际失散人口监测中心（International Displacement Monitoring Centre）的报道，在1996年至2007年，缅甸东部就有3100多个村庄被摧毁、迁移或遗弃，2007年缅甸东部就有50多万人被迫成为流离失所者（Internal Displaced Person），其中29.5万人居住在少数民族管辖的停火区，9.9万人隐藏在缅甸军方势力以外的丛林地带，将近10.9万的村民被军队赶到新安置区域，而且除东部以外，缅甸国内其他地方大量的流离失所者还难以统计。[②] 对村民的强制迁移行为也往往伴随着杀害、强制劳动、蓄意强奸以及大范围村社、农作物和土地的破坏，而且也导致了大量人口流向了国外。[③] 2009年国际难民调查数据显示缅甸局势产生了75万国际难民，其中36.11万人流向了泰国，19.3万人流向了孟加拉国，10万人流向了印度，7.9万人流向了马来西亚，还有成百万的人逃离缅甸后并未取得正式的难民身份。[④] 这些难民的大量涌入也对邻国政

① John Arendshorst, “The Dilemma of Non-Interference: Myanmar, Human Rights, and the ASEAN Charter,” pp. 105-106.

② Internal Displacement Monitoring Centre, “Internal Displacement: Global Overview of Trends and Developments,” in 2007, April 2008, p.67, http://www.nrc.no/arch/_img/9267337.pdf.

③ International Displacement Monitoring Centre, “Internal Displacement in South and South-East Asia,” *Global Overview*, 2009, pp.72-85, http://www.internal-displacement.org/8025708F004BE3B1/(httpInfoFiles)/7DBAD291FB21AD6CC12577250062408D/$file/GO2009_Asia.pdf, 2011.2.26.

④ John Arendshorst, “The Dilemma of Non-Interference: Myanmar, Human Rights, and the ASEAN Charter,” p. 106.

府带来了巨大的压力，泰国政府最初收纳了成千上万的难民，但是驻扎在泰缅边境的难民营 30 多年来人口不断增加，但改善的迹象却乏善可陈，从而滋生了许多让泰国政府不得不应对的社会问题。如难民居住区由于生活条件恶劣，导致了许多传染病的传播，包括结核病、艾滋病和疟疾等，这给泰国的公共健康系统构成了严峻的挑战，同时也给泰国的医保系统增添了沉重的财政负担。而且泰缅之间历史上也曾围绕着边界难民问题的政治化指责不断，如泰国政府指责缅方侵蚀其领土，走私毒品，尤其是苯丙胺类兴奋剂，缅甸也指责泰方暗中支持少数民族叛乱分子等。[①] 尽管近年来泰缅关系有所改善，但是边界难民问题仍然是两国外交关系中一个不得不重视的重大问题，尤其是近年来泰国政府对妥善处理和安置一些难民也逐渐失去了耐心，泰国政府正在阻止新的难民的涌入，甚至开始强行遣返一些难民。[②] 尤其值得一提的是，根据国际失散人口监测中心的报道，在东南亚地区，不仅缅甸，而且菲律宾、印尼以及泰国南部也都存在着大量的流离失所者，这在很大程度上构成了该地区安全形势的一个重要指标。[③] 总之，20 世纪 90 年代以来难民问题在东南亚地区并未完全得以解决，反而在新的时期下延伸出更多的安全性问题，那么东盟为何并未给予新时期的难民问题以关注呢？

同样是难民问题，东盟为何在前后两个阶段呈现出如此截然不同的行为反应呢？一个是 1979 年至 1992 年每年的外长会议都对此展开大量讨论，另一个是自从 1997 年以来，外长会议几乎再未涉及难民问题。对比两个阶段的难民问题，除了难民规模大小的

---

① Human Rights Center University of California, Berkeley, "The Gathering Storm: Infectious Diseases and Human Rights in Burma," July 2007, p.94, http://www.ibiblio.org/obl/docs4/GatheringStorm_BurmaReport_2007.pdf, 2011.2.26.

② John Arendshorst, "The Dilemma of Non-Interference: Myanmar, Human Rights, and the ASEAN Charter," p. 106.

③ Internal Displacement Monitoring Centre, "Internal Displacement: Global Overview of Trends and Developments," pp.67-68.

不同外，另外一个重要差异就是导致难民问题的缘由不同，前一阶段是越南战争，即主权侵害所导致的难民问题，而后一阶段是成员国内人权侵害所导致的难民问题。而正是这种难民问题的来源不同在一定程度上影响了东盟对此引发安全问题的概率判断不同。在东盟看来，主权侵害所导致的难民问题对该地区的和平与稳定构成了重大的挑战和威胁，但是对于人权侵害而导致的难民问题，东盟显然并无同样的认知判断。尤其是东盟对主权侵害所导致的难民问题的关注度随着军事冲突的发生而增强，随着冲突的解决而减弱，这种高度的契合性在很大程度上揭示了在对难民问题的安全影响进行认知判断的过程中，军事冲突本身即主权侵害对东盟概率判断所起到的干扰作用。主权侵害如何影响了这一认知判断过程呢？首先，越南军事侵略柬埔寨这一主权侵害行为唤起了东盟的历史怨恨情感，而正是这种怨恨情感激发了东盟“夸大”难民问题的重要性和严重性，而在后一阶段，显然没有这种怨恨情感的“发酵”作用，东盟对于人权侵害所导致的难民问题的态度也相对温和了许多。其次，东盟对越南主权侵害行为的怨恨情感也强化了易得性启发式所引起的认知判断特征，即由于前一阶段难民问题与越南侵略行为的紧密相关性导致了这类信息在东盟对安全形势进行认知判断的过程中更容易被唤起，更容易与已发生事件建立因果联系。而在后一阶段，难民问题由于缺乏怨恨情感信息的支撑，这类信息的生动性、易得性就相对较弱，因此对东盟认知判断的干扰作用也较弱，东盟的认知判断过程中几乎忽略了此类信息。

综上所述，东盟前后两个阶段对难民问题给予了不同的关注强度和不同的认知判断，这其中就反映了历史怨恨情感对东盟认知判断的导向作用。或者说，正是基于前一阶段难民问题唤起了东盟对主权侵害事项的历史怨恨情感，因此东盟对此问题给予了高度的重视，并与地区安全形势之间建立了因果关系，而后一阶段，这种怨恨情感信息的缺失也使得东盟对人权侵害所导致的难民问题并未给予同样的重视度和同样的认知判断。

四、东盟人权事项的行为决策

上文分析了东盟对主权侵害事项持有历史怨恨情感，因此在组织运作的过程之中对主权侵害事项如越南的侵略行为给予了高度关注，而且特定的历史怨恨情感也促使了东盟形成一种“主权认知图式”去看待主权和人权的关系，与主权侵害相关的事项（如越南战争时期的难民问题），东盟显然认为其引发地区不稳与冲突的概率更高，而与人权侵害相关的事项（如缅甸的难民问题），东盟并未赋予同样的概率值，那么这些认知活动最终会对东盟的行为决策产生什么样的影响呢？与非盟相比，非盟对人权侵害事项的历史怨恨情感导致了非盟在人权问题上的风险偏好，即投入越来越多的超越自身能力以外的成本或赌注，而东盟对主权侵害事项的历史怨恨情感投射在人权问题上则表现为东盟在人权问题上的风险规避，即尽可能弱化或淡化人权问题对主权的侵蚀，下文将对东盟唯一的人权机构——东盟政府间人权委员会（AICHR）成立三年来的活动进行考察，对此，将从以下三个角度进行考察：（1）所列目标的完成情况；（2）人权保护事项的进展；（3）人权促进事项的进展，后两者主要考察 AICHR 在组织明确的目标以外，能否充分利用自身的能动性去挖掘章程规定的模糊性空间，推动人权促进和保护事项的进展。

AICHR 成立后不久，就根据《东盟政府间人权委员会章程条款》的第 4 条款制定了第一份五年计划，对其 2010 年至 2015 年的工作规划做出了安排，其中列出了要开展的 52 项活动。截至 2012 年底，活动的执行情况如下表所示。

表5-1　AICHR五年工作计划的执行情况（截至2012年底）

4.1发展促进与保护人权和基本自由的战略，以助于东盟共同体的建设	
1.制定AICHR的程序规章	制定了AICHR工作指导方针
2.完成五年工作规划	完成
3.制定和完成支持五年规划的中长期活动安排	正在进行，详情不明
4.就促进和保护人权事项与东盟政治、经济和社会文化三大共同体委员会进行对话协商，并分别递交对其蓝图规划的建议	没有迹象表明上述活动已经展开
5.2014年起重新审视AICHR的章程规定，明确提出措施进一步强化AICHR促进和保护人权的功能	尚未启动
6.强化东盟秘书处对AICHR工作的支持，考虑建立AICHR自身的秘书处	详情不明
7.在必要或受邀请时，与其他国际或地区人权机构进行互访	2011年访问了欧洲和美洲
4.2创建东盟人权宣言，通过东盟相关的人权文书建立人权合作框架	
1.建立草拟东盟人权宣言的特别工作组	2011年完成
2.整理和评估东盟现有人权机制文件	无此信息
3.在东盟人权宣言之后向东盟人权公约努力	东盟人权宣言之后并未进一步的信息发布
4.支持东盟其他部门人权法律机制的发展	无此信息
5.支持和强化东盟人权事项的法律合作框架	无此信息
4.3通过教育、科研和宣传提升东盟各国人民的人权意识	
1.提供AICHR的基本信息，包括各国语言翻译的版本	用英语和泰语创建了网站，颁发了信息手册和章程手册
2.发布AICHR的相关工作信息，包括提供英语和其他国家语言的版本	2012年了颁发了AICHR英语手册
3.组织AICHR的人权展会	印尼、泰国和菲律宾的AICHR代表已在其国内组织举办相关活动
4.与一轨、二轨、三轨在地区和国家层面上举办各种形式的研讨会	举办了4次讨论会
5.整理地区内现有的人权教育研究项目	无此信息
6.支持东盟教育部长会议创建地区人权教育项目	无此信息

续表

7. 支持东盟信息文化部长创建地区人权媒体项目	无此信息
8. 在地区和国家层面上创建向公众开放的 AICHR 网站	地区网站已创建
4.4 提升东盟各国的能力建设，促进东盟成员国有效执行所签署的国际人权条约	
1. 进行能力建设的需求评估	无此信息
2. 策划和组织针对政府官员、法律执行官员以及教师的普通课程或年度培训项目	前期的两个培训项目已完成
3. 策划和组织年度专题研讨会	尚不清楚迄今举办的四次研讨会与年度专题研讨会的关系
4. 策划和组织针对特定群体的年度专题	无此信息
5. 共享东盟成员国之间的成功实践	无此信息
4.5 鼓励东盟成员国考虑加入和批准国际人权文书	
1. 完成东盟成员国批准加入的人权机制文书的整理	无此信息
2. 明确东盟成员国批准加入的人权机制文书的优先次序	无此信息
3. 应东盟成员国请求，提供批准加入国际人权机制的必要支持	无此信息
4.6 促进东盟人权相关文书的全面执行	
1. 翻译编纂东盟人权相关文件	无此信息
2 与东盟相关部门协调确保东盟人权文件得到有效执行	相关会议情况不明
4.7 应东盟部门机构要求就人权事项提供咨询服务和技术援助	
1. 明确 AICHR 向东盟部门机构提供咨询和技术支持的资源和领域	详情不明。东盟卫生官员和教育官员曾寻求 AICHR 的建议。
2. 与东盟相关部门机构进行协商明确其寻求支持的需求	相关会议情况不明
3. 若需要与东盟相关部门机构举行会议	AICHR 与东盟部门机构举行了两次关于东盟人权宣言的协商会
4.8 鼓励与东盟其他机构和实体进行对话和磋商，包括民间社会组织和东盟宪章中所列出的其他利益相关者	
1. 制定程序规则，规范与东盟相关者（东盟宪章第五章节所载明的）之间的互动	2012 年 3 月雅加达第 8 次会议上进行了初期的讨论，进一步信息尚不得知
4.9 在合适的情景下与其他国家、地区和国际机构和实体就促进和保护人权进行协商	

续表

1.制定程序规范，规范与其他国家、地区和国际人权机构之间的对话协商	2012年3月雅加达第8次会议上进行了初期的讨论，进一步信息尚不得知
2.参观访问其他地区人权机构	2011年进行了对欧洲和美洲的访问
3.参加地区和国际组织的促进和保护人权活动	AICHR参加了以下活动： 1.2012年6月参加了由人权高专办和其他机构联合举办的人权交流活动 2. 2012年12月参加了“联合国人权和商业论坛” 3. 2012年12月参加了在日内瓦召开的“促进联合国和地区人权机制的合作交流”研讨会
4.与其他地区和国际人权机构联合举办交流活动	AICHR参加了以下活动： 1.2012年11月28—29日与澳大利亚人权委员会联合举办了“企业社会责任研讨会” 2.2012年12月11日—12日参加了由东盟人权机制工作组与菲律宾驻AICHR代表联合组织的“商业和人权研讨会”
5.与AICHR所认可的其他人权机构开展交流	与联合国妇女地位委员会、人权高专办、澳大利亚人权委员会、联合国儿童权利委员会、联合国人民团结与人权机构独立专家、联合国人权理事会进行了互动交流
6.与其他地区人权机构分享履行人权的成功经验	无此信息
4.10获取东盟成员国促进和保护人权的相关信息	
1.获取东盟成员国向联合国人权机构递交的国别报告复印件	无此信息
2.邀请东盟成员国交流关于国别报告的补充或最新信息	无此信息
4.11发展符合东盟利益的共同人权政策和立场	
1.明确东盟当前和长期的人权事项	除了表明专题研究的主题以外，其他详情不明
2.对东盟的共同措施和立场提出建议	无此信息
3.支持东盟驻日内瓦和纽约的委员会对普遍定期审议机制和联合国人权理事会采取共同立场	无此信息

续表

4.12 准备东盟人权事项的专题研究	
1.启动人权相关的专题研究，每年至少一个主题。地区层面研究包括： 企业社会责任、移民、贩运人口特别是妇女和儿童、儿童兵、冲突和灾难中妇女和儿童的保护、青少年司法、刑事司法的知情权、健康权（包括妇女的生殖健康）、教育权、生命权（包括死刑）、和平权	企业社会责任、移民、和平权主题研究已经启动，其他专题研究的计划尚未公布
2.与相关方讨论专题研究的规则，以及举办专题研究结项的相关研讨会	依赖于专题研究的结项进展
3.AICHR 出版和发布专题研究成果	依赖于专题研究的结项进展
4.13 向东盟外长会议呈交其活动的年度报告，必要时包括其他报告	
1.与 AMM(东盟部长会议)举行会议	举办了几次会议，但讨论内容详情未对外公布
2.准备 AICHR 年度活动报告和其他所认为必要之报告	递交了两份年度报告，但详情不明。并未提及递交其他报告的事项
3.递交进一步指导的专题报告	无此信息
4.14 履行东盟外长会议所赋予的其他活动	
1. 与 AMM(东盟部长会议)举行会议	举行了会议，但无 AMM 指定工作的信息报道

注：上述资料引自 SAPA Task Force on ASEAN and Human Rights (SAPA TFAHR), "Still Window-Dressing:A Performance Report on the Third Year of the ASEAN Intergovernmental Commission on Human Rights (AICHR) 2011-2012," pp.20-25, http://www.forum-asia.org/?p=16296。

上述统计数据表明，AICHR 成立三年来，在其所规划的 52 项活动中，明确完成了 4 项，正在进行中的有 19 项，而其余的 29 项都属于信息不明的状态。信息不明反映出 AICHR 要么还未启动这些工作安排，要么未及时提供相关工作活动的情况，而这两者无论哪一种情况都不符合 AICHR 促进和保护人权的宗旨目标。尤其是考虑到 AICHR 的 52 项活动几乎都集中于人权促进事宜，工作的开展相对较为容易，因此 AICHR 的上述表现就并不乐观。

在人权保护领域，AICHR 甚至明确拒绝了个人或民间组织申诉的权利。AICHR 刚刚成立后的一年之内，就面临着是否受理人权侵害案件的考验。根据相关统计，在雅加达召开的第一次会议上部分民间组织就向 AICHR 呈交了 15 起指控，在吉隆坡的会议又呈交了 1 起，具体如表 5-1 所示。

表 5-2　2010 年向 AICHR 呈交的人权指控列表

案件事项	案件数目	案件相关国
迁徙工人	9	印尼
新闻自由和言论自由	2	印尼
以往的反人类罪	3	印尼
马京达瑙省的杀戮	1	菲律宾
妇女权利	1	印尼
死刑	1	新加坡 / 马来西亚

注：上述资料引自 SAPA Task Force on ASEAN and Human Rights, “Hiding behind Its Limits,” A Performance Report on the First Year of the ASEAN Intergovernmental Commission on Human Rights (AICHR), p.10。

针对民间组织提出的上述指控，AICHR 主席在会议期间拒绝与其会面受理上述指控，理由是委员会还未对受理人权侵害案件的程序章程做出明确规定。[①]2011 年 2 月 AICHR 在其第四次常规会议上通过了《AICHR 工作指导方针》，并未涉及任何个人申诉制度的相关内容，但在 2012 年 10 月份所公布的一份《AICHR 手册》中以问答的形式首次提到“个人或组织可以通过 AICHR 主席向 AICHR 提出申诉，并递送复印文本于其他 AICHR 委员和东盟秘书处”，[②] 这在一定程度上赋予了 AICHR 主席很大的个人能动性，正如其可以根据 AICHR 章程的 4.8 条规定，通过与民间组织开展非正式的对话来加大对某类人权侵害事件的关注，或者通过专题研究

① SAPA Task Force on ASEAN and Human Rights, “Hiding behind Its Limits,” A Performance Report on the First Year of the ASEAN Intergovernmental Commission on Human Rights (AICHR), pp.9-10.

② The Asean Secretariat, AICHR: What You Need to Know, p.19.

的形式加大对特定人权侵害案件的关注，在 AICHR 内部进行讨论，并以年度活动报告的形式向东盟外长会议汇报，从而引起更大范围内的关注。但遗憾的是，AICHR 成立以来并没有利用这种能动性对人权侵害事件做出任何积极回应。

AICHR 对获取东盟成员国促进和保护人权的相关信息方面也没有表现出积极作为的状态。众所周知，欧洲、美洲和非洲的人权体系都对国家报告制度做了比较明确的规定，如非洲人权宪章第 62 条规定，“每一缔约国均应自本宪章生效之日起，每两年提交一份关于为实现本宪章所载之权利与自由所采取的法律或其他措施的报告”，国家报告制度一般被认为地区人权机构保护人权履行监督职能的重要方式之一，而就东盟国家而言，尽管没有国家报告制度的明文规定，但根据 AICHR 章程第 4.10 条规定，AICHR 应“获取东盟成员国促进和保护人权的相关信息”，这也为 AICHR 发挥监督职能提供了契机，诸如其可以对一国内部促进和保护人权的政策措施进行编纂汇总，并根据第 4.4 条规定“提升东盟各国的能力建设”，提出一定的对策建议，但遗憾的是，AICHR 同样并没有利用这一组织能动性，不仅没有推动这一职能向国家报告制度演进，甚至在其是否获取东盟成员国向联合国人权机构递交的国别报告复印件的问题上，AICHR 也未给出明确答复。

AICHR 在履行咨询功能时同样没有表现出积极作为的状态。诚然，AICHR 没有调查监督、评估执行的人权保护职能，但作为政府间咨询机构，其有义务提供咨询服务和技术援助，这也是其促进人权使命的重要构成部分。自从 AICHR 成立以来，东盟的两个部门曾根据 AICHR 章程的第 4.7 条寻求咨询服务和技术援助：（1）东盟卫生部长会议寻求 AICHR 在强制迁徙工人接受 HIV/AIDS 检测问题上的建议；（2）东盟教育部高官会议寻求 AICHR 在大学开设人权课程问题的建议。[①] 这为东盟提供了制定具体人权规范标准的有利机会，尤其是后者将大大有利于提升东南亚地区公众的人权意识，但是迄今为止，公众对 AICHR 是否对此做出回复或做出什么回复都无从得知。

综上所述，AICHR 成立以来，既没有切实执行其所制定的五年规划，也没有利用自身的组织能动性在一些模糊空间上推进 AICHR 组织功能向保护人权领域扩展，甚至在进一步深化发展 AICHR 人权促进的组织功能上 AICHR 的表现也乏善可陈。随着东南亚地区民间社会团体和众多人权非政府组织的兴起，公众普遍的人权意识和人权诉求在提升，AICHR 一方面迎合甚至在一定程度上促进了这一历史进程的发展，另一方面，AICHR 也努力地坚守着协商共识的组织原则，以及政府间组织的本质特征，以图在主权和人权的关系中，对主权的侵蚀风险达到最小化，而这无疑对 AICHR 来说，将越来越艰难。

① SAPA Task Force on ASEAN and Human Rights (SAPA TFAHR), “Still Window-Dressing:A Performance Report on the Third Year of the ASEAN Intergovernmental Commission on Human Rights (AICHR) 2011-2012,” pp.44-45.

结　论

本章将对非盟和东盟的案例进行比较总结，从而对案例与理论的相符性做进一步说明。另外，本章也对本书研究的学术意义和实践价值进行总结，并对进一步研究的空间展开初步的探索。

第一节　案例比较和理论检验

本书围绕着一个核心问题“为什么行为体具有不同的规范认同？”而展开，基本假设是：历史怨恨情感影响了行为体的规范认同。对此假设的论证过程主要包括理论演绎和经验论证两个环节。在理论演绎环节，本书论证了行为体的历史怨恨情感影响了行为体的规范认知进程，从而影响了行为体的规范认同。

在经验论证环节，本书主要对非盟和东盟不同的人权规范认同进行了案例比较研究。首先，二者在历史进程中形成了不同的怨恨情感体验，对非洲而言，长时期的奴隶贸易和殖民主义活动使非洲对人权侵害事项（种族主义和种族歧视）持有历史怨恨情感，而对东南亚国家而言，两千年的华夷秩序和几百年的殖民主义使得东南亚国家对主权侵害事项持有历史怨恨情感。

其次，非盟和东盟不同的历史怨恨情感进一步影响了二者的规范认知进程：非盟对人权侵害事项（南非种族问题）呈现出了一定的注意偏向，而东盟对主权侵害事项（越南的侵略行为）呈现出了一定的注意偏向，这一差异比较是对研究假设 I–1 的经验论证，即国家行为体一旦对特定目标物产生怨恨情感，则倾向于收集与该目标物相关的信息。

不同的历史怨恨情感促使非盟形成了“人权认知图式”，而东盟形成了“主权认知图式”，这构成了对本书研究假设 I–2 的经验论证，即国家行为体一旦对特定目标物产生怨恨情感，则倾向于建立并固化与该目标物相关的认知图式。

在影响地区安全和稳定的因素上，非盟给予了人权侵害事项过高的概率判断，如非统认为南非的种族主义政权对国际社会的和平与安全构成了越来越严重的威胁；而东盟在与主权侵害相关的事项上赋予了过高的概率判断，如同样是难民问题，东盟认为与越南侵略相关的难民问题影响了东南亚地区的和平与稳定，而与冷战后成员国国内政治形势相关的难民问题则并没有进入东盟的政治议程。这一经验事实构成了对研究假设 I–3 的经验论证，即国家行为体一旦对特定目标物产生怨恨情感，则倾向于夸大该事项的负面效应和概率判断。

非盟在人权促进和保护事项上呈现出风险寻求的决策特征，诸如其基于促进和保护人权的目的宗旨，不断扩展其组织使命，从对种族隔离问题的关注到人权状况的观察再到冲突的管理最终到民主法治的维持甚至经济社会的发展，非盟组织使命的“越走越远”和组织能力的“力不从心”形成鲜明的对照。与非盟相比，东盟在主权维护事项上呈现出风险规避的决策特征，诸如东盟一方面参与到了人权意识不断发展的历史潮流中，另一方面 AICHR 却消极对待其组织使命，不仅没有发挥组织能动性促使 AICHR 组织功能向保护人权领域扩展，甚至在进一步深化发展 AICHR 人权促进的组织功能上，AICHR 的表现也乏善可陈。因此，非盟的风险寻求和东盟的风险规避形成了显著对比，而这一差异特征也论证了研究假设I-4：国家行为体一旦对特定目标物产生怨恨情感，则倾向于呈现风险偏好的决策特征。

综上，非盟和东盟的案例比较研究对本书研究假设的检验度如表 6-1 所示：

表6-1　研究假设VS案例检验

研究假设	案例检验
I-1-1	Y
I-1-2	Y
I-1-3	Y
I-1-4	Y

注：Y表示证实
　　N表示未证实
　　/表示缺省

如上图所示，本书的研究假设在非盟和东盟的案例研究中得到了很好的验证。这进一步佐证了我们的基本理论假设，即历史怨恨情感影响行为体的规范认同，换言之，行为体具有不同的历史怨恨情感则会形成不同的规范认同。非洲在历史的进程中形成了对人权侵害事项的历史怨恨情感，因此非盟形成了“不漠视原则”的人权规范认同；东南亚在历史的进程中形成了对主权侵害事项的历史怨恨情感，因此东盟形成了“不干涉原则”的人权规范认同。

第二节　研究的创新与不足

对任何一种学术研究而言，创新性都是对其进行评价的重要标准。正如秦亚青学者所言：“在学术研究设计过程中，最重要的是思想创新。”[①] 通过思想的创新来对现有的知识进行更新和补充，从而推动科学事业的进步，这是学术研究的宗旨所在。本书既隶属于建构主义阵营内部关于规范认同的研究，同时也属于国际关系中的情感研究。就创新性而言，主要包括以下几个方面：

首先，在现有的建构主义理论框架内提出了新的研究问题。回顾国际关系学科建构主义的发展，第一代建构主义学者致力于论证“规范是否重要（Whether Norms Matter）”这一研究课题，第二代建构主义学者致力于论证“哪种规范是重要的（Which Norms Matter）”或者说“规范是如何起作用的（How Norms Matter）”，对规范传播的研究在一定意义上就隶属该研究范畴，其潜在的假设是规范通过社会化进程而对行为体的观念和行为产生影响。[②] 不可否认，这些研究问题都具有重要的学术意义，但是“规范是如何形成的呢”，“行为体为何会认同特定的规范呢”，这些问题同样隶属于建构主义理论规范研究的“核心”地带，不对这些“核心”地带进行保护，建构主义整个规范理论体系都将呈现动摇不稳的特征。因此规范认同或者说规范形成研究问题的提出本身就具有重大的学术意义。

其次，对现有的建构主义规范理论不能解释的经验现象给出了尝试性的解释。[③] 温特曾经指出，“一种理论是否有价值，最终取决于它是否能够对国际政治的具体问题作出有意义的解释”，[④] 现有的规范理论框架不能充分有力地解释东盟和非盟为何会形成不同的人权规范认同这一具体问题，而本书提出了行为体的历史怨恨情感影

① 秦亚青：“研究设计与学术创新”，载于《世界经济与政治》，2008年第8期，第75页。

② 阿查亚曾经对建构主义规范的研究做出了类似的分类，参阅 Amitav Acharya, “How Ideas Spread: Whose Norms Matter? Norm Localization and Institutional Change in Asian Regionalism,” p.239。

③ 关于理论创新的评价标准，拉卡托斯提出，新的理论不仅能够解释原有理论所能解释的现象，而且能够解释原有理论不能解释的现象。秦亚青认为，创新至少意味着解释原有理论不能解释的经验现象，本书正是借鉴这一标准对理论创新进行了衡量，参阅秦亚青：“研究设计与学术创新”，第76页。

④ [美] 亚历山大·温特：《国际政治的社会理论》（秦亚青译），第4页。

响行为体的规范认同这一重要研究假设，从而对非盟和东盟规范认同的差异提出了解释，即非盟在历史中形成了对侵害人权事项的怨恨情感，因此非盟倾向于认同“人权高于主权”的人权规范；而东盟在历史中形成了对侵害主权事项的怨恨情感，因此东盟倾向于认同“主权高于人权”的人权规范。

再次，对现有的国际关系情感理论的建构工作做出了一定的贡献。情感理论的基本假设是情感在国际关系和国际政治生活中具有不可忽视的重要性。情感是国家行为体的理性认知中不可缺少的必要元素，同时国家行为体的身份认同也具有情感的本质特征，但是在情感理论的学者提出这些研究假设之后，进一步的研究议程则为对具体作用机制的探讨，或者说对“如何起作用（How）”问题的回答。本书正是在这一新的研究议程中所作出的重要探索，详细论述了情感因素如何影响了认知活动以及规范认同进程，其学术意义也不再局限于对情感与理性关系（Emotion vs Rationality）的探讨，而是在很大程度上提出了情感的理性（Emotion’s Reason）这一新的概念体系，正如马克斯·韦伯在对社会行动进行分类时提出了“情感行动”类型，尽管韦伯认为情感行动受情感和感情的支配，没有经过理性的思考，但是如果对理性的理解不仅仅局限于“Rationality”，这种情感行动恰恰反映了情感特有的逻辑以及特有的理性“Reason”。①

而就本书研究的不足而言，主要包括两个方面：第一，对分析层次理论假定的进一步说明。本书的研究分析集中于集群行为体（Collective Actor），包括国家行为体也包括地区行为体，这类行为体的重要特征在于经验范畴内，该行为体具有不可观察的特征，正如我们无法“看见”国家和地区行为体的存在状态，也无法对其具体形态和本质属性进行说明和界定，那么能否对这类集群行为体进

① 参阅文军:《西方社会学经典命题》，第50—51页。

行科学研究呢？显然本书基于科学实在论的立场，对这一问题做了肯定的回答。[①] 但是如何对集群行为体进行科学研究仍然对本书的研究工作构成了巨大的挑战，在温特看来，国际关系学者在自身的研究过程中必须对国际生活中可能出现的事物、这些事物之间的联系以及认知这些事物的方法等做出有力的理论假定，这些假定相当重要，因为没有人能够“看见”国际体系的状态，[②] 换言之，对国际体系中不可观察的事物进行理论假定是国际关系学者开展研究工作的重要环节之一，本书也正是在此原则指导下，对集群行为体进行了具体化和拟人化处理，假定集群行为体具有情感理性、具有认知能力，作为一种具有实用价值的隐喻，这些研究假定在很大程度上方便了本书的研究工作，而且基于科学实在论的终极判断，[③] 这种理论假定具有一定的科学正当性和合理性。但是除了这种最佳推理解释模式以外，也仍需对这种假定的理论基础做出进一步的说明，如集群行为体何以能被假定为人性化的行为体？二者在多大程度上可以进行类别假定？

第二，本书研究假设所暗含的变量间因果关系的进一步提升问题。根据本书的研究假设，历史怨恨情感影响了行为体的规范认同，换言之，二者之间存在着一定程度的因果关系，但这种因果关系的具体内涵是什么？大多数情况下，我们谈论一个结果的原因，有时意指充足条件，有时意指必要条件，有时又意指充足且必要的条件，有时既不指充足条件也不指必要条件，而是指症候或症状，[④] 因此需要给予特定情况下因果关系的具体语涵以精当的、科学的解释，而根据本书研究，因果关系更多地指涉历史怨恨情感构

---

① 关于科学实在论三条原则的介绍，参见［美］亚历山大·温特:《国际政治的社会理论》(秦亚青译)，上海人民出版社，2008年版，第52—67页。

② 同上，第4页。

③ 科学实在论的终极判断是“科学实在论是唯一不使科学的成功变成奇迹的学说”，见［美］亚历山大·温特:《国际政治的社会理论》(秦亚青译)，上海人民出版社，2008年版，第64—67页。

④ 马雷:“评穆勒方法及其现代解释”，载于《黄冈师专学报》，1999年第19卷第1期，第70页。

成了行为体规范认同的充分条件。而这种充分条件假言推理意味着历史怨恨情感可能只是影响行为体规范认同众多要素的一种，那么对于研究者而言，现有的研究可能只是向前迈出了一小步，关于规范认同因果关系的研究仍存在着巨大的研究空间。

最后，尽管本书在很大程度上对历史怨恨情感和规范认同之间的因果关系进行了论证说明，但是该理论假设的适用范围问题仍对本书构成了一个巨大的挑战，如是不是对所有的行为体而言，历史怨恨情感都将影响其规范认同，或者说，是不是具有同样的历史怨恨情感的行为体将产生相同的规范认同？[①] 显然，对这些问题本书仍不能做出确定性的回答，社会现象的复杂性使得本书对这些全称命题保留了谨慎态度。对这一不足本书固然可以辩称任何一理论都旨在于解释普遍性的经验现象，而那些具体的、个别的经验事实具有偶然性和不确定性，因此本书在论证历史怨恨情感和规范认同之间的因果相关性时，无需指涉所有的行为体，也无需精确无误地解释和预测一切发生的具体现象，即使个别的行为体对本理论假设进行了证伪，本书也可将其作为“变异”或“反常”现象来对待，但是即便如此，本书也不得不面临进一步的质询，即在哪种情况下将会产生“变异”或“反常”现象以及为何会产生这种现象，换言之，为何对某些国家而言历史怨恨情感影响其规范认同，而对另外一些国家而言，历史怨恨情感将不会影响其规范认同呢？这类问题反映出即使本书的理论假设可以不具有严格的、放之四海而皆准的普适性这一特征，也仍需对适用范围的界限做出进一步的说明。

① 诸如王帆学者针对本书指出，在亲缘关系的场域中怨恨情感理论可能难以发挥有效作用，方长平学者指出了怨恨情感的强度差异对本书理论适用范围的限制问题。

参考文献

一、中文文献：

（一）专著

陈力：《心理科学研究方法》，北京·人民卫生出版社，2007年版。

陈少华：《情绪心理学》，广州·暨南大学出版社，2008年版。

顾长永：《东南亚政治学》，台北·巨流图书公司，2005年版。

贾林祥：《心理的模拟——认知心理学》，济南·山东教育出版社，2009年版。

贺文萍：《非洲国家民主化进程研究》，北京·时事出版社，2005年版。

华东师范大学哲学系逻辑学教研室编：《形式逻辑》，上海·华东师范大学出版社，2009年版。

黄庭希、张志杰：《心理学研究方法》，北京·高等教育出版社，2010年版。

李艾编译：《吴哥的传说：柬埔寨民间故事》，北京·新华出版社，1985年版。

李谋、姚秉彦等译：《琉璃宫史》，北京·商务印书馆，2007

年版。

李少军:《国际关系学研究方法》，北京·中国社会科学出版社，2008 年版。

李盈慧、王宗仁主编:《东南亚概论》，台北·五南出版社，2008 年版。

梁英明、梁志明:《东南亚近现代史》(上册)，北京·昆仑出版社，2005 年版。

梁志明:《殖民主义史·东南亚卷》，北京大学出版社，1999 年版。

刘鸿武:《黑非洲文化研究》，上海·华东师范人学出版社，1997 年版。

林民旺:《选择战争：基于规避损失的战争决策理论》，北京·世界知识出版社，2010 年版。

蒙培元:《情感与理性》，北京·中国人民大学出版社，2009 年版。

苗力田主编:《亚里士多德全集》第九卷，北京·中国人民大学出版社，1994 年版。

乔建中:《情感研究：理论与方法》，南京师范大学出版社，2003 年版。

秦亚青主编:《文化与国际社会：建构主义国际关系理论研究》，北京·世界知识出版社，2006 年版。

盛骤、谢式千、潘乘毅:《概率论与数理统计》(第三版)，北京·高等教育出版社，2001 年版。

史忠植:《认知科学》，合肥·中国科学技术大学出版社，2008 年版。

宋镇照、魏玫娟:《台湾与东南亚之历史、社会和文化研究》，台北·五南出版社，2007 年版。

苏国勋主编:《社会理论》(第 5 辑)，北京·社会科学文献出版社，2009 年版。

王婆楞:《中缅关系史》，北京 · 商务印书馆，1941 年版。

文军:《西方社会学经典命题》，南昌 · 江西人民出版社，2008 年版。

肖一山:《清代通史》（下卷），上海 · 商务印书馆，1927 年版。

英炜:《人生情感哲学》，北京 · 中华工商联合出版社，2007 年版。

余定邦:《中缅关系史》，北京 · 光明日报出版社，2000 年版。

袁正清:《国际政治理论的社会学转向：建构主义研究》，上海人民出版社，2005 年版。

张宏明:《近代非洲思想经纬：18、19 世纪非洲知识分子思想研究》，北京 · 社会科学文献出版社，2008 年版。

张旭东:《东南亚的中国形象》，北京 · 人民出版社，2010 年版。

张玉安、陈岗龙等著:《东方民间文学概论》，北京 · 昆仑出版社，2006 年版。

张玉安主编:《东南亚古代神话传说》，北京大学出版社，1999 年版。

赵广成:《从合作到冲突：国际关系的退化机制分析》，北京 · 世界知识出版社，2011 年版。

赵汀阳:《天下体系》，南京 · 江苏教育出版社，2005 年版。

（二）译著

[加拿大] 阿查亚 · 阿米塔:《建构安全共同体：东盟与地区秩序》（王正毅、冯怀信译），上海人民出版社，2004 年版。

[美] 本尼迪克特 · 安德森:《想象的共同体：民族主义的起源与散布》（吴叡人译），上海人民出版社，2003 年版。

[美] 彼得 · 卡赞斯坦主编:《国家安全的文化：世界政治中的规范与认同》（宋伟等译），北京大学出版社，2009 年版。

［法］多米尼克·莫伊西:《情感地缘政治学》(姚芸竹译)，北京·新华出版社，2010年版。

［法］古斯塔夫·勒庞:《乌合之众：大众心理研究》(戴光年译)，北京·新世界出版社，2010年版。

［德］II. R. 姚斯:《接受美学与接受理论》(周宁、金元浦译)，沈阳·辽宁出版社，1987年出版。

［英］吉尔德·德兰逊:《社会科学——超越建构论和实在论》(张茂元译)，长春·吉林人民出版社，2005年版。

［美］K.T.Strongman:《情绪心理学——从日常生活到理论》(王力译)，北京·中国轻工业出版社，2006年版。

［法］卢梭著:《社会契约论》，北京·商务印书馆,1980年版。

［美］卢西恩·W. 派伊:《东南亚政治制度》(刘笑盈等译)，南宁·广西人民出版社，1993年版。

［美］罗伯特·A. 帕斯特:《世纪之旅 七大国百年外交风云》(胡利平等译)，上海人民出版社，2001年版。

［美］罗伯特·A. 斯卡拉皮诺:《亚洲及其前途》(辛耀文译)，北京·新华出版社，1983年版。

［美］罗伯特·基欧汉:《霸权之后 世界政治经济中的合作与纷争》(苏长和等译)，上海人民出版社，2006年版。

［美］罗伯特·杰维斯:《国际政治中的知觉与错误知觉》(秦亚青译)，北京·世界知识出版社，2003年版。

［美］罗伯特·索罗门、凯瑟琳·希金斯:《从非洲到禅：不同样式的哲学》(俞宣孟等译)，上海人民出版社，2003年版。

［美］玛莎·费丽莫:《国际社会中的国家利益》(袁正清译)，杭州·浙江人民出版社，2001年版。

［美］诺尔曼·丹森著:《情感论》(魏中军等译)，沈阳·辽宁人民出版社，1988年版。

［英］培根:《新工具》(许宝骙译)，北京·商务印书馆，1984

年版。

［美］乔恩·埃尔斯特:《心灵的炼金术：理性与情感》（郭忠华等译），北京·中国人民大学出版社，2009 年版。

［美］乔纳森·H. 特纳:《人类情感 社会学的理论》（孙俊才等译），北京·东方出版社，2009 年版。

［美］乔纳森·特纳、简·斯戴兹:《情感社会学》（孙俊才等译），上海人民出版社，2007 年版。

［美］塞利格·哈里逊:《扩大中的鸿沟》（徐孝骞等译），北京·中国社会科学出版社，1984 年版。

［挪威］斯坦因·拉尔森:《政治学理论与方法》（任晓译），上海人民出版社，2006 年版。

［美］萨德赛（D. R. SarDesai）:《东南亚史》（蔡百铨译），台北·麦田出版社，2001 年版。

［美］撒穆尔·伊诺克·斯通普夫、詹姆斯·菲泽著:《西方哲学史：从苏格拉底到萨特及其后》（修订第 8 版）（匡宏、邓晓芒译），北京·世界图书出版公司，2009 年版，第 277 页。

［苏］斯·尤·阿勃拉莫娃:《非洲：400 年的奴隶贸易》（陈士林等译），北京·商务印书馆，1983 年版。

［美］威·爱·伯·杜波依斯著:《非洲：非洲大陆及其居民的历史概述》（秦文允译），北京·世界知识出版社，1964 年版。

［美］亚历山大·温特:《国际政治的社会理论》（秦亚青译），上海人民出版社，2000 年版。

［美］詹姆斯·多尔蒂，小罗伯特·普法尔茨格拉夫著:《争论中的国际关系理论》（阎学通，陈寒溪等译），北京·世界知识出版社，2003 年版。

（三）论文

边慎、蔡志杰:“期望效用理论与前景理论的一致性”，载于

《经济学（季刊）》，2005 年 10 月第 5 卷第 1 期，第 265—275 页。

方文：“欧洲社会心理学的成长历程”，载于《心理学报》，2002 年第 6 期，第 651—655 页。

付宗国：《群际关系的社会心理机制探析》，载于《山东师范大学学报（人文社会科学版）》，2005 年第 50 卷第 2 期，第 122—124 页。

郭景萍：“集体行动的情感逻辑”，载于《河北学刊》，2006 年 3 月第 26 卷第 2 期，第 81—86 页。

何芳川：《“华夷秩序” 论》，北京大学学报（哲学社会科学版），1998 年第 6 期，第 35 卷，第 30—45 页。

贺鉴：“论区域性人权保护与人权的国际保护”，载《世界经济与政治》，2003 年第 4 期，第 38—42 页。

李少军：“国际关系研究与诠释学方法”，载于《世界经济与政治》，2006 年第 10 期，第 7—13 页。

梁哲、李纾、许洁虹：“预期理论权重函数 π 的由来、质疑及 Tversky 的阐释”，载于《经济数学》，2007 年 12 月第 24 卷第 4 期，第 331—340 页。

凌彦：“民族主义与东盟的形成”，载于《东南亚研究》，2007 年第 4 期，第 29—34 页。

聂文娟：“对称性与东盟的机制化发展”，载于《世界经济与政治》，2010 年第 2 期，第 35—45 页。

聂文娟：“国际关系中的情感研究”，载于《国际论坛》，2011 年第 1 期，第 45—51 页。

齐界：“认知图式及其对认知过程的制约性”，载于《延边大学学报（社会科学版）》，1992 年第 3 期，第 45—50 页。

钱冠连：“方法决定结果——两个研究方法评述”，载于《中国外语》，2010 年第 1 期，第 77—80 页。

施咸荣：“美国黑人奴隶歌曲”，载于《美国研究》，1990 年第

2 期，第 128—139 页。

杨宜音："关系化还是类别化：中国人"我们"概念形成的社会心理机制探讨"，载于《中国社会科学》，2008 年第 4 期，第 148—159 页。

张大松、孙国江："论穆勒五法的方法论特征与价值"，载于《华中师范大学学报（人文社会科学版）》，2001 年 11 月，第 40 卷第 6 期，第 19—22 页。

朱立群："加速演进的规范化进程"，载于《世界经济与政治》，2006 年第 11 期，第 1 页。

朱立群："后金融危机时代国际政治思潮的走向及其影响"，载于《当代世界与社会主义》，2010 年第 4 期，第 105—110 页。

朱立群、聂文娟："国际关系理论研究的'实践转向'"，载于《世界经济与政治》，2010 年第 8 期，第 98—115 页。

二、英文文献：

（一）著作

Abdullahi A. An-Na'im, *Cultural Transformation and Human Rights in Africa* (London: Zed Books Ltd, 2002).

Acharya Amitav, *Constructing a Security Community in Southeast Asia: ASEAN and the Problem of Regional Order* (2nd) (New York: Routledge, 2009).

Acharya Amitav and Johnston Iain Alastair, *Crafting Cooperation: Regional International Institutions in Comparative Perspective* (Cambridge: Cambridge university press, 2007).

Anton Bösl and Joseph Diescho, *Human Rights in Africa: Legal Perspectives on their Protection and Promotion* (Namibia: Macmillan Education Namibia, 2009).

Antonio Damasio, *Descartes'error: Emotion, Reason, and the Human Brain*(New York: Putnam, 1994).

Arthur W. Burks, eds., *Collected Papers of Charles Sanders Peirce, Ⅶ (Science and Philosophy)* (Cambridge: Harvard University Press, 1958).

Charles E.Osgood, *An Alternative to War or Surrender* (Urbana:University of Illinois Press,1962).

Charles Hartshorne and Paul Weiss, eds., *Collected Papers of Charles Sanders Peirce, Volume V (Pragmatism and Pragmaticism) and Ⅵ (Scientific Metaphysics)* (Cambridge: The Belknap Press of Harvard University Press, 1960) .

Charles T. Davis, Henry Louis Gates, *The Slave"s Narrative* (New York: Oxford University Press,1991).

Chris Maina Peter, *Human Rights in Africa* (Westport, Connecticut: Greenwood Press, 1990).

Christopher Hill, *The Changing Politics of Foreign Policy* (Houndmills: Palgrave, 2003).

Detlef F. Sprinz and Yael Wolinsky -Nahmias, eds., *Models, numbers, and cases: Methods for Studying International Relations* (Ann Arbor: The University of Michigan Press, 2004).

Donald E. Brown, *Human Universals* (New York: McGraw-Hill, 1991).

Donatella Della Porta and Michael Keating, *Approaches and Methodologies in the Social Sciences*(Cambridge: Cambridge University Press, 2008).

Donelson R. Forsyth, *Group Dynamics* (fifth edition) (Wadsworth : Wadsworth Cengage Learning, 2009).

Dora Capozza and Rupert Brown, *Social Identities: Motivational,*

Emotional, Cultural Influences (Oxford: Blackwell, 2006).

A. H. Eagly, S. Chaiken, *The Psychology of Attitudes* (San Diego, CA: Harcourt Brace Janovich, 1993).

Edkins, Jenny, *Trauma and the Memory of Politics* (New York: Cambridge University Press, 2003).

Elijah Saunders, *Hypertension in Blacks: Epidemiology, Pathophysiology, and Treatment* (Chicago: Year Book Medical Publishers, 1985).

Elliott Sober and David Sloan Wilson, *Unto Others: The Evolution and Psychology of Unselfish* Behavior (Cambridge: Harvard University Press, 1998).

Estrella D Solidum, *The Politics of ASEAN: An Introduction to Southeast Asian Regionalism* (Singapore: Eastern University Press, 2003).

B. Farnham, *Roosevelt and the Munich Crisis: A Study of Political Decision-Making* (NJ:Princeton University Press, 1997).

Frances Smith Foster, *Witnessing slavery: the development of ante-bellum slave narratives* (Madison: The University of Wisconsin Press, 1979).

Frank P. Harvey and Michael Brecher, eds., *Evaluating Methodology in International Studies*(Ann Arbor: The University of Michigan Press, 2002).

Frank Robert, *Passions within Reason: the Strategic Role of the Emotions*(New York: Norton, 1988).

George M. Fredrickson, *Racism: A Short History* (New Jersey: Princeton University Press, 2002).

Gilbert Khoo, *A History of South-east Asia Since 1500* (Oxford University Press, 1974).

Gordon W. Allport, *The Nature of Prejudice* (Garden City, NY: Anchor Books, 1958).

Hakim Adi and Marika Sherwood, *Pan-African History: Political Figures from Africa and the Diaspora Since 1787* (London: Routledge, 2003).

Henri Tajfel, eds., *Differentiation between Social Groups: Studies in the Social Psychology of Intergroup Relations* (London: Academic Press, 1978).

Ingram, *History of Slavery and Serfdom* (London: Adam and Charles Black 1895).

James L. Conyers, Jr., *Racial Structure & Radical Politics in the African Diaspora* (New Brunswick: Transaction Publishers, 2009).

Jody M. Roy, *Love to Hate: America's Obsession with Hatred and Violence* (New York: Columbia University Press, 2002).

John F. Dovidio, Peter Samuel Glick, Laurie A. Rudman, *On the Nature of Prejudice: Fifty Years after Allport*, (Malden: Blackwell Publishing Ltd, 2005), p.244.

John Funston, *ASEAN and the Principle of Non-Intervention: Practice and Prospects* (Singapore: Institute of Southeast Asian Studies, 2000).

John S. Mbiti, *African Religions and Philosophy* (New York: Doubleday, 1970).

John Stuart Mill, *System of Logic: Ratiocinative and Inductive* (London: Ballantyne Press, 1886).

Joseph E. Inikori and Stanley L. Engerman, *The Atlantic Slave Trade: Effects on Economies, Societies, and Peoples in Africa, the Americas, and Europe* (Durham: Duke University Press, 1992).

Kaplan, Abraham, *The Conduct of Inquiry: Methodology for*

Behavioral Science(New York: Harper & Row, 1964).

Katzenstein, Peter, ed., *The Culture of National Security: Norms and Identity in World Politics* (New York: Columbia University Press, 1996).

Klotz, Audie, *Norms in International Relations* (Ithaca: Cornell University Press, 1995).

K.S. Sandhu, Sharon Siddique, Chandran Jeshurun, Ananda Rajah, *The Asean Reader* (Singapore: Institute of Southeast Asian Studies, 1992).

Lapid, Yosef and Friedrich Kratochwil, eds., *The Return of Culture and Identity in IR Theory* (Boulder: Lynne Rienner, 1996).

Larissa Z. Tiedens and Colin Wayne Leach, *The Social Life of Emotions* (Cambridge: Cambridge Press, 2004).

Larry T. Reynolds, Nancy J. Herman-Kinner, *Handbook of Symbolic Interactionsim* (Lanham: Rourman & Littlefield Publisher, Inc, 2003).

Leon Festinger, *A Theory of Cognitive Dissonance* (Stanford: Stanford University Press, 1957).

Mahoney, J. and D. Rueschemeyer, eds., *Comparative Historical Analysis in the Social Sciences* (Cambridge: Cambridge University Press, 2003).

Manning Patrick, *The African Diaspora: A History through Culture* (Columbia: Columbia University Press, 2009).

Margaret E. Keck and Kathryn Sikkink, *Activists beyond Borders: Advocacy Networks in International Politics* (Ithaca and London: Cornell University Press, 1998).

Mattei Dogan and Dominique Pelassy, *How to Compare Nations :Strategies in Comparative Politics* (Chatham: Chatham House

Publishers, Inc.,1990).

Mazzeo, ed., *African Regional Organizations* (Cambridge: Cambridge University Press, 1984).

McCall, George J.,and Simmons, J. L., *Identity and Interaction* (New York: Free Press, 1978).

McSweeney, Bill, *Security, Identity and Interests: Sociology of International Relations* (Cambridge: Cambridge University Press, 1999).

Michael A.Hogg and Dominic Abrams, *Social Identifications: A Social Psychology of Intergroup Relations and Group Processes* (London: Routledge, 1988), p.28.

McDermott Rose, *Risk-Taking in International Politics: Prospect Theory in American Foreign Policy* (Ann Arbor: the University of Michigan Press, 1998).

McDermott Rose, *Political Psychology in International Relations*(Ann Arbor :the University of Michigan Press, 2004).

Murray Rachel, *Human rights in Africa: from the OAU to the African Union* (Cambridge: Cambridge University Press, 2004).

Mya Than, *Myanmar in ASEAN: Regional Cooperation Experience* (Singapore: Institute of Southeast Asian Studies, 2005).

N. Ellemers, R. Spears, B. Doosje, Eds., *Social Identity: Context, Commitment, Content* (Oxford: Blackwell, 1999).

Ndabaningi Sithole, *African Nationalism* (London: Oxford University Press, 1968).

Nye, Joseph, *The Future of Power* (New York: Public Affairs, 2011).

O.U. Kalu, *African Cultural Development* (Enugu: Fourth Dimension Publishers Limited, 1978).

Obiora Chinedu Okafor, *The African Human Rights System*

(Cambridge: Cambridge University Press, 2007).

Peter James.Burke and Jan E. Stets, *Identity Theory* (Oxford : Oxford University Press, 2009).

Peter James Burke, ed., *Contemporary Social Psychological Theories* (California: Stanford University Press, 2006).

Philip G. Zimbardo and Michael R. Leippe, *the Psychology of Attitude Change and Social Influence* (New York: McGraw-Hill, 1991).

P. H. Kapp and G. C. Olivier, eds., *United States/South Africa Relations: Past, Present and Future* (Cape Town Press, 1987).

Renate Zahar, Frantz Fanon: *Colonialism and Alienation*, translated by Willfried F. Feuser (New York : Monthly Review Press, 1974).

Richard Amoako Baah, *Human Rights in Africa: The Conflict of Implementation* (Lanham, MD: University Press of America, 2000).

Richard J. Reid, *A History of Modern Africa: 1800 to The Present* (Malden: Willey-Blackwell Publishing, 2009).

Roberts, S. Order and Dispute (New York: St. Martin's Press, 1979).

Rodolfo C. Severino, *Southeast Asian in Search of an ASEAN Community: Insights From the Former ASEAN Secretary- General* (Singapore: Institute of Southeast Asian Studies, 2006).

Roger B. Beck, *The History of South Africa* (Connecticut: Greenwood Press, 2000).

Rosch, Eleanor and Lloyd, B. Barbara eds., *Cognition and Categorization* (Hillsdale, NJ: Lawrence Erlbaum,1978).

S. Stephen Worchel and William G. Austin eds., *Psychology of Intergroup Relations* (Second edition) (Chicago: Nelson-Hall Publishers, 1986).

Samuel P. Huntington, *The Third Wave: Democratization in the*

Late Twentieth Century (Norman: University of Oklahoma Press, 1991).

Samuel M. Makinsa, and F. Wafula Okumu, *The African Union: Challenges of Globalization, Security, and Governance* (London: Routledge Press, 2008).

Sara Ahmed, *The Cultural Politics of Emotion* (Edinburgh: Edinburgh University Press, 2003).

Shaun Johnson, *South Africa: No Turning Back* (Bloomington: Indiana University Press, 1989).

Shaun Narine, *Explaining ASEAN Regionalisn in Southeast Asia* (Boulder: Lynne Rienner Publishers, Inc., 2002).

Sheldon Stryker, *Symbolic Interactionism: A Social Structural Version* (Galdwell, New Jersey: Blackburn Press, 2002).

Sivakant Tiwari, *Life After the Charter* (Singapore: Institute of Southeast Asian Studies, 2010).

Stephen Worchel and William G. Austin , eds., *Psychology of Intergroup Relations*(Second edition)(Chicago: Nelson-Hall Publishers, 1986).

Stephen Worchel, J. Francisco Morales, *Social Identity International Perspectives* (London: SAGE Publications, 1998).

Susan T. Fiske and Shelley E. Taylor,Social Cognition(NewYork: McGrw-Hil, Inc., 1991).

H. Tajfel, *Human Groups and Social Categories* (Cambridge: Cambridge University Press, 1981).

Thomas Risse, Stenphen C. Ropp, and Kathryn Sikkink, *The Power of Human Rights: International Norms and Domestic Change* (Cambridge: Cambridge University Press, 1999).

Thomas Schelling, *The Strategy of Conflict, reprint edition* (Cambridge, MA: Harvard University Press, 1980).

Tim Dalgleish and Mick J.Power, *Handbook of Cognition and Emotion*(Chichester:John Wiley& Sons Ltd,1999).

Toyin Falola, *Africa: African History Before 1885* (North Carolina: Carolina Academic Press, 2000).

Vivien Burr, *An introduction to Social Construction* (London: Routledge Press, 1995).

Walter Carlsnaes, ed., *Handbook of International Relations* (London: SAGE Publications, 2002).

Wang Gungwu, *Nation-Building: Five Southeast Asian Histories* (Singapore: Institute of Southeast Asian Studies, 2005).

Willard Gaylin, M.D. *Hatred: the Psychological Descent into Violence* (New York: Public Affairs, 2003).

William L. Andraws, *To Tell a Free Story: The First Century of Afro-American Autobiography 1760-1865* (Urbana: University of Illinois Press, 1986).

William Lyons, "The Philosophy of Cognition and Emotion," in Tim Dalgleish, *Handbook of Cognition and Emotion*, (New York:John Wiley & Sons Ltd, 1999).

（二）期刊

Aarti Iyer, Colin Wayne Leach, "Emotion in Inter-group Relations," *European Review of Social Psychology*, Vol.19, 2008, pp.86-125.

Acharya, Amitav, "Will Asia's Past Be Its Future?" *International Security*, Vol.28, Winter 2003/04, 2003, pp.149-164.

Acharya, Amitav, "How Ideas Spread: Whose Norms Matter? Norm Localization and Institutional Change in Asian Regionalism," *International Organization*, Vol.58, No.2, 2004, pp.239-275.

Achvarina Vera, "Life Cycle of the Global Norm Against the Use of Child Soldiers," http:// www.allacademic.com/meta/p100863_index.html.

Andreas B.Eder, "How distinctive is affective processing? On the implications of using cognitive paradigms to study affect and emotion," *Cognition and Emotion*, Vol.21, 2007, pp.1137-1154.

Andrew A. G. Ross, "Coming in from the Cold: Constructivism and Emotions,"*European Journal of International Relations,* Vol.12(2), 2006, pp.197-222.

Andrew P. Cortell and James W. Davis, Jr, "Understanding the Domestic Impact of International Norms: A Research Agenda," *International Studies Review*, Vol.2, No.1, 2000, pp.65-87.

Arend Lijphart, "Comparative Politics and the Comparative Method," *The American Political Science Review*, Vol.65, Issue 3, 1971, pp.687-693.

Balzacq Thierry and Jervis Robert, "Logics of Mind and International System: A Journey with Robert Jervis," *Review of International Studies*, Vol.30, 2004, pp.564-565.

M. Bar-Hillel, "The Base-rate Fallacy in Probability Judgements," *Acta Psychologica*, Vol.44, 1980, pp.211-233.

B.P. Bradley, Mogg, K., Falla, S.J., & Hamilton, L.R., "Attentional Bias for Threatening Facial Expressions in Anxiety: Manipulation of Stimulus Duration," *Cognition and Emotion*, Vol.12, 1998, pp.737- 753.

W.A. Callahan, "Humiliation, Salvation and Chinese Nationalism," *Alternatives: Global, Local, Political*, Vol.29, pp.199-218.

Claude E. Welch, Jr.,"The OAU and Human Rights: Towards a New Definition," *Journal of Modern African Studies*, Vol.19, 1981, pp.401-420.

Daniel Goleman, "Anger over Racism Is Seen as a Cause of Blacks

High Blood Pressure," *New York Times*, 24 April, 1990.

David Martin Jones and Michael L.R.Smith, "Making Process Not Progress ASEAN and the Evolving East Asian Regional Order," *International Security*, Vol.32, No.1, Summer 2007, pp.148-184.

F.A. Deutsch & D. Deutsch, "Attention: Some Theoretical Considerations," *Psychological Review*,Vol.70,1963, pp.80-90;

Dr Sriprapha Petcharamesree, "The Human Rights Body: A Test for Democracy Building in ASEAN," *International Institute for Democracy and Electoral Assistance* 2009, pp.1-16.

R. Dunbar, "Why Gossip is Good for you", *New Scientist*, Vol.21, 1992, pp.28-31.

Emerson Rupert, "Pan-Africanism," *International Organization*, Vol.16, 1962, pp.275-290.

B. Farnham, "Roosevelt and the Munich Crisis: Insights From Prospect Theory," *Political.Psychology*, Vol.13, 1992, pp.205-235.

Finnemore Martha and Sikkink Kathryn, "International Norm Dynamic and Political Change," *International Organization*, Vol.52, No.4, Winter 1998, pp.887-917.

Gary Gemmill, "The Dynamics of Scapegoating in Small Groups," *Small Group Research*, Vol.20, 1989, pp.406-418.

G.eorge.E. Marcus, "Emotions in Politics," *Annual Review of Political Science*, Vol.3, 2000, pp.221-250.

Gillian Goh, "The 'ASEAN Way' Non-Intervention and ASEAN's Role in Conflict Management," *Stanford Journal of East Asian Affairs*, Volume 3, Number 1, Spring 2003, pp.113-118.

Ginbar Yuval, "Human Rights in ASEAN-Setting Sail or Treading Water?" *Human Rights Law Review*, Vol.10:3, 2010, pp. 504-518.

Goh Chok (Tong Prime Minister of Singapore), "ASEAN-US

Relations: Challenges," speech at the ASEAN-United States Partnership Conference New York, 7 September 2000, http://www.aseansec.org/2806.htm, 2010, 12, 14.

C.H. Hansen, & R.D. Hansen, "Finding the Face in the Crowd: An Anger Superiority Effect," *Journal of Personality and Social Psychology*, Vol.54, 1988, pp.917-924.

R. Hastie, "Problems for Judgment and Decision Making," *Annual Review of Psychology*, Vol.52, 2001, pp.653-683.

Hazel Rose Markus and Shinobu Kitayama, "Culture and the Self: Implications for Cognition, Emotion, and Motivation," *Psychological Review*, Vol.98, No.2, 1991, pp.224-253.

Heather C.Lench and Linda J.Levine, "Motivational Biases in Memory for Emotions," *Cognition and Emotion*, Vol.24, 2010, pp. 401-418.

E. T. Higgins, & J. A. Bargh, "Social Cognition and Social Perception," *Annual Review of Psychology*, Vol.38, 1987, pp.364-426.

M.A. Hogg & E. A. Hardie, "Social Attraction, Personal Attraction, and Self-Categorization: A Field Study," *Personality and Social Psychology Bulletin*, Vol.17, 1991, pp.175-180.

Isabelle Blanchette and Anne Richards, "The Influence of Affect on Higher Level Cognition: A Review of Research on Interpretation, Judgement, Decision Making and Reasoning," *Cognition and Emotion*, Vol.24, 2010, pp.561-595.

Jeffrey Checkel, "The Constructivist Turn in International Relations Theory: A Review Essay," *World Politics*, Vol.50, No.2, spring 1998, pp.324-348.

Jenny Yiend, "The Effects of Emotion on Attention: A Review of Attentional Processing of Emotional Information," *Cognition and*

Emotion, Vol.24, 2010, pp.3-47.

John Arendshorst, "The Dilemma of Non-Interference: Myanmar, Human Rights, and the ASEAN Charter," *Northwestern Journal of International Human Rights*, Vol.8,2009, pp.102-121.

John Gerring, "What Is a Case Study and What Is Good for?" *The American Political Science Review*, Vol. 98, 2004, pp.341-354.

John Shuhe Li, "Relation-based versus Rule-based Governance:an Explanation of the East Asian Miracle and Asian Crisis," *Review of International Economics*, Vol.11(4), 2003, pp.651-673.

W.A. Johnston & S.P. Heina, "Flexibility and Capacity Demands of Attention," *Journal of Experimental Psychology:General*, Vol.107, 1978, pp.420-435.

Jonathan Mercer, "Anarchy and Identity," *International Organization*, Vol.49, 1995, pp. 229-252.

Jonathan Mercer, "Prospect Theory and Political Science," *Annual Reviews of Political Science*, Vol.8, 2005, pp.1-13.

Jonathan Mercer, "Rationality and Psychology in International Politics," *International Organization*, Vol.59, 2005, pp.77-106.

Jose M. Marques, Dominic Abrams, and Rui G. Serodio, "Being Better by Being Right: Subjective Group Dynamics and Derogation of In-Group Deviants When Generic Norms Are Undermined," *Journal of Personality and Social Psychology*, Vol.81, 2001, pp.436-477.

Jose M. Marques, Vincent Y. Yzerbyt and Jacques-Philippe Leyens, "The 'Black Sheep Effect': Extremity of Judgements towards Ingroup Members as a Function of Group Identification," *European Journal of Social Psychology*, Vol.18, 1988, pp.1-16.

Joseph Oloka-Onyango, "Human Rights and Sustainable Development in Contemporary Africa: A New Dawn or Retreating Horizon?" *Human*

Development Report 2000 Background Paper, pp.1-26.

Josiah A.M.Cobbah, "African Values and the Human Rights Debate: An African Perspective," *Human Rights Quarterly*, Vol. 9, No. 3, 1987, pp.309-331.

Julius K. Nyerere, "A United States of Africa," *The Journal of Modern African Studies*, Vol.1, No.1, Mar., 1963, pp.1-6.

Kenneth W. Abbott, Robert O. Keohane, Andrew Moravcsik, Anne-Marie Slaughter, and Duncan Snidal, "The Concept of Legalization," *International Organization*, Vol.54, 2000, pp.401-419.

Kim Hyung Jong, "ASEAN Way and Its Implications and Challenges for Regional Integration in Southeast Asia," *Jati*, Vol. 12, December 2007, pp.17-29.

J.J. Koehler, "The Base Rate Fallacy Reconsidered: Descriptive, Normative and Methodologial Challenges," *Behavioral & Brain Sciences*, Vol.19, 1996, pp.1-53.

Levy S. Jack, "Prospect Theory, Rational Choice, and International Relations," *International Studies Quarterly*, Vol.41, 1997, pp.87-112.

Linklater Andrew, "Emotions and World Politics," *Aberystwyth Journal of World Affairs*, Vol.2, 2004, pp.71-77.

G. Loomes & R. Sugden, "Regret Theory: An Alternative Theory of Rational Choice Under Uncertainty," *The Economic Journal*, Vol.92, 1982, pp.805-824.

Lum Thomas, "U.S. Foreign Aid to East and South Asia: Selected Recipients," *CRS Report for Congress,* January3, 2007.http://projects.publicintegrity.org/ militaryaid /documents/CRS-RL31362.pdf.

Makau Mutua, "Human Rights in Africa: The Limited Promise of Liberalism," *African Studies Review*, Vol.51, 2008, pp.17-39.

Marilynn B. Brewer, "In-Group Bias in the Minimal Intergroup

Situation: A Cognitive-Motivational Analysis," *Psychological Bulletin*, Vol.86, 1979, pp.307-324.

Marilynn B. Brewer, "The Many Faces of Social Identity: Implications for Political Psychology," *Political Psychology*, Vol.22, 2001, pp.115-125.

Matthew Rabin and Joel L. Schrag, "First Impressions Matter:A Model of Confirmatory Bias," *The Quarterly Journal of Economics*, 2,1999, pp.37-81.

Mercer Jonathan, "Human Nature and the First Image: Emotion in International Politics," *Journal of International Relations and Development*, Vol.9, 2006, pp. 288-303.

Michael A. Hogg, Deborah J. Terry, Katherine M. White, "A Tale of Two Theories: A Critical Comparison of Identity Theory with Social Identity Theory," *Social Psychology Quarterly*, Vol.58, No.4, 1995, pp.255-269.

Michael A. Hogg, David K. Sherman, Joel Dierselhuis, Angela T. Maitner and Graham Moffitt, "Uncertainty, Entitativity, and Group Identification," *Journal of Experimental Social Psychology*, Vol.43, 2007, pp.135-142.

Michael A. Hogg and Scott A. Reid, "Social Identity, Self-Categorization, and the Communication of Group Norms," *Communication Theory*, Vol.16, 2006, pp.7-30.

Michelle Staggs Kelsall, "The New ASEAN Intergovernmental Commission on Human Rights: Toothless Tiger or Tentative First Step?" *Analysis from the East-West Center*, No. 90, September 2009, pp.1-8.

Nan Lin, "The Relational and Transactional Rationality: Exploring Eastern and Western Bases of Exchanges," *Taiwan Journal of East Asian Studies*, Vol.6, No.2 (Issue12), Dec. 2009, pp.71-109.

Nathan Nunn, "Historical Legacies: A Model Linking Africa's Past to Its Current Underdevelopment," *Journal of Development Economics*, Vol.83, 2007, pp.157-175.

Nathan Nunn and Leonard Wantchekon, "The Slave Trade and the Origins of Mistrust in Africa," National Bureau of Economic Research Working Paper, Issued in March 2009, No. 14783, p.8. http://www.nber.org/papers/w14783.pdf.

Nazanin Derakshan and Michael W.Eysenck, "Introduction to the Special Issue: Emotional States, Attention, and Working Memory," *Cognition and Emotion*, Vol.24, 2010, pp.189-199.

Neta C. Crawford, "The Passion of World Politics," *International Security*, Vol.24, No.4, 2000, pp.116-156.

Nigel Harvey, "Studying Judgment: General Issues," *Thinking and Reasoning*, Vol.7, 2001, pp.103-118.

Nsongurua J. Udombana, "Toward the African Court on Human and Peoples' Rights: Better Late Than Never," *Yale Human Rights and Development Law Jounal*, Vol.3:45, 2000, pp.1-64.

Paul A. Kramer, "Race-Making and Colonial Violence in the U.S. Empire: The Philippine-American War as Race War," *Diplomatic History*, Vol. 30, No. 2, April 2006, pp.169-210.

Paul D. Williams, "From Non-intervention to Non-indifference: The Origins and Development of The African Union's Security Culture," *African Affairs*, Vol.106, 2007, pp.268-269.

Paul J. Magnarella, "Assessing the Concept of Human Rights in Africa," *Human Rights & Human Welfare*, Vol.1:2, 2001, pp.25-27.

Paul Rozin, Jonathan Haidt and Clark McCauley, "Individual Differences in Disgust Sensitivity: Comparisons and Evaluations of Paper-and-Pencil versus Behaviioral Measures," *Journal of Reaearch in*

Personality, Vol.33, 1999, pp.330-351.

Philip Gable and Eddie Harmon-Jones, "The Motivational Dimensional Model of Affect: Implications for Breadth of Attention, Memory, and Cognitive Categorization," *Cognition and Emotion*, Vol.24, 2010, pp.322-337.

Pupavac, Vanessa, "Pathologizing Populations and Colonizing Minds: International Psychosocial Programs in Kosovo," *Alternatives: Global, Local, Political*, Vol.27 (4), 2002, pp.489-511;

Pupavac, Vanessa, "War on the Couch: The Emotionology of the New International Security Paradigm," *European Journal of Social Theory*, Vol. 7(2), 2004, pp.149-170.

R.J.Dolan, "Emotion, Cognition, and Behavior," *Science*, Vol.298, No.8, 2002, pp.1191-1194.

Richard Ned Lebow, "Reason, Emotion and Cooperation," *International Politics*, Vol.42, 2005, pp.283-313.

Rodan Garry, "Accountability and Authoritarianism: Human Rights in Malaysia and Singapore," *Journal of Contemporary Asia*, Vol.39, issue 2, 2009, pp.180-203.

Roland Bleiker and Emma Hutchison, "Fear No More: Emotions and World Politics," *Review of International Studies*, Vol. 34, 2008, pp.115-135.

M. Rubin, M. Hewstone, "Social Identity Theory's Self-esteem Hypothesis: A Review and Some Suggestions For Clarification," Review of Personality and Social Psychology, Vol.2, 1998, pp.40-62.

Sarah V. Percy, "Mercenaries: Strong Norm, Weak Law," *International Organization*, Vol.61, spring 2007, pp.367-397.

Suzannah Linton, "ASEAN States, Their Reservation to Human Rights Treaties and the Proposed Commission on Women and Children,"

Human Rights Quarterly, Vol. 30, 2008, pp.436-493.

YU Insun, "Vietnam-China Relations in the 19th Century: Myth and Reality of The Tributary System," *Journal of Northeast Asia History*, Vol.6, 2009, pp.81-117.

Zehfuss, Maja, "Forget September 11," *Third World Quarterly*, Vol.24, 2003, pp.513-528.

后 记

书稿即将付梓，而心中仍忐忑有余，欲在收笔之际说点什么，而又有几分不知从何说起的悲凉。这本书是在我的博士论文基础上改编而成的，而它的完成首先离不开我的导师朱立群教授的悉心指导，而如今导师却处在人生的最艰难时刻，每每念此常潸然泪下，倘若本书的出版能给导师带来些许欣慰，我想足矣。

五年前有幸与导师相遇，自此便踏进了庄严的学术殿堂，对学术要怀有敬畏之心，对同行要怀有敬重之情，是导师给我上的人生第一节课。导师在课堂讨论的进程中，经常对我们的浅显之语认真地做着笔记，这一细节不仅表现出老师自身的谦虚好学，同时也反映了老师给予了我们这些晚辈一种真正的尊重和平等意识，让我顿悟真正的学者风范和学者精神的深邃。导师知识渊博、思维缜密，同时对学术前沿领域具有非常灵敏的觉悟性，和导师每次的沟通交流都让我受益匪浅，人生能遇这一良师，我深感荣幸！

伴随我一路走来的还有众多老师和同学。在学生生活的最后半年，我有幸聆听了秦亚青老师的课程，秦老师的才华横溢以及大师般的学术情怀使我深受触动，在此对秦老师表示深深的敬意和谢意。在外交学院国际关系研究所工作的这两年内，我再次有幸与各位同事分享了追求学术的乐趣，国关所虽然小，但却呈现出“百花齐放”的活力，王帆老师具有批判式幽默、卢静老师谦虚低调、赵怀普老师严谨深刻、周永生老师灵活创新、李海东老师别具一格都引领了国关所的潮流，而年轻一代则更加彰显出活力，高尚涛高屋建瓴式的阐释、林民旺一针见血式的分析、曲博博览群书式的论述以及高望来娓娓道来的总结都别有一番风景。在此，感谢他们带给我的学术乐趣。

同时也感谢我的硕士导师李铁城老师、刘华平老师以及王为民老师不仅在我硕士就读期间而且在我博士就读期间都对我提供了学习和生活上的关心和支持。也感谢陈志瑞、李少军、袁正清、李东燕、张迅、吴文成、黄超、赵广成老师曾经对我提供的各种帮助和支持。还要感谢同一届共渡同窗岁月的诸位好友们。

最后，感谢家人一直以来对我的关心和呵护。尤其是毕业之后我对论文再次进行了 3 万字较大幅度的修改，而这都是我身怀六甲时进行的，感谢我的孩子，妈妈祝你以后的人生快乐。

聂文娟

2013 年 11 月 30 日